ANNE-MARIE DE BEAUFORT
D'HAUTPOUL

CHILDÉRIC, ROI DES FRANCS

*O*MNIA VERITAS

ANNE-MARIE DE BEAUFORT
D'HAUTPOUL

CHILDÉRIC,
ROI DES FRANCS

1806

Publié par
OMNIA VERITAS LTD

ⓞMNIA VERITAS

www.omnia-veritas.com

Je suis venue vers vous, parce que je vous en crois le plus digne. Si j'eusse connu un plus grand roi, j'eusse traversé les mers pour aller le joindre.
BAZINE

Anne-Marie de Beaufort d'Hautpoul

ÉPITRE DÉDICATOIRE À SA MAJESTÉ L'IMPÉRATRICE REINE 15

LIVRE PREMIER 21

SOMMAIRE DU PREMIER LIVRE 21

Childéric annonce, dès son enfance, les vertus qu'il doit développer un jour. Les Huns attaquent les Francs ; ce qu'étoient ces peuples. Portrait d'Attila. Childéric, âgé de douze ans, s'arme secrètement du javelot de Pharamond, et se cache parmi les guerriers. Il ne se découvre à son père que loin de Tournay ; il en obtient la permission d'assister au combat. Mérovée le confie aux soins de son ami Viomade. Le roi, attaqué par un gros d'ennemis, est secouru par Viomade qui reçoit le coup destiné à son maître, et tombe baigné dans son sang. Mérovée poursuit la victoire. Il chasse les Huns, et revient dans sa tente, où l'on a transporté le brave. Son inquiétude sur son fils, qui ne paroît point. Recherches inutiles. Mérovée reprend avec tristesse la route de Tournay. La reine vole à sa rencontre, et n'apercevant pas son fils, tombe évanouie ; rendue à la vie, elle se livre à toute sa douleur. 21

LIVRE SECOND 31

SOMMAIRE DU LIVRE SECOND 31

Le bruit de la mort de Childéric s'est répandu. Désespoir du roi. Ulric, de retour du camp d'Attila, confirme ces tristes nouvelles. On les cache à la reine, toujours livrée à sa douleur. Attila attaque de nouveau les Francs. Mérovée marche à sa rencontre. Aboflède le suit. Son projet. Elle profite de la nuit pour l'exécuter ; elle est chargée de chaînes. Le roi qui découvre sa démarche vole à son secours, la délivre à la faveur des ténèbres, ainsi que tous les prisonniers. Attila veut s'en venger, il est vaincu, demande et obtient la paix. Mérovée toujours vainqueur rentre dans sa capitale, et y ramène son épouse désespérée. Après de longues souffrances, elle expire. Ses funérailles. Douleur du roi. 31

LIVRE TROISIÈME 41

SOMMAIRE DU TROISIÈME LIVRE 41

Mérovée s'abandonne à sa douleur. Ses blessures se r'ouvrent. On craint pour sa vie. Egidius, qui aspire au trône, en conçoit une espérance nouvelle ; il craint Viomade, et cherche à l'écarter. Draguta sert ses projets, et trompe ce brave par un faux rapport, qui décide Viomade à suivre le traître jusque dans le camp des Huns. Le roi, à la nouvelle qu'il reçoit du départ prochain de son ami, et de l'espoir qui le détermine, éprouve autant de joie que d'inquiétude. Viomade lui conseille de se montrer à l'armée. Mérovée se rend à cet avis. Il harangue les troupes, et ordonne un sacrifice. Description du sacrifice. L'oracle est favorable, il promet le retour de Childéric. Un festin termine cette journée. 41

LIVRE QUATRIÈME 51

SOMMAIRE DU LIVRE QUATRIÈME *51*

Départ de Viomade. Son arrivée dans les forêts de la Germanie. Dangers de sa route. Alarmes que lui inspire Draguta. Un songe l'inquiète. Viomade sauve la vie à Draguta. Il en est abandonné. Orage terrible. Viomade reprend sa route. Le chemin. La tombe. Chant franc. Le vieillard. 51

LIVRE CINQUIÈME 67

SOMMAIRE DU LIVRE CINQUIÈME *67*

Viomade reconnoît dans le vieillard, qui est aveugle, un des compagnons de Draguta ; il demande l'hospitalité, qu'il n'obtient qu'avec peine ; il est conduit par Gelimer dans sa grotte, où il fait un repas depuis long-tems nécessaire. L'espoir se glisse dans son cœur ; il découvre le javelot de Childéric ; sa joie égale sa surprise. Son entretien avec Gelimer sous les chênes. Un jeune chasseur paroît, c'est Childéric, qui s'élance dans les bras de Viomade. Leurs transports. Alarmes de Gelimer. Le jeune prince, dont il ignoroit la naissance, lui expose les motifs de son silence, et le rassure. Ils rentrent dans la grotte ; là Viomade raconte à Childéric tous les événemens qui l'intéressent, lui fait sentir combien son retour en France est nécessaire pour contenir les troupes et l'ambition d'Egidius ; lui peint la douleur que son absence cause au roi, la mort d'Aboflède. Childéric verse des larmes, et l'heure du sommeil interrompant cet entretien, le prince conduit Gelimer sur la couche sauvage, et partage la sienne avec Viomade. 67

LIVRE SIXIÈME 77

SOMMAIRE DU LIVRE SIXIÈME. *77*

Gelimer se reproche d'avoir enlevé Childéric à tant de gloire ; il l'aime avec tendresse, son cœur est combattu par la générosité et l'amour que lui inspire son élève ; il hait Viomade. Childéric raconte ses aventures depuis le jour où il suivit son père à la défense de Cologne. Il dit comment ayant été renversé par le mouvement que fit une partie de l'armée pour voler au secours de son roi, il étoit resté long-tems évanoui, et n'avoit repris ses sens que la nuit ; qu'alors il s'étoit trouvé dans une barque. Arrivé sur le bord du fleuve, et éclairé des rayons du jour, il avoit reconnu son ravisseur pour un des ennemis de son père, avoit sollicité sa liberté par des signes, voyant qu'ils ne parloient pas la même langue. L'étranger étoit demeuré inflexible, et l'avoit conduit dans cette grotte, après plusieurs jours de marche. Portrait du généreux Hun. Education du jeune prince. Gelimer obtient de sa pitié et de sa tendresse le serment de ne jamais le quitter, et de ne jamais l'arracher à ses forêts. Childéric passe plusieurs années dans l'espoir de revoir un jour sa patrie. Quels sont ses études et ses plaisirs. Gelimer est tourmenté par ses pensées ; il ne sait qui l'emportera dans son cœur de tous les sentiments qui le dévorent. La nuit interrompt le récit du prince. 77

LIVRE SEPTIÈME 91

SOMMAIRE DU LIVRE SEPTIÈME. *91*

Childéric, forcé d'aller à la chasse, et inquiet de l'état dans lequel étoit plongé le vieillard, l'avoit recommandé aux soins de Viomade. Gelimer à son réveil jette un cri d'effroi, en reconnoissant le brave au lieu de son cher élève ; mais il se rassure, et le retour du prince le console bientôt. Il veut s'asseoir sous les chênes. Childéric reprend son récit, et raconte avec sensibilité la rencontre qu'il fit à la pêche, d'une jeune fille nommée Talaïs, leurs jeux, leurs plaisirs, l'amour qu'elle conçut pour lui, le trouble qu'il en ressentit ; les conseils de Gelimer en garantissent. Progrès de la passion de Talaïs ; son désespoir ; sa mort. C'est sa tombe que Viomade a aperçue, et sur laquelle il a déjà placé la guirlande funéraire. Childéric y conduit de nouveau ce brave, et dépose le tribut du regret et de la piété sur la pierre funèbre. De retour dans la grotte, le prince engage Viomade à partir promptement pour la France, afin de rassurer le roi, et le charge de lui dire qu'un serment sacré l'enchaîne dans ces lieux. Gelimer est agité. Viomade refuse de partir sans le fils du roi. Childéric ordonne. Le brave offre de remplacer le prince auprès du vieillard, qui le repousse, et promet de lui rendre réponse le lendemain. Il gémit sur sa couche ; en vain le prince le rassure. Le jour renaît, Gelimer n'est plus, il s'est percé le cœur du javelot même du prince. Juste douleur. Cérémonie funèbre. Adieux éternels à la grotte, aux forêts, à la tombe de Talaïs. Childéric part suivi du brave. 91

LIVRE HUITIÈME 107

SOMMAIRE DU LIVRE HUITIÈME 107

Mérovée, trompé par Draguta, pleure et son fils et son ami ; tant de maux l'entraînent vers la tombe ; il est mourant, et l'armée qu'excite Egidius, demande un chef. Elle le choisit, c'est Egidius ; il doit recevoir le commandement de Mérovée même ; le jour est choisi pour son triomphe, et l'armée s'assemble au champ de Mars. Déjà Egidius va recevoir la lance et le bouclier. Ulric aperçoit dans le lointain voler la poussière, et distingue deux hommes à cheval ; il croit les reconnoître, il s'écrie. Childéric s'élance dans les bras de son père, et Viomade presse les genoux de son roi. L'armée en tumulte partage la joie de son maître ; on entoure, on écoute, on admire Childéric. Egidius est oublié, et va cacher sa fureur. Mérovée rentre dans la ville suivi de son fils, de son ami, et de toute son armée. Il ordonne un pompeux sacrifice, et Diticas, après la cérémonie, annonce au peuple la fête du Guy, et ordonne de la part des dieux de choisir le jour pour élever Childéric sur le pavois ; l'armée y consent avec transport, et des prières solennelles terminent le sacrifice. 107

LIVRE NEUVIÈME 117

SOMMAIRE DU LIVRE NEUVIÈME 117

Egidius espère encore. Mérovée, ranimé par le bonheur, retrouve des forces momentanées, et instruit son fils des devoirs des rois. La fête du Guy est célébrée, et après la cérémonie, le grand prêtre, suivi du roi, du prince, des braves et de l'armée, se rend au champ de Mars. Fureur d'Egésippe. Elle vole au champ de Mars. Trouble de Childéric à la vue de la belle romaine. Premiers mouvemens d'un amour extrême. Egésippe voit son triomphe et se promet une grande vengeance. Viomade lit dans le cœur du jeune prince, et s'afflige ; il essaie en vain de l'éclairer. La fête est achevée ; Childéric n'a vu qu'Egésippe, et ne songe qu'à elle. Mérovée s'affoiblit et expire dans les bras de son fils. Il est regretté de tous les Francs ; son corps est réuni à celui de la reine Aboflède. La douleur de Childéric est vive et constante. Il paroît même oublier Egésippe. La gloire l'entraîne encore loin d'elle ; il combat Odoacre, il est vainqueur ; et prêt à rentrer dans Tournay, il est reçu par Egésippe, qui, entourée des épouses des guerriers, porte comme elles des couronnes aux vainqueurs. Une fête superbe attend le roi. Egésippe y développe autant d'art que de charmes ; la nuit se passe dans les jeux, et Childéric, entièrement livré à l'amour, ne quitte Egésippe qu'avec effort et plein du désir de la revoir. Il évite tout entretien avec Viomade. Le brave désespéré se tait ; le sommeil fuit l'un et l'autre. 117

LIVRE DIXIÈME. 129

SOMMAIRE DU LIVRE DIXIÈME. *129*

Childéric a moins de confiance en Viomade. L'Empire d'Egésippe s'étend chaque jour. Valérius est reçu parmi les braves. Mécontentement du conseil. Ulric est dépouillé du champ qui lui appartient. Murmures du peuple. Egésippe l'excite, et s'en plaint au roi qu'elle irrite. Elle accuse Ulric, il est chargé de fers. L'armée se soulève. Viomade l'appaise et obtient du roi la liberté d'Ulric. Crime de Valérius impuni. Fureur du peuple. Egésippe en profite pour accuser Viomade. Les injustices se multiplient. Le roi propose un impôt, le conseil s'y oppose ; le peuple le rejette et s'irrite. Egidius travaille les esprits. Egésippe, par ses artifices, charme et égare Childéric. Elle obtient enfin l'exil de Viomade. 129

LIVRE ONZIÈME. 141

SOMMAIRE DU LIVRE ONZIÈME. *141*

Viomade s'est éloigné. Le roi sent déjà des remords, et va réparer ses injustices. Le jour choisi pour la révolte est arrivé. Egidius la commande à la tête des Romains et des Francs. Egésippe doit livrer le roi. Ulric avertit son maître. Les braves se joignent à lui et entraînent Childéric dans la forêt des Ardennes. Ils sont attaqués ; le roi blessé s'enfonce dans les bois, suivi d'Eginard. Childéric s'évanouit, il est transporté dans le temple des Druides, et couché dans un lieu sombre. Une main inconnue le sert. Les Druides pansent sa blessure, elle est guérie. L'inconnu se découvre ; c'est Viomade ; il instruit le roi des événemens qui l'intéressent, et de ses projets. Childéric les approuve, et se rend en Thuringe, où il doit attendre le signal de son retour. 141

LIVRE DOUZIÈME 155

SOMMAIRE DU LIVRE DOUZIÈME *155*

Bazin, roi de Thuringe, vient de perdre son fils Amalafroi. Vengeance que veut en tirer un père irrité. Arrivée de Childéric. Portrait de Bazine. Elle demande en vain la grace des Vandales ; elle s'évanouit dans les bras de Childéric. Son entretien avec le roi des Francs. Elle le quitte. Retour de Bazin dans son palais. Festin. Chants funèbres. 155

LIVRE TREIZIÈME 163

SOMMAIRE DU LIVRE TREIZIÈME *163*

Childéric ne se croit point amoureux. Eginard se promet de rester fidèle. Le roi raconte une partie de ses aventures à la princesse. A la chasse, il sauve la vie au roi de Thuringe. Il reprend son récit ; la princesse, trop émue, l'interrompt. Ils se rencontrent par hasard dans une promenade, et Childéric achève sa narration. Emotion mutuelle, aveux muets. Coquetterie de Berthilie et d'Eginard. Inquiétude qu'éprouve Berthilie. 163

LIVRE QUATORZIÈME 186

SOMMAIRE DU LIVRE QUATORZIÈME *186*

Bazine se livre à ses heureuses pensées. Berthilie les interrompt pour lui annoncer que Trasimond, à la tête d'une armée nombreuse, est entré dans la Thuringe, et que Childéric commande les troupes. Elle le croit déjà vainqueur. Eginard lui présente une bague de la part du roi ; elle lui envoie un baudrier brodé par elle. Berthilie pleure et donne un bouquet à Eginard. Childéric revient après avoir vaincu l'ennemi et accordé la paix. Eginard apporte ces glorieuses nouvelles à la princesse. Berthilie est heureuse. Eginard ne se défend plus qu'avec peine de l'amour qu'il éprouve malgré lui. Une fête magnifique se prépare. Bazine y paroît éclatante de beauté ; le roi de Thuringe en est frappé pour la première fois. 186

LIVRE QUINZIÈME 194

SOMMAIRE DU LIVRE QUINZIÈME.............................. 194

Portrait du roi de Thuringe : il est amoureux. Portrait de Théobard, chef du conseil. Bazin assemble son conseil, et lui expose les raisons politiques qui lui font souhaiter la main de Bazine ; il est approuvé. La princesse reçoit l'ordre de se rendre le lendemain au conseil ; elle obéit avec effroi. Le roi lui offre le trône qu'elle refuse avec modestie. Bazin lui donne quelques jours pour se préparer à l'hymen qu'il va ordonner : elle se retire et confie sa douleur à Eusèbe ; mais elle est prisonnière dans son palais. Berthilie lui annonce qu'elle n'en sortira que pour marcher au temple. Ces nouvelles se répandent. Childéric ne peut contenir son indiscrète douleur. Bazin ordonne une fête ; la princesse est contrainte d'y paroître ; l'espoir d'y voir Childéric la soutient ; elle est pâle et mourante. Bazin, jaloux, épie les amans, surprend leur secret, et prépare sa vengeance ; il reconduit Bazine vers son palais, la confie à Théobard, rentre dans la salle des jeux, et jouit de l'inquiétude de Childéric jusqu'au moment où Théobard reparoît ; alors il donne le signal qui termine la fête. Théobard a conduit Bazine et Eusèbe dans la roche sombre : elles y sont enfermées. Désespoir d'Eusèbe ; elle raconte à la princesse l'histoire de la roche sombre, et celle de la mort d'Humfroi son père. 194

LIVRE SEIZIÈME 219

SOMMAIRE DU LIVRE SEIZIÈME............................... 219

Douleur de Childéric. Berthilie découvre l'enlèvement de la princesse ; elle espère tout d'Eginard, qui ne compte que sur elle. Songe de Bazine. La chaîne. Eginard obtient de Berthilie un rendez-vous nocturne ; ce qu'il entend, son entretien avec Berthilie, l'espoir qu'il conçoit. Il le partage avec son maître. Nouveau rendez-vous projeté. Eginard l'exécute, découvre la roche sombre, et trouve Bazine. Il vole en instruire Childéric, et bientôt après Berthilie. Deux étrangers paroissent chez son maître ; ce sont Ulric, son père, et son frère Valamir. Ils apportent au roi le vœu de son peuple, et le signal promis par Viomade. Récit d'Ulric. Combats qu'éprouve le roi. Il ira cette nuit même à la roche sombre ; en attendant, il se rend au conseil, et fait part au roi de Thuringe de son bonheur. Bazin feint une fausse joie. Théobard qu'elle inquiète se promet de le deviner................ 219

LIVRE DIX-SEPTIÈME 243

SOMMAIRE DU LIVRE DIX-SEPTIÈME 243

Childéric retrouve Bazine, il ne peut la délivrer sans le secours d'Hirman. Leur entretien est interrompu par l'arrivée de Berthilie ; elle annonce que si Childéric rentre dans le palais il y sera assassiné par ordre du roi de Thuringe. Bazine exige qu'il parte sur l'heure, qu'il laisse Eginard caché chez Taber, époux d'Eusèbe. Childéric refuse de l'abandonner. Bazine l'exige ; ils se séparent. Berthilie revient chez son père, à qui elle annonce que Childéric est sauvé. Bazin, qui a ordonné l'assassinat de Childéric, est blessé par ceux qu'il a apostés. Furieux, il ordonne que la roche sombre soit entourée d'une garde nombreuse. Il fait venir Théobard, qu'il menace, apprend que Childéric est déjà réuni à ses braves, et se livre à une fureur immodérée, qui augmente ses maux. 243

LIVRE DIX-HUITIÈME 253

SOMMAIRE DU LIVRE DIX-HUITIÈME 253

Arrivée du roi ; transports de l'armée. Il retrouve Viomade, remonte sur le pavois, combat Egidius, est vainqueur, rentre dans toutes ses places, s'arrête à Tournay. Inquiet du silence d'Eginard, il envoie Valamir en Thuringe ; il annonce à son retour que la princesse est épouse du roi de Thuringe. Désespoir de Childéric. Il se prépare à attaquer les Saxons. On annonce des Bardes, ils chantent la gloire de Childéric. Quels sont ces Bardes. Ravissement du roi. Il reproche à Valamir de l'avoir trompé. Mais Bazine lui confirme la nouvelle de son mariage avec le roi de Thuringe ; elle raconte ses aventures. Childéric part avec son armée, il est vainqueur, Egidius est tué. Le roi retrouve Egésippe, s'empare de Beauvais, de Paris, revient plein de gloire dans Tournay, y trouve Théobard, qui lui annonce que la reine est libre. Théobard lui raconte les événemens qui ont suivi le départ de la princesse. Bazine veut aussi le bonheur de Berthilie et d'Elénire, fille d'Eusèbe. Les trois mariages se célébrent le même jour dans le temple d'Esus. 253

CONCLUSION 285

ÉPITRE DÉDICATOIRE À SA MAJESTÉ L'IMPÉRATRICE REINE

Mon héros ne dut qu'à ses armes,
Et sa couronne et ses grandeurs ;
Vous devez la vôtre à vos charmes,
Et vous la tenez de nos cœurs.
Si Bazine lui parut belle,
C'est qu'elle posséda vos traits ;
Il soumit un peuple rebelle,
Et vous n'en trouverez jamais.

    Rome avoit perdu ses anciennes vertus, et avec elles sa puissance et sa gloire ; ses provinces étoient devenues la proie des barbares qui vengeoient les Grecs et les Carthaginois. Parmi ces barbares nommés Goths, Alains, Vandales, on distingue d'abord les Francs (*ce nom veut dire indomptable et libre*) : dès qu'ils se montrent dans histoire, on admire déjà leurs succès, et ce courage au-dessus des revers, maîtrisant partout la fortune. Ce peuple sorti des forêts de la Germanie, avide de périls et se confiant en sa valeur, attaqua les Romains dans les Gaules ; l'Empire tourna toutes ses forces contre un ennemi aussi audacieux que redoutable. Aurélien, en 270, parvint à le repousser, et sa réputation guerrière étoit déjà si bien établie, que l'on chanta dans tout l'Empire une espèce de romance, dont voici le refrain :

Mille Francos et mille Sarmatas, semel, semel occidimus.

    Gallien exposa dans un spectacle, à la curiosité, trois cents Français faits prisonniers. Quelle étoit déjà la gloire de ce peuple, à peine sorti de ses déserts, puisque de si légers avantages étoient célébrés avec tant d'éclat !

L'an 258, sous *Valérien*, un gros des Francs traversa toutes les Gaules, passa en Espagne, se fit une place forte de Tarragone, d'où il pilla l'Espagne durant douze années. Un détachement osa même passer en Afrique, en revint chargé de butin, et retourna dans ses forêts, traversant encore impunément toutes les Gaules.

Probus, l'an 279, repoussa les Francs au-delà du Rhin ; mais un d'eux, nommé *Magnance*, parvint par son courage au trône des Césars, et ses compatriotes faisoient la plus grande force de ses armées. *Sylanus*, autre franc, poussé par les injustices de *Constance*, qu'il avoit servi avec autant de zèle que de fidélité, se fit proclamer empereur : cependant *Julien* et *Valentinien* eurent plusieurs avantages sur ces braves.

Stilicon sut les maintenir au-delà du Rhin ; mais *Honorius* ayant fait massacrer ce grand homme, *Alaric* l'en punit, et s'empara de Rome en 410.

Jusques-là les Francs s'étoient contentés de ravager les Gaules, et de s'y établir passagèrement, tantôt par force et en conquérans, d'autrefois comme alliés et tributaires ; mais lassés des marais incultes de la Germanie, qui n'offroient aucune ressource à leurs besoins sans cesse renaissans, pressés sans doute par le génie ardent qui devoit porter au plus haut degré de gloire cette nation courageuse et superbe, ils repassèrent le Rhin en 420, sous la conduite de *Pharamond*, prince saxon, d'une figure noble et d'un caractère déterminé : ce fut sous les ordres de ce général qu'ils quittèrent à jamais leur patrie, et s'établirent dans les Gaules, en s'emparant de la Toxandrie, aujourd'hui pays de Liége et de l'île Batave, où se trouvoient renfermées les villes de Bois-le-duc, Breda et Anvers.

Les Francs devoient à *Pharamond* des conquêtes rapides, un état certain, de riches possessions ; il falloit lui devoir plus encore, les lois, l'ordre et la paix intérieure. Il fut nommé roi ; mais cette monarchie naissante devoit se ressentir long-tems de la barbarie et de l'esprit turbulent d'un peuple toujours sous les armes, et amant de la liberté : s'il éprouvoit le besoin d'un chef, il ne désiroit pas moins ardemment conserver son indépendance ; et les premières lois tinrent long-tems de ce mélange de soumission, de révolte, d'obéissance et d'insubordination. Le peuple voulut rester maître d'élire ses rois, de nommer ses généraux ou chefs. On élevoit sur un pavois, large bouclier, le roi que l'on s'étoit choisi ; on le montroit ainsi au peuple assemblé, et cette cérémonie simple et guerrière étoit suivie de respect et d'amour. Le roi avoit des braves ou forts qui lui étoient particulièrement attachés, et tellement dévoués, qu'ils mouroient souvent pour lui ou avec lui ; il leur distribuoit des terres en raison de leur valeur et de leurs services ; de là vinrent sans doute les bénéfices militaires et amovibles. L'aspirant au rang de *brave* étoit présenté au roi par un parent, et dans l'assemblée générale, il recevoit des mains de son maître la lance et le bouclier ; le roi lui adressoit ces mots : *Je te tiens pour brave et à jamais*. De là sans doute naquit la chevalerie.

Le roi devoit être choisi parmi la noblesse, qui se composoit des princes et des ducs ; il commandoit les armées, mais soumettoit les lois à l'acceptation du peuple assemblé, qui demeuroit maître de les rejeter.

Les Francs suivoient la religion des Gaulois ; leur mythologie étoit celle des Grecs, à laquelle ils avoient joint l'Odin du Nord ; leurs prêtres se nommoient Druides, et tous, jusqu'au monarque, trembloient devant eux. Ministres des autels, médecins, magistrats et instituteurs de la jeunesse, ils avoient une influence d'autant plus grande, que les hommes n'en mesuroient ni la force ni l'étendue. Célibataires et retirés dans les forêts, cette vie mystérieuse et chaste étonnoit ce peuple toujours charmé du merveilleux, et qui, adorateur des femmes, portant l'amour jusqu'au délire, admiroit ce refus volontaire d'un bien qui lui sembloit si doux.

Les Francs n'aimoient pas moins leurs poëtes qu'ils appeloient *Bardes* ; ce nom en langue celtique veut dire *chantre* : c'étoient eux qui dans les combats ranimoient par leurs chants belliqueux le courage des combattans, et éternisoient une belle action par des vers qui en transmettoient le souvenir. En leur présence le brave levoit audacieusement sa tête, tandis que le lâche la cachoit avec honte. Dans les festins, ils chantoient les louanges du maître, en s'accompagnant sur des harpes légères. On les appeloit encore *parasites* ; ce nom, devenu depuis une injure, signifioit en langue celtique *désirable* et *dévoué*.

Les Francs n'estimoient que la profession des armes ; ils laissoient l'agriculture et les métiers aux esclaves ; tout citoyen étoit soldat et se présentoit toujours armé ; ils se servoient de lances, de javelots, de haches, d'épées, qu'ils appeloient franciques, de casques et de boucliers. Au signal du combat, ils s'élançoient avec une telle impétuosité, que rien ne résistoit à leur choc. Souvent ils brisoient à coups de hache le bouclier de leur ennemi, et sautant sur lui l'épée à la main, ils le tuoient. Ne reconnoît-on pas à cette peinture les Français si redoutables à l'attaque, à l'abordage, à l'arme blanche ? L'ardeur de ce grand peuple ne le laissoit jamais jouir de la paix ; il se battoit en duel pour les sujets les plus légers, aimoit le jeu, les festins, les chants, étoit hospitalier, curieux, exact à remplir ses sermens et à payer les dettes du jeu. Les Francs étoient de haute taille, leur chevelure étoit blonde, abondante et naturellement bouclée ; les rois seuls la laissoit croître. Leur physionomie étoit douce et riante, leur esprit fin, délicat, enjoué, ardent ; enfin ils étoient alors ce qu'ils sont de nos jours, courageux, légers, téméraires et inconstans. Les femmes comptoient avec orgueil les blessures de leurs époux, combattoient à leurs côtés, et vengeoient leur mort ; elles étoient fières, sensibles et fidelles : les Francs avoient pour elles autant de respect que d'amour ; au temple on croyoit à leurs oracles, au conseil on déféroit à leurs avis.

Telle fut à sa naissance cette nation belliqueuse, et ce grand peuple vainqueur de Rome, qui par de si rapides victoires, préludoit glorieusement à la puissance, à la splendeur dont il étonne aujourd'hui l'univers. *Pharamond* laissa le trône en 428 à son fils *Clodion*, dit *le Chevelu*, qui habita le château de Dispargum, aujourd'hui Duisbourg. Ce roi ayant traversé secrètement la forêt charbonnière, aujourd'hui le Hainaut, s'empara de Tournay, Bavay, Cambrai ; mais repoussé par Aëtius, général romain, il le défit complètement en 444, prit l'Artois, s'empara d'Amiens, étendit son royaume jusqu'à la Somme, et mourut en 448, laissant trois fils, Clodebaud, Clodomir et Mérovée. Le peuple, assemblé au champ de Mars, préféra *Mérovée* à ses frères, que leur mère emmena au-delà du Rhin. A peine sur le trône, le nouveau roi signala son règne par d'éclatans succès ; il s'empara de toute la Germanie première, ou territoire de Mayence, de ce que l'on nomma depuis Picardie et Normandie, et de presque toute l'Ile-de-France ; mais un terrible ennemi vint lui offrir des dangers et des triomphes, et répandre sur des jours jusque là si heureux, ces douleurs dont le rang ni la gloire ne peuvent consoler ou même distraire une ame sensible.

LIVRE PREMIER

SOMMAIRE DU PREMIER LIVRE

Childéric annonce, dès son enfance, les vertus qu'il doit développer un jour. Les Huns attaquent les Francs ; ce qu'étoient ces peuples. Portrait d'Attila. Childéric, âgé de douze ans, s'arme secrètement du javelot de Pharamond, et se cache parmi les guerriers. Il ne se découvre à son père que loin de Tournay ; il en obtient la permission d'assister au combat. Mérovée le confie aux soins de son ami Viomade. Le roi, attaqué par un gros d'ennemis, est secouru par Viomade qui reçoit le coup destiné à son maître, et tombe baigné dans son sang. Mérovée poursuit la victoire. Il chasse les Huns, et revient dans sa tente, où l'on a transporté le brave. Son inquiétude sur son fils, qui ne paroît point. Recherches inutiles. Mérovée reprend avec tristesse la route de Tournay. La reine vole à sa rencontre, et n'apercevant pas son fils, tombe évanouie ; rendue à la vie, elle se livre à toute sa douleur.

Aboflède étoit l'heureuse et sensible épouse que le ciel avoit accordée à Mérovée ; belle et vertueuse, elle adoucissoit pour lui les fatigues de la guerre, les soins du gouvernement ; partageoit ses triomphes, le consoloit dans ses revers, portoit à ses pieds la plainte de la timide infortune et l'hommage de sa reconnoissance. De cette union heureuse étoit né un fils, l'espoir et l'amour des auteurs de sa naissance. Childéric, à peine âgé de douze ans, flatte déjà l'orgueil d'un père. A sa chevelure blonde, à ses yeux d'azur, on reconnoît le descendant d'un Germain ; à son cœur avide de gloire, on reconnoît un Français : tandis que la justesse de son esprit charme les Druides qui l'instruisent, sa beauté ravit sa mère, et ses nobles vertus remplissent d'une orgueilleuse joie l'ame superbe de Mérovée.

Aboflède en est plus chère à son époux et à son peuple, elle-même s'applaudit d'un si bel ouvrage. O mon fils ! se disoit-elle quelquefois ; ô vous ! objet de crainte et d'espoir ! que d'attachement vous auriez pour moi, si vous pouviez sentir ce trouble sans cesse renaissant que l'amour plaça dans le cœur de votre mère prévoyante ; si vous pouviez connoître ces soins toujours actifs et jamais *lassés*, cette tendresse constante et nouvelle, qui naquit avec vous et ne finira qu'avec moi. Childéric répondoit à une si vive amitié par un égal attachement, adoroit sa mère, admiroit les exploits et le grand cœur de Mérovée, se promettoit de le prendre pour modèle, révéroit les dieux et se sentoit impatient de courage. Un bonheur si constant et si pur ne devoit pas durer toujours, et la sensible Aboflède alloit voir se changer en une douleur mortelle les douces jouissances d'une mère.

Les Huns, peuple hideux et féroce, sans civilisation comme sans industrie, habitoient au Nord de la Chine, plus de deux mille ans avant notre ère. Sans cesse en guerre avec les Chinois, ils avoient été chassés par eux loin des frontières de leur empire, vers le quatrième siècle, et repoussés jusques sur les bords du Jaïk, d'où les Alains étoient partis avant eux ; de là ils descendirent vers l'Orient du Palus-Méotides. Sortant tout-à-coup du Palus, ils précipitèrent les Alains sur les Ostrogoths ; bientôt ils repassèrent le Tanaïs, tournèrent le Pont-Euxin, ravagèrent l'Asie, et s'établirent tumultueusement de l'autre côté du Danube et du Rhin, non loin du Volga ; là, divisés en familles ou hordes, ils se bâtissoient des huttes grossières, dans lesquelles ils se tenoient renfermés pendant la mauvaise saison ; ils les quittoient impétueusement au printems, ravageant tout ce qui s'offroit sur leur passage, et chargés du fruit de leurs rapines, ils retournoient avec la même rapidité dans les forêts qui leur servoient d'asile ; ce peuple sauvage et guerrier méprisoit la foiblesse, et abandonnoit aux monstres des bois les vieillards qui ne pouvoient plus combattre ; les femmes marchoient à la tête des armées, conduisant leurs enfans, et chargées de ceux qui ne les suivoient pas encore : dès leur naissance, elles les plongeoient dans l'onde glacée des fleuves, les exposoient aux ardeurs du soleil, les exerçoient à la chasse, à la course et à la lutte, et quand l'âge, anéantissant leurs forces, les menaçoit du mépris et des maux attachés à la décrépitude, elles recevoient la mort de la main de leurs propres enfans ; le fils qu'une tendre mère avoit nourri croyoit, en la délivrant d'une vie qui alloit lui devenir douloureuse et importune, acquitter la dette de la reconnoissance ; ils massacroient également leurs blessés après la bataille. En 450, Attila, roi de ces sauvages, après avoir assassiné son frère Bleda, auquel il ravit le trône, voulut saccager l'Occident, et ayant traversé la Franconie et la Germanie, à la tête de cinq cent mille combattans, il entra dans les Gaules sous le prétexte d'aller attaquer les Visigoths dans l'Aquitaine ; mais après avoir ravagé et brûlé Metz, Trèves, Tongres, Bar, Arras, il continua sa marche, passa près de Paris, et vint assiéger Orléans. La ville avoit déjà capitulé, quand Aëtius, général des Romains, ayant appelé à son secours Théodoric, roi des Visigoths, Mérovée et sa redoutable armée, attaqua ce terrible ennemi, qu'il défit complètement, et le força à une prompte fuite, laissant deux cent mille morts sur le champ de bataille. Ce fut en Sologne, près d'Orléans, que cette grande victoire fut remportée ; elle coûta la vie à Théodoric. Son fils Trasimond fut élu après sa mort. Attila, de retour dans ses forêts, contemploit avec plus d'espoir que de douleur les débris encore menaçans de son immense armée : on pouvoit le repousser, non l'abattre ; il se promettoit de le prouver. Ce Hun trop célèbre par ses crimes et son indomptable courage, se faisoit appeler le *fléau de Dieu* ; il étoit d'une stature au-dessous de la médiocre, avoit une tête d'une grosseur démesurée, le nez extrêmement large et écrasé, le front applati, la barbe claire et entrecoupée de cicatrices, dont ses joues étoient couvertes ; ses yeux petits, et qu'il ne fixoit jamais, étoient toujours en mouvement comme son corps. Cette figure hideuse sembloit dire au monde qu'il étoit destiné à en troubler le repos ; son palais étoit une cabane, son trône une chaise de bois placée sous un arbre, et son drapeau flottant lui servoit de tente. Tel étoit l'ennemi qui devoit porter au cœur d'Aboflède une blessure si profonde.

A peine les glaces qu'avoit durcies le sombre hiver se détachoient-elles des monts, les vents toujours irrités troubloient le calme des forêts, la douce approche du printems ne ranimoit point encore la nature mourante, et cependant l'impatient Attila devançant la saison guerrière, assemble déjà son armée. Clodebaud, qu'irrite la gloire d'un frère, presse lui-même l'ardeur du Hun, et s'il pouvoit triompher des obstacles que lui opposent les terribles avantages d'un long hiver, il seroit déjà vengé de sa dernière et sanglante défaite ; enfin les vents sont enchaînés ; la terre raffermie offre à la marche des troupes un terrain solide. Attila, à la tête des siens, s'avance sur les bords du Rhin, ils construisent à la hâte une quantité innombrable de petites barques, et s'élançant du milieu de l'onde, ils marchent jusqu'à Cologne. Mérovée apprend les victoires de son ennemi en apprenant son attaque : alarmé d'un si rapide avantage, il assemble promptement ses troupes, et entouré de ses braves, il alloit quitter encore la tremblante reine, dont il recevoit les tendres adieux. Childéric, témoin des craintes de sa mère, ne put voir ses pleurs sans désirer suivre et défendre l'objet chéri qui les faisoit couler ; le chant des *Bardes*, l'aspect des armes, le noble courage qui s'imprimoit en traits augustes sur le front du roi, l'ardeur guerrière qui animoit l'armée, le secret sentiment de sa valeur, tout inspire et entraîne l'enfant aimable et sensible ; saisissant d'une main téméraire le javelot révéré, sceptre et arme du grand Pharamond, il l'agite avec audace, le baise avec respect, jure sur cette arme sacrée de s'en servir pour défendre le roi, et de ne l'abandonner qu'avec la vie. Cependant il craint les refus d'un père, les défenses d'une mère timide : à l'idée des alarmes qu'il va lui causer, des pleurs s'échappent de ses yeux et coulent sur ses joues vermeilles ; mais tandis que Mérovée reçoit son casque et son épée des mains d'Aboflède baignée de ses larmes, tandis qu'il lui jette un dernier regard et s'élance au milieu d'une armée sûre de vaincre, et qu'Aboflède évanouie ne peut s'apercevoir de sa fuite, Childéric se mêle parmi les soldats, se dérobe aux yeux d'un père dont il redoute la prudence, et ne s'offre à ses regards qu'aux portes de Cologne, quand il ne craint plus d'être rendu à Aboflède. Le roi, surpris et charmé, l'admire avec un orgueil mêlé de crainte. O mon fils ! lui dit-il en l'embrassant, et votre mère ? Cependant Childéric a l'air si fier et si heureux, sa physionomie douce a dans le moment tant de noblesse et d'audace, ses yeux brillans de courage, sont si expressifs, son geste si animé, que Mérovée cédant à son tour, lui permet d'assister au combat, et recommande l'objet de son amour à Viomade, le plus cher de ses braves ; rassuré par la confiance que lui inspirent et l'air majestueux de son fils et la fidélité de son ami, il vole où l'appelle la victoire.

Dans ces premiers tems de simplicité, le trône ne s'environnoit point encore des prestiges brillans qui l'entourent aujourd'hui ; le roi n'étoit que le premier soldat de son armée, le butin se partageoit au sort, on n'avoit de rang que celui que l'on tenoit de la gloire, la voix publique en décidoit, non la volonté du prince ; l'intrigue et la flatterie ne rampoient point pour s'élever, on aimoit la personne du roi, non sa grandeur ; on chérissoit ses vertus, non sa puissance ; il comptoit sur ses *braves* qu'aucun intérêt ne portoit à feindre ; le roi étoit aimé, le roi aimoit, et la défiance n'obscurcissoit point pour lui l'éclat du trône ; la noblesse, fière de sa gloire déjà acquise par des ancêtres respectés des nations, s'efforçoit de surpasser encore l'éclat d'un nom déjà fameux, on la reconnoissoit à ses actions comme à ses vertus, et le roi, au milieu des fermes défenseurs de sa couronne et de sa vie, trouvoit dans chaque brave un soutien, un ami, un héros. Qu'elle est belle cette noblesse antique, cette vertu qui, transmise pure et d'âge en âge, enrichie sans cesse et de siècle en siècle, de faits héroïques ou généreux, répand autour du nouveau rejeton qui va l'honorer encore, cette gloire dont l'éclat le guide, et doit le forcer à l'imiter ! Osera-t-il donc être un lâche, montrer un cœur coupable, celui pour qui le nom d'un père est une leçon, un exemple, et deviendroit un reproche ? Non, sans doute, et notre histoire en est la preuve auguste, puisqu'on y retrouve sans cesse les mêmes noms s'inscrivant, de nouveau, glorieux et sans tache dans le temple de mémoire.

Mais déjà Mérovée a repris Cologne, et poursuivant sa victoire, il attaque l'ennemi en pleine campagne. Plusieurs fois Ulric, Arthaut, Amblar, Mainfroy se sont placés entre le roi et le danger ; lui-même a reçu une légère blessure en détournant le trait prêt à percer Ulric. O bon tems ! où de pareils traits n'étonnoient personne, où l'admiration ne le répétoit même pas, et laissoit à la seule reconnoissance le soin d'en perpétuer le souvenir !

Mais les Huns, ralliés par Attila, s'élancèrent de nouveau sur l'armée française, en jetant d'horribles cris ; ce choc imprévu ébranla l'armée, et ce rare avantage animant les ennemis, ils chargèrent en furieux ; Mérovée contenant l'ardeur de ses troupes, attaqua à son tour avec sang-froid et en bon ordre, et culbuta sans peine une armée tumultueuse qui, plus téméraire qu'habile, ignoroit l'art de se défendre ; cependant quelques-uns de ces barbares déploient un courage presque inouï ; la mort suit par-tout leurs traits, ils pressent Mérovée lui-même, et on reconnoit Attila à sa force, à sa rage, à son adresse. Viomade voit le danger de son maître, et oubliant pour un moment le dépôt trop cher qui lui a été confié, il s'élance en s'écriant : A moi, braves ! On entoure le roi, on le suit, lui seul eut la gloire de recevoir dans la poitrine le coup de hache dont Mérovée alloit être la victime ; le roi le voit tomber baigné dans son sang, il se précipite vers lui, le relève, mais appelé au combat, il le confie aux soins d'Ulric, et court le venger par une éclatante victoire. Les Huns, vaincus et poursuivis jusqu'au fleuve, se rembarquent à la hâte et en désordre ; les Francs dédaignant l'ennemi qui fuit, cessent de combattre ; le roi triomphant revient à Cologne, et vole plein d'une double inquiétude auprès de son ami dont on a déjà pansé la profonde blessure. Rassuré sur ses jours, ô Viomade ! où est mon fils, s'écrie-t-il ? Hélas ! Viomade l'ignore, un long évanouissement a suivi sa blessure, et il n'a pu, malgré ce zèle pur, ardent et sans égal, veiller au dépôt sacré qui lui avoit été remis. Ciel ! ô ciel ! que me dis-tu, répond Mérovée ; ô Childéric ! ô mon Aboflède ! Mais les braves se sont dispersés, on cherche le jeune prince dans la ville, dans l'armée, au bord du fleuve, sur le champ de bataille, parmi les blessés, au milieu des morts ; on interroge les soldats, les habitans, les prisonniers, par-tout un silence terrible jette l'alarme dans les cœurs ; de fidèles sujets traversent le fleuve, ils pénétreront dans les forêts, jusqu'au camp même d'Attila ; toutes les récompenses leur sont promises, mais la seule qu'ils désirent, c'est de ramener le fils des rois.

Qui cependant apprendra à la plus tendre mère, à cette reine adorée, une absence si alarmante ? Qui aura le féroce courage de déchirer ce cœur sensible, douce retraite de vertu, de paix et d'amour ? Qui pourra faire couler ces larmes abondantes, dont la seule idée est déjà un supplice pour tous les Francs ? Mérovée, plongé dans sa muette douleur, la tête appuyée sur sa main, les yeux baissés, ajoute à ses terribles inquiétudes par l'idée des maux qui vont accabler l'objet de sa tendresse ; il en prévoit l'excès, il en est déchiré, et Viomade en soupirant regarde la blessure qui l'excuse, et le roi qui ne vivroit plus sans elle. Sa faute est grande, mais sauver la vie à Mérovée est une action plus grande encore ; il gémit, il s'afflige ; cependant il ne peut pas plus se repentir, que le roi n'ose lui adresser un reproche. Pour la première fois Mérovée craint de revoir Aboflède, et ce moment qui fut toujours le plus doux prix de sa victoire, trouble et effraie sa grande ame.

Depuis le départ de son époux, depuis celui de son fils, la tendre reine, livrée à toutes les alarmes, a gémi comme épouse et comme mère. O mon fils ! ô mon Childéric ! s'écrioit-elle, pourquoi fuir loin de mes bras caressans ? pourquoi m'abandonner ? Hélas ! je comptois encore, avec une douce sécurité, les années de bonheur que m'accordoit ta jeunesse ! Pourquoi, cher et cruel enfant, hâter les instans du danger ? pourquoi, plus barbare que le devoir, me ravir déjà mon fils ? Cependant la renommée, prompte à célébrer la victoire, a déjà porté jusqu'au palais de la reine le bruit glorieux des triomphes de son époux, et la nouvelle de son retour. Aboflède ne peut contenir sa trop vive impatience ; pleine de joie et d'amour, elle relève ses beaux cheveux en désordre, essuie ses pleurs, et n'écoutant que les douces émotions qui agitent si délicieusement son cœur, court au-devant de son époux et de son fils ; de loin elle entend les chants guerriers, son ame s'exhale et s'unit aux chants des héros ; elle presse sa marche et vole au-devant de l'armée ; déjà elle distingue le casque éclatant du roi, son œil maternel cherche près de lui cet autre objet de ses alarmes, il ne paroît point ; tremblante, elle en accuse encore sa taille enfantine ; elle distingue Viomade appuyé sur le bras glorieux de son maître ; l'armée chante la victoire, le roi ne s'unit point à ses chants ; il approche, elle cherche en vain Childéric, Childéric ne se montre point à sa mère. Mérovée l'a aperçue, son sang s'est glacé dans ses veines, il a pâli. A ce signal de détresse pour un si grand courage, Aboflède a déjà deviné son malheur, elle tombe évanouie en nommant son fils. Mérovée la voit chanceler ; mais il soutient son ami, il contient sa douleur, son impatience, et renferme avec effort dans son sein le cri prêt à s'en échapper. Viomade, affoibli par ses souffrances, déchiré par ses regrets, marche lentement et les yeux baissés ; il ne s'attend pas au spectacle douloureux dont il va être le témoin ; ils approchent enfin de la belle reine, que les femmes de sa suite ont relevée, et qu'elles soutiennent dans leurs bras. La pâleur couvre ses traits, elle est glacée, immobile, et sans aucun sentiment ; la mort semble avoir déjà frappé cette tendre victime ; insensible aux soins qui lui sont prodigués, elle reste plongée dans un évanouissement qui lui dérobe au moins la connoissance de ses malheurs ; transportée jusques dans son palais, tous les secours lui sont prodigués ; elle renaît enfin à la vie, mais pour apprendre, mais pour sentir tout l'excès de son infortune : pour la première fois, la voix toute-puissante d'un époux adoré ne porte point dans son ame le bonheur ou la consolation, ses caresses ne la touchent point, son retour ne lui suffit pas, elle ne songe, ne demande, ne semble aimer que son fils. Le roi lui dit tout ce qui peut la rassurer, lui nomme les fidèles émissaires envoyés à la recherche du prince, lui répète qu'il ne s'est trouvé ni parmi les morts, ni parmi les blessés, que son javelot si remarquable n'est point resté sur le champ de bataille ; l'infortunée l'écoute, lui fait redire ce qu'elle vient déjà d'entendre. Hélas ! elle a trop besoin d'espérance pour la rejeter, mais elle aime avec trop d'ardeur pour s'en contenter long-tems ; occupée d'un seul objet, possédée d'une seule idée, elle interroge tout ce qui l'approche, le silence l'inquiète, aucune réponse ne la satisfait, les jours lui semblent des siècles, l'incertitude la tue, et cependant l'incertitude soutient sa vie ; si le roi s'absente un moment, à son retour elle pâlit de crainte et frémit d'espoir ; dans son sommeil agité, elle revoit et embrasse son fils ; le réveil lui rend son absence, et elle pleure sur son heureux songe. O amour maternel ! sentiment pur, vrai, constant, hélas ! que souvent vous êtes cruellement récompensé ! Plusieurs émissaires étoient déjà revenus, le roi seul leur avoit parlé ; ils ignoroient tous la destinée du jeune prince ; on cachoit leur retour à la malheureuse mère. O Viomade ! pourquoi ta blessure retient-elle tes pas, et met-elle des bornes à un zèle qui, sans cet obstacle insurmontable, n'en auroit point connu ? pourquoi, ami dévoué, ne peux-tu voler toi-même sur les traces du fils de ton maître ? Ah ! si cet effort étoit en ta puissance, qui oseroit te disputer l'avantage de servir encore ton roi ? mais tu es foible, mourant, ton cœur seul rempli d'ardeur, partage et adoucit les tourmens de ta reine ; ou tu portes à son ame les paroles consolantes de l'espérance, ou tu gémis avec elle, quand sa douleur trop vive ferme son cœur à tes sages discours.

LIVRE SECOND

SOMMAIRE DU LIVRE SECOND

Le bruit de la mort de Childéric s'est répandu. Désespoir du roi. Ulric, de retour du camp d'Attila, confirme ces tristes nouvelles. On les cache à la reine, toujours livrée à sa douleur. Attila attaque de nouveau les Francs. Mérovée marche à sa rencontre. Aboflède le suit. Son projet. Elle profite de la nuit pour l'exécuter ; elle est chargée de chaînes. Le roi qui découvre sa démarche vole à son secours, la délivre à la faveur des ténèbres, ainsi que tous les prisonniers. Attila veut s'en venger, il est vaincu, demande et obtient la paix. Mérovée toujours vainqueur rentre dans sa capitale, et y ramène son épouse désespérée. Après de longues souffrances, elle expire. Ses funérailles. Douleur du roi.

Une année entière s'étoit écoulée sans apporter aucune lumière sur le sort de Childéric ; le tems sembloit emporter sur ses ailes le bonheur et l'espoir : déjà Ulric, celui des braves qui tient la seconde place dans le cœur du roi, est revenu des bords du Pont-Euxin avec tous ceux qu'il a dispersés adroitement autour du camp d'Attila ; mais il n'a pu ni détruire, ni confirmer la crainte du monarque. Aboflède, renfermée au fond de son palais avec ses chagrins et ses souvenirs, ignore son arrivée, on la lui dérobe avec soin ; il est depuis long-tems dans Tournay, et l'infortunée l'attend encore. Un bruit, d'abord léger, mais qui peu-à-peu se répand et s'accrédite, jette un nouveau désespoir dans le cœur du roi. On assure que le jeune prince ayant suivi l'armée qui poursuivoit les Huns, et s'étant laissé entraîner par l'inexpérience de son âge, étoit tombé dans le fleuve en essayant de passer sur une des barques ennemies. L'apparence et le tems semblent confirmer ce récit. Mérovée craint, doute, et s'abandonne à la douleur qui le déchire ; mais il épargne encore le cœur de la reine, il lui laisse ses fugitives espérances, et l'ame dévorée d'inquiétudes, il sourit aux douces pensées de retour que sa tendre mère exprime quelquefois. Il gémit seul ou dans les bras de Viomade ; mais près d'Aboflède, il reprend son courage et son front serein. La reine se confiant à la tendresse d'un père, se rassure de la tranquillité de son époux ; elle ne croit pas qu'une douleur violente puisse se contraindre, elle sent trop bien qu'un tel effort seroit au-dessus d'elle ; la nature, l'amour et son cœur dans ce moment s'accordent avec le roi pour la mieux tromper. Cependant Ulric tarde bien selon elle à revenir ; ce délai commence à l'inquiéter ; Aboflède voit chaque jour renaître et finir, et Ulric ne paroît point ; la reine ne peut soupçonner son zèle, le danger s'offre à sa pensée sous mille formes effrayantes. Attila, fier d'un si illustre prisonnier, aura sans doute refusé les échanges et le prix qu'Ulric devoit lui offrir ; une idée plus terrible encore glace tout-à-coup ses esprits, Clodebaud, ce frère irrité, exerçant sur le fils la vengeance qu'il méditoit contre le père. Elle voit Childéric réduit par la haine de Clodebaud au plus cruel, au plus honteux esclavage. Peut-être, ô ciel ! a-t-il porté plus loin sa fureur.... Un jour même son imagination frappée lui fait apercevoir son fils pâle, baigné dans son sang ; elle croit entendre ses longs gémissemens et recevoir son dernier soupir... Tremblante, éperdue, elle jette des cris douloureux, ses larmes sont taries, son sang ne circule plus, un froid mortel la saisit, elle tombe évanouie, et l'on doute long-tems de sa vie.

Cependant, l'intrépide Attila supportoit avec une égale peine, et sa honte et la longue paix où l'a réduit sa dernière défaite. Étonné de son inaction, indigné de ses revers, et retenu depuis deux ans dans ses forêts, il n'a pu revoir la *saison guerrière*, sans resaisir son arme terrible ; les premiers feux de l'astre du jour ont ranimé toute son ardeur ; il assemble son armée, et quittant encore ses déserts, il va pour la troisième fois traverser ce fleuve majestueux, barrière antique et naturelle de la France. Mais ses revers multipliés ont découragé ses soldats ; il ne lit plus sur leurs fronts mornes et sourcilleux l'audacieuse espérance ; il ne voit plus en eux cette impatience du combat, présage certain de la victoire ou d'une glorieuse résistance ; sa voix formidable se fait entendre sans ranimer l'ardeur éteinte ; il commande, on obéit, mais en silence, et sans cette joie martiale qu'il a si souvent admirée. Il revoit avec rage ces plaines fameuses par ses malheurs ; son courroux valeureux s'en augmente, tandis que ces sanglans souvenirs affligent et effrayent ses troupes naguères si valeureuses. Les Francs, au contraire, volent avec transport au-devant d'un ennemi dévastateur et qu'ils sont sûrs de repousser ; ils chantent d'avance une victoire certaine.

Au nom d'Attila, Aboflède a joint dans son ame celui de ravisseur, d'assassin de son fils ; elle sait qu'il marche contre son peuple, elle sait encore que ces barbares traînent à leur suite tous les prisonniers de guerre ; elle conçoit un projet hardi : le cœur seul d'une mère est capable de le former, de l'entreprendre, de l'exécuter ! Elle annonce au roi surpris qu'elle va le suivre au combat, et en disant ces mots, ses yeux cessent de verser des larmes, et l'espérance jette une légère teinte de joie sur sa figure douloureuse. Mérovée s'oppose en vain à un désir dont il ne connoît pas encore le vrai motif ; la raison ni la prudence ne peuvent rien contre tant d'amour. Hélas ! Aboflède est mère, et elle a perdu son fils ! que peut-elle craindre encore ? Deux seules pensées lui restent, le retrouver ou mourir. La reine, montée sur un char, se mêle aux combattans et s'expose sans en être émue ; son ame n'est troublée ni par le bruit des armes, ni par les horribles cris que jettent les Huns pendant les batailles, ni par le spectacle sanglant dont elle est environnée. Elle ne voit point voler le trait homicide, elle n'entend point les gémissemens des blessés ; elle seule, au milieu de ce règne de la mort, conserve l'oubli d'elle-même, et porte au loin sa pensée et ses regards, sans chercher à défendre ou à conserver une vie dont elle cesse de s'occuper. Il paroît enfin à ses yeux ce groupe d'infortunés chargés de fers ; ils sont peu éloignés des Huns, des gardes nombreuses les environnent. A peine cet objet de douleur et d'espoir a-t-il frappé la reine, que son regard et son cœur ne s'en écartent plus. Sans doute c'est là, c'est parmi les malheureux captifs qu'elle trouvera son fils ; elle s'assure du chemin qui conduit à cette partie séparée du camp ; on peut s'en approcher par un bois voisin. Aboflède a tout vu et n'oubliera rien. La nuit abaissant sur la terre ses voiles épais, force enfin les combattans à se séparer. Aboflède invoque depuis long-tems les ténèbres dont la favorable obscurité servira sa téméraire entreprise. A peine la tranquille déesse a-t-elle enchaîné dans un doux sommeil les fiers enfans de Mars, que revêtue d'habits guerriers, cachant ses membres délicats et la beauté de son sexe sous le casque et l'armure, Aboflède, jusque-là craintive, échappant à ses gardes, et guidée par son amour, s'avance vers le camp ennemi ; son cœur palpite d'une joie vive, elle ne sent ni le poids du casque qui la blesse, ni celui de ses armes si étrangères à ses belles mains ; aucun danger n'effraie sa pensée, un seul sentiment la soutient et l'entraîne, tout disparoît devant lui. La reine, malgré l'obscurité que l'ombrage du bois rend plus profonde encore, ne s'est point égarée, elle est parvenue au but désiré de son voyage ; elle aperçoit les prisonniers attachés les uns aux autres, la plupart sont couchés, et la nuit est trop obscure pour qu'elle puisse les reconnoître. Aboflède s'approche ; les gardes, surpris de tant d'audace, vont la saisir. Loin d'en être alarmée, leur cruauté semble obéir à ses vœux, elle tend ses beaux bras aux chaînes qu'elle va partager avec son fils. Pressée de les obtenir, elle se livre sans résistance, et se mêle avec transport parmi les infortunés qui sont pour la plupart ses sujets. Éclairée par les feux du camp, la reine a reconnu Mainfroy, ce fidèle général pris devant Cologne qu'il défendoit ; elle s'approche de lui, et d'une voix basse, elle lui dit : Mainfroy, reconnois une mère à ma démarche audacieuse, je suis Aboflède, et je cherche mon fils prisonnier d'Attila ; rends-moi mon fils ! je veux mon fils ! Mainfroy admire la mère, et tombe respectueusement aux genoux de la reine ; mais ce ne sont point des hommages, du respect qu'elle attend de lui, c'est un fils qu'il faut lui rendre ; le général l'assure vainement qu'il n'en sait aucune nouvelle, et qu'il n'a pas été fait prisonnier ; il le jure à la reine désolée, et lui ravit ainsi sa dernière espérance ; mais elle doute encore et interroge plusieurs Francs ; leur réponse est la même, et elle perd l'espoir qui soutenoit sa vie. Aboflède alors s'arrête immobile en s'appuyant sur Mainfroy, ses larmes ne coulent point, un froid mortel la saisit, une sueur glacée découle de son front, un silence effrayant répond assez aux discours terribles qu'elle vient d'entendre. Mainfroy, n'ose lui offrir du secours, il craint d'exposer son sexe et son rang ; retenu par ses chaînes, il ne sait ce qu'il doit faire. Aboflède penche sa belle tête, son casque se détache, elle tombe dans les bras de ses sujets enchaînés à ses genoux. Que feront-ils ? à qui confier ces jours sacrés, ce dépôt si cher à la France ? le barbare Attila respectera-t-il l'épouse auguste de son ennemi ? Tandis qu'ils délibèrent, incertains, ils sont tout-à-coup enveloppés, leurs gardes saisis jettent d'horribles cris auxquels tous les Huns répondent promptement ; mais plus promptement encore, une troupe nombreuse et hardie pénètre jusqu'à eux, brise leurs chaînes en s'écriant : A nous, Francs ! Aboflède est enlevée des bras de Mainfroy et placée sur un char ; la troupe se rallie, mêlée aux prisonniers, et tous reprennent le chemin du camp de Mérovée avec tant de précipitation, que les Huns, trompés d'ailleurs par les ténèbres, n'ont pu porter aucun secours à leurs gardes, ni défendre leurs prisonniers. Attila, furieux d'une attaque qu'il regarde comme une trahison, attend impatiemment que le jour éclaire sa vengeance ; et Mérovée, que l'amour a entraîné et qui prévoit sa rage impétueuse, se prépare au combat avec autant de courage et plus de prudence. Après la fuite d'Aboflède, le roi n'avoit pas tardé à s'apercevoir de son absence : trop sûr du chemin qu'elle avoit pris, tremblant sur les dangers qui alloient l'entourer, il l'avoit suivie avec l'élite de son armée ; et certain que l'espoir de retrouver Childéric l'auroit décidée à pénétrer jusqu'aux prisonniers, parmi lesquels elle le croyoit toujours, Mérovée s'étoit décidé à les délivrer tous, afin de sauver la reine de la captivité, de la mort, et de tous les excès terribles qui la menaçoient. Revenue dans son camp et privée de tout avenir, muette et la vue égarée, à peine elle a reconnu son époux. Après un long silence, elle a fixé sur lui ses yeux éteints, et d'une voix mourante, elle a prononcé ces mots : Il n'est donc plus ! Retombant dans sa morne tristesse, elle a cessé d'écouter, de répondre. Déjà l'étoile du matin, avant-coureur de l'aurore, avertit les guerriers de se tenir prêts : ils sont déjà sous les armes, brillans de jeunesse, de santé, de valeur, ceux-là qui ne verront pas se coucher le soleil qui commence à les éclairer. O mort ! ô toi à qui on ne peut échapper ! toi qui dévores toutes les générations, avois-tu donc besoin pour assurer ton terrible empire, du secours de la guerre !

Attila, fier de venger une injure, et d'avoir, pour la première fois, un juste motif de prendre les armes, fut cependant encore surpris par l'active sagesse de son ennemi. La victoire ne fut pas longue à se décider, et Mérovée offrit la paix qui fut acceptée ; il renvoya à Attila tous les prisonniers, en mémoire de la délivrance d'Aboflède, y joignit de riches présens ; mais sa clémence n'adoucit point la haine de son ennemi, et ne calma point sa honte ; il en conserva même une si vive douleur, qu'à peine de retour dans ses bois, on le trouva mort dans son lit à côté de son épouse. Ainsi finit ce guerrier qui coûta tant de sang à sa patrie et à ses ennemis. Mérovée, couvert d'une gloire nouvelle, rentra dans Tournay aux acclamations du peuple, et ramenant la malheureuse Aboflède, qui, de retour dans son palais, reprit sa vie solitaire et silencieuse. Plongée dans une tristesse destructive, ses traits en reçoivent la douloureuse empreinte, et cette tête si belle se penche déjà flétrie comme le lis superbe détaché de la tige qui le nourrit. L'aspect du malheur, si puissant sur l'ame tendre de la reine, ne l'émeut plus ; la bienfaisance a perdu pour elle tous ses charmes. Aboflède n'est plus belle, n'est plus reine, n'est plus épouse, n'est plus amante ; elle n'est plus, hélas ! qu'une mère en deuil, descendant au tombeau par la route lente et pénible de la douleur. En vain tout s'empresse encore autour d'elle ; préoccupée et isolée au milieu de tous, elle ne s'aperçoit d'aucun soin ; le désespoir de son époux, jadis si aimé, ne pénètre plus jusqu'à son cœur fermé à jamais. L'amour de son peuple, l'amitié, tout a perdu son empire sur cette ame tendre. Puissance de la douleur, que vous avez de force sur le cœur d'une mère ! Chaque jour semble l'entraîner vers la tombe, son unique désir. C'est là, c'est près du trône de Teutatès qu'elle espère retrouver son fils, pour ne plus le quitter jamais. C'est dans ces célestes demeures, où la mort est sans puissance, dans ces champs toujours verds, au pied de l'éternel, et dans un bonheur ineffable et constant, qu'Aboflède, dégagée des liens terrestres, demande aux dieux de la recevoir promptement. Et tandis que le roi et son peuple surchargent les autels de victimes et demandent aux dieux de prolonger ses jours, elle seule, formant des vœux contraires, élève au ciel ses mains pures et le conjure de terminer sa vie. Ils vont être exaucés ces cruels vœux du désespoir ; Aboflède sent les approches de la mort, comme on entrevoit le moment de sa délivrance ; son ame s'exhale comme la fumée de l'encens s'élève vers les cieux. Le roi, qui devoit prévoir depuis long-tems ce nouveau malheur, n'en est pas moins frappé comme d'un coup inattendu ; le deuil est général ; Viomade a l'emploi triste et flatteur de recevoir les plaintes, de partager la douleur de son maître ; s'il ne le console pas, du moins il pleure avec lui.

Les obsèques de la reine furent ordonnées. Ce dernier hommage du regret, qui tient du sentiment et de la religion, s'il ne soulage point le cœur, adoucit son désespoir. Ce fut aux bords de l'Escaut que les restes glacés de la reine furent conduits. On creusa d'abord une fosse ronde, où l'on plaça, selon l'usage, tout ce qui pouvoit être utile à la vie. Etrange superstition de ces tems, qui alloit même jusqu'à immoler des esclaves, afin que les morts fussent servis par eux dans un autre monde ! Mais Aboflède, prête à mourir, avoit exigé que l'on ne suivit point cette barbare coutume, et Mérovée voulut qu'elle fût obéie. La fosse creusée, on amena une charrue dont le soc étoit d'airain ; elle étoit attelée de deux bœufs blancs ; on traça d'un sillon le tour de la tombe, et à mesure que la charrue ouvroit la terre, on remplissoit de fleurs le sillon qu'elle avoit formé ; on eut soin de la relever à l'entrée de la tombe, sans en continuer la trace. Après cette cérémonie, on plaça le corps dans la fosse, et revêtu de ses plus riches ornemens ; chaque assistant eut soin de jeter sur ces restes sacrés une poignée de la terre natale de la reine ; on la recouvrit de fleurs, de gazons, puis de terre, et enfin d'une grande table de plomb sur laquelle on grava ces mots :

PLEUREZ LA REINE ABOFLEDE, AMOUR ET EXEMPLE DU MONDE.

Les Druides assistèrent à cette lugubre fête couverts de longues tuniques de lin ; ils versèrent sur la tombe l'eau lustrale du guy de chêne, invoquant les dieux pour qu'ils accordassent sans délai l'entrée céleste à la victime de l'amour et du malheur. Mérovée n'assista point à ces funérailles, le deuil étoit trop avant dans son cœur ; il n'eût pu soutenir ce terrible spectacle. Privé d'une épouse et d'un fils, le voilà seul sur le trône déjà isolé ; il va marcher sans compagne dans les routes épineuses de la vie, et quand l'ange de la mort développera sur lui ses ailes glacées, il ne laissera pas, aux mains d'un fils adoré, le sceptre des rois qu'il a illustré, et son glorieux héritage ; il ne revivra pas dans une nombreuse postérité. Ah ! s'il gémit de la mort d'Aboflède, c'est sur lui seul qu'il répand des larmes ; il sent trop que le seul malheureux est celui qui survit à ce qu'il aime.

LIVRE TROISIÈME

SOMMAIRE DU TROISIÈME LIVRE

Mérovée s'abandonne à sa douleur. Ses blessures se r'ouvrent. On craint pour sa vie. Egidius, qui aspire au trône, en conçoit une espérance nouvelle ; il craint Viomade, et cherche à l'écarter. Draguta sert ses projets, et trompe ce brave par un faux rapport, qui décide Viomade à suivre le traître jusque dans le camp des Huns. Le roi, à la nouvelle qu'il reçoit du départ prochain de son ami, et de l'espoir qui le détermine, éprouve autant de joie que d'inquiétude. Viomade lui conseille de se montrer à l'armée. Mérovée se rend à cet avis. Il harangue les troupes, et ordonne un sacrifice. Description du sacrifice. L'oracle est favorable, il promet le retour de Childéric. Un festin termine cette journée.

Le tems ne consoloit point Mérovée. De tous les biens dont l'amour l'a fait jouir, le souvenir seul lui reste, il le conserve comme le dernier trésor de son cœur ; le regret, qui le suit par-tout, charme douloureusement sa solitude, et quand il a perdu tout ce qu'il aime, les tendres images d'Aboflède, de Childéric, ne s'effacent point de sa pensée ; il chérit sa mélancolie, et refuseroit de se consoler : il n'a plus que sa douleur, il craindroit de la perdre et même de l'affoiblir ; mais il cherche et soulage les malheureux, il a besoin du bonheur des autres quand il n'en existe plus pour lui ; l'accent de la joie, celui de la reconnoissance, jettent encore un son doux au fond de son ame. Blessé dans plusieurs batailles, le roi ne s'étoit que foiblement occupé de ses souffrances légères ; mais les chagrins, les fatigues, les années, avoient enflammé son sang ; une cicatrice mal fermée s'étoit r'ouverte, et le peu de soin apporté à un mal d'abord sans danger, avoit envenimé la blessure au point que sa vie étoit menacée ; les remèdes pourront la prolonger, mais ils laissent craindre une mort prochaine ou des souffrances habituelles ; le monarque s'affoiblit de jour en jour ; Viomade en est troublé, tandis que l'ambitieux Egidius jouit en secret et s'abandonne à une grande espérance. Egidius, général de la milice romaine, et gouverneur pour les Romains dans la Gaule, commandoit à Soissons, et avoit la faveur de l'armée ; brave et adroit, il s'étoit fait une reputation guerrière, et passoit également pour réunir toutes les vertus : il savoit se montrer aux hommes sous l'aspect le plus favorable à ses projets, et cachoit avec art son vrai caractère et ses desseins. Depuis la perte du jeune prince, il s'étoit toujours flatté de succéder à Mérovée ; c'étoit dans cette pensée qu'il avoit répandu le bruit de la mort de Childéric, passant dans une barque ennemie ; un roi sans héritier, et mourant lui-même, n'étoit plus qu'un foible obstacle à son ambition ; il se plaît à répandre dans l'armée de secrètes inquiétudes sur la santé chancelante du souverain, sur l'inaction dans laquelle il va tenir ses troupes si accoutumées à combattre et à vaincre, sur la nécessité d'élire un chef pour le remplacer pendant les combats ; mais son parti n'est pas assez fort : il craint l'horreur qu'inspire le nom romain, l'amour du peuple pour son roi, les Druides dont il ne suit pas la religion, et dont il redoute l'empire ; mais ce qu'il craint bien plus encore que la haine ou l'amour léger d'un peuple inconstant, extrême, facile à émouvoir, à contenir, à exciter, qui n'ayant pas de volonté qui lui soit propre, cède à tout ce qui le maîtrise, et semblable à cette même onde qui s'irrite, se soulève, déborde au gré du vent qui l'agite, se calme et s'écoule lentement, sans que sa fureur ni sa tranquillité viennent d'elle-même ; ce qu'il craint enfin plus que les Druides, le roi et toute l'armée, c'est Viomade, ce brave toujours occupé de son maître, déjouant les projets, et le surveillant avec autant de zèle que d'activité et d'intelligence, aimé du monarque comme de la France entière. Egidius n'a pas de plus forte barrière entre lui et le trône ; la renverser paroît impossible, la force du moins seroit impuissante ; Egidius aura recours à la ruse, arme du lâche, et l'ingrat Draguta va servir ses odieux projets. Draguta, né parmi les Huns, avoit poursuivi Viomade avec audace et témérité devant Cologne ; blessé dangereusement, il étoit tombé parmi les morts, on l'avoit trouvé pendant la cérémonie funèbre qui suit les sanglans exploits, il respiroit encore, il fut transporté parmi les blessés par ordre de Viomade, il fut traité avec soin et générosité. Sa blessure étoit si dangereuse, qu'il fut plus d'une année sans se rétablir entièrement ; par reconnoissance il témoigna le désir de rester encore près de son bienfaiteur. Egidius l'ayant souvent aperçu, crut démêler dans ses regards l'ame d'un traître, et l'ayant fait sonder adroitement, il vit qu'il ne s'étoit point abusé, et que Draguta joignoit aux connoissances qu'il avoit su acquérir depuis son arrivée en France, et pendant un séjour de plusieurs années, la férocité de sa patrie, et la haine du nom des Francs, que des secours et tant de bienfaits n'avoient pu éteindre.

Instruit des volontés d'Egidius, flatté des récompenses énormes qui lui sont promises, heureux surtout de satisfaire sa fureur et d'assouvir sa vengeance, Draguta se présente à son bienfaiteur ; il s'efforce de donner à ses traits plus de douceur, à son sourire moins de perfidie ; mais il n'a rien à redouter du cœur franc et sans défiance du plus vertueux des braves, qui, incapable de feindre, l'est aussi de soupçonner. Je vous dois, lui dit le fourbe, le bonheur et la vie, m'acquitter est un devoir et un besoin ; je viens satisfaire mon cœur, en rendant au vôtre et la joie et l'espoir. Viomade l'écoute, et lui tendant la main avec cette franchise d'une grande ame : Parle, ami, lui répond-il, mais crois qu'en te conservant le jour, j'ai déjà reçu ma récompense.

Draguta, loin d'être attendri par ces paroles et l'air plein de douceur dont elles furent accompagnées, s'applaudit au contraire d'avoir à tromper un si facile ennemi, et reprenant son discours, il dit : Vous pleurez Childéric depuis cinq années ; mon amour pour Attila, mes sermens de fidélité, mon devoir, m'ont défendu de vous instruire de sa destinée ; mais mon roi n'est plus, et ce que je vous dois m'ordonne aujourd'hui de vous révéler ce que j'ai dû vous taire : Childéric est prisonnier. Clodebaud l'ayant aperçu pendant la terrible bataille qui coûta tant de sang à ma malheureuse patrie, nous ordonna de nous emparer du jeune prince, et je fus du nombre de ceux qui l'enlevèrent ; je le remis à Clodebaud, qui fier et heureux d'une si belle proie, jura d'épargner ses jours, mais de le vouer à un éternel esclavage.

Après avoir ainsi obéi à mon général, je revins au combat, où je vous attaquai avec une rage dont je fus puni ; vos soins généreux ouvrirent mon ame au repentir, et souvent en voyant les douleurs que vous causoit l'absence du prince, je fus sur le point de vous tout avouer ; retenu par mon attachement pour Attila, je résistai au mouvement qui m'entraînoit ; j'ignorois d'ailleurs si Clodebaud avoit réellement laissé la vie au prince ; mais depuis qu'Attila n'est plus, j'ai su par ceux qui sont venus apporter la nouvelle de sa mort, que Childéric étoit vivant, et réduit à la plus honteuse servitude ; que Clodebaud, qui conserve le commandement d'une partie des troupes, insulte sans cesse à son malheur, et qu'il n'est pas impossible de le délivrer, si vous voulez suivre mes avis et accompagner mes pas. Je le veux ! s'écria Viomade en se levant et avec une noble vivacité ; ô Draguta ! je le veux, sois mon guide, mon interprète, mon bienfaiteur ; ma reconnoissance sera sans bornes comme tes bienfaits, compte sur celle d'un grand roi, d'un père à qui tu rendras le bonheur. Eh bien ! reprit Draguta, partons promptement et sans suite, car nous serions arrêtés, et le nombre ne nous sauveroit pas ; je vous promets le secours de mes frères, tous jeunes, vaillans et hardis ; je vous conduirai par de secrètes routes, qui nous éviteront des rencontres fâcheuses. Au reste, je répondrai de vous, et vous n'aurez rien à craindre. Je ne crains rien non plus, lui dit Viomade, ma vie est à mon roi ; vivre et mourir pour lui, voilà ma noble destinée ; mais retire-toi, Draguta, je vais porter à mon auguste maître l'espérance que tu as répandue dans mon cœur ; reçois cette bourse d'or, non comme une récompense ; ah ! Draguta, qui jamais pourra te récompenser ! Le brave à ces mots embrasse avec attendrissement le perfide qui, sans repentir et sans trouble, approche de ce cœur d'où s'émanent tant de vertus.

Viomade, l'ame ouverte à la plus vive joie, s'empresse de verser dans le sein paternel l'espoir dont lui-même est enivré, et vole rejoindre son maître ; sa physionomie exprime tant de bonheur, que Mérovée en est frappé, et sourit à la félicité d'un ami. Quelle fut son émotion au récit animé et consolateur de Viomade ! Childéric esclave et malheureux ! quelle pensée pour un père et pour un roi ! Mais Childéric vivant ! et rendu à son amour ! Hélas ! pourquoi ce bonheur ne peut-il plus être partagé par Aboflède ? A cette triste pensée, le front de Mérovée s'obscurcit, et la douce joie dont il rayonnoit s'est éteinte. Ah ! sans le douloureux mélange de regrets et d'espoir, le bonheur inespéré du roi seroit trop vif, il auroit peine à le supporter. Viomade ne trouble point les méditations de son maître, il lit dans son ame, il voit se succéder les sentimens tristes et doux, et attend que le calme y renaisse pour lui parler avec cette franchise qui le distingue. Mérovée, reprenant bientôt un noble empire sur lui-même, lève sur son ami des regards paisibles, et Viomade lui parle ainsi :

Je n'ai pas besoin de dire au plus aimé des rois que je suis prêt à partir ; mais je dois l'instruire qu'Egidius agite l'armée turbulente, et que la paix dont nous jouissons, après tant de combats et de victoires, est déjà le sujet d'audacieux murmures. Cet ambitieux romain, que nous avons tant de fois vaincu et repoussé, s'est fait de ses défaites même un titre à la gloire ; son adresse égare les troupes, et vous dépeint, accablé par les chagrins et les souffrances, incapable de combattre, anéanti sous le poids des maux ; il annonce que les Saxons sont prêts à vous attaquer ; un mot de vous peut détruire ses orgueilleuses espérances ; le danger s'accroît : ô mon roi ! épargnez aux Francs l'ingratitude et le repentir ; daignez assembler votre armée, et vous montrer à elle plein d'espérance. Annoncez le retour du descendant de Pharamond ; le peuple aime l'aspect du roi, et vos malheurs ont trop long-tems privé les Francs de votre auguste présence.

Mérovée, à ce discours, reconnoît la prudence et l'amitié de Viomade ; il donne à l'instant ses ordres pour que l'armée soit assemblée le lendemain au champ de Mars, et pour qu'un grand sacrifice soit préparé : il veut, et remercier les dieux du bonheur qu'il éprouve, et attirer leur toute puissante protection sur le voyage que médite son généreux ami, et sur ce fils qui semble déjà lui être rendu. L'armée apprend avec joie qu'elle reverra le héros sous lequel elle a si souvent triomphé, et le grand Diticas prépare la fête solennelle qui doit suivre la cérémonie guerrière.

Déjà l'armée est assemblée, et attend impatiemment le roi : il paroît, son front auguste ne porte point l'empreinte de l'abattement et de la tristesse, il se montre fier et animé comme aux jours du combat. L'armée pousse des cris de joie, et frappe à grands coups les boucliers retentissans ; Mérovée, ému par ces témoignages d'affection, promène ses regards bienveillans sur cette troupe valeureuse, et que l'amour anime.

Soldats ! leur dit-il, braves amis, chers compagnons de mes victoires, cessez de gémir sur les malheurs qui m'ont accablé, et partagez en ce grand jour la joie dont mon cœur est rempli. Ce fils que je regrette depuis plus de cinq années, ce Childéric, mon espérance et la vôtre, qui, encore enfant, osa se mêler parmi vous, que j'ai cru mort, et dont l'absence a coûté la vie à votre reine, ô mes amis ! il existe, il vit pour combattre au milieu de vous, pour vous aimer et vous défendre. Mon fidèle Viomade va partir pour la contrée lointaine où les hasards de la guerre l'ont conduit ; dans peu ils seront de retour, dans peu nous reverrons ce descendant du grand Pharamond ; et si Odoacre, envieux de notre puissance, ose attaquer nos armées victorieuses, nous irons l'en faire repentir ; mon fils apprendra de moi comment on guide les Francs valeureux et dévoués ; comment on défend sa patrie !.... De nouveaux cris de joie interrompent le monarque, son nom, réuni à celui de Childéric, retentit dans les airs. Qu'il est doux de régner sur ces cœurs enthousiastes et pleins d'amour ! Pourquoi, également barbares, passent-ils si facilement de cette ardente fidélité à la révolte cruelle ?

Le roi, après avoir donné à l'armée le tems d'exhaler ses transports, lui annonce le sacrifice préparé sous les chênes sacrés, et le long et joyeux festin qui terminera cette journée. Il retourne à son palais, suivi d'un peuple immense, et aux acclamations répétées. A l'heure fixée pour le sacrifice, le roi revêtu d'habits royaux, la couronne sur la tête et tenant son sceptre, entouré de ses braves, suivi de l'armée, se rendit au lieu choisi pour cette solennité. C'étoit dans un bois sombre, épais et mystérieux, que la cérémonie sanglante et religieuse étoit préparée. Le célèbre Diticas, grand prêtre des Druides, parut d'abord ; ses cheveux blancs étoient couronnés de feuilles de chêne, arbre des dieux ; sa tunique blanche étoit serrée d'une ceinture d'or, le plus pur des métaux. De jeunes et belles vierges, les cheveux épars et le front couvert d'un voile léger, suivent le grand prêtre, et s'occupent des apprêts du sacrifice. Trois d'entre elles, les yeux baissés, belles de jeunesse et de pudeur, portent un autel ; sa forme est celle d'un trépied, soutenu sur trois consoles, dont le bas a la figure d'un pied de lion, le milieu celle d'un poisson qui étend ses nageoires, et le haut une tête de serpent qui se recourbe. Le dessus de l'autel est un bassin rond, propre à recevoir le sang des victimes ; derrière les vierges qui soutiennent l'autel, marchent celles qui doivent présenter au grand prêtre la cuiller d'argent à manche pointu, dont il se servira pour prendre l'encens et les autres parfums, l'acarra, ou coffret rond, orné de deux anneaux d'or, enclavés l'un dans l'autre pour le lever et l'ouvrir, et qui renferme l'encens et le succin jaune ; la péréficule à anse qui contient le vin et autres liqueurs que l'on versoit sur les victimes ; enfin la patère et l'amula, vases d'airain qui servoient à renfermer l'eau lustrale, et à cuire les victimes après le sacrifice. Les chastes prêtresses, ayant placé au pied d'un chêne choisi pour l'auguste fête, les divers instrumens destinés à la cérémonie, se retirent dans leur temple, et laissent aux seuls Druides consommer le sacrifice. Ils approchent alors de l'autel ; dans la main d'un des plus renommés, brille le superbe sespiéta ou coutelas, qui sert à égorger les victimes. A la suite d'une invocation, après avoir brûlé l'encens, Diticas invite le roi à s'approcher. Le monarque s'abaissant devant les dieux, auxquels cède toute puissance mortelle, se dépouillant des augustes marques de la royauté, place au pied de l'autel sa couronne, son manteau, son sceptre et sa redoutable épée : recevant alors des mains de ses braves deux jeunes taureaux blancs qui n'ont pas encore subi le joug, il les présente respectueusement au grand prêtre, qui les immole en les frappant à la jugulaire. Les Druides entourent l'autel, reçoivent le sang dans un bassin, interrogent leurs entrailles, invoquent et consultent les dieux ; un silence profond règne dans le reste de l'assemblée ; on craindroit d'interrompre ou de profaner d'aussi augustes mystères. Les Druides se séparent en deux files éloignées l'une de l'autre : Diticas paroît au milieu ; à son regard élevé et prophétique, à ses traits animés, au désordre de ses pas, on pressent que l'esprit divin l'agite, et qu'organe des dieux, il va annoncer aux hommes les oracles qui fixeront leur destinée. Le cœur palpitant et rempli d'une religieuse terreur, l'armée se courbe vers la terre ; le roi, le front baissé, imite sa respectueuse attitude. Diticas parle enfin. Les dieux sont satisfaits ; ils promettent à Viomade le succès de son entreprise, au roi un fils, aux Francs un roi ; et après avoir répandu sur tous l'eau lustrale, il rend à Mérovée sa couronne et ses armes, en lui disant : Souvenez-vous que vous les tenez des dieux. Le roi les reçoit avec respect, et plein de confiance dans les paroles favorables de l'oracle, il rend grace au ciel de tant de bienfaits, et sort du bois sacré, mais en se reculant et sans perdre de vue l'autel, les Druides et les victimes ; ce ne fut que dans la plaine et loin de l'enceinte consacrée, qu'il marcha la tête ornée de sa couronne, et suivi du peuple. Les festins l'attendoient : assises autour de cent tables dressées devant les portes du palais et des chefs, les troupes animées par la gaieté et le vin d'Italie qu'elles aimoient passionnément, s'abandonnoient à la joie ; tous chantoient l'amour et la gloire, et une heureuse ivresse termina une journée qui sembloit fatale à l'ambitieux Egidius, mais qui ne détruisit point ses espérances.

LIVRE QUATRIÈME

SOMMAIRE DU LIVRE QUATRIÈME

Départ de Viomade. Son arrivée dans les forêts de la Germanie. Dangers de sa route. Alarmes que lui inspire Draguta. Un songe l'inquiète. Viomade sauve la vie à Draguta. Il en est abandonné. Orage terrible. Viomade reprend sa route. Le chemin. La tombe. Chant franc. Le vieillard.

Mérovée et son ami ont assisté à ces festins, mais sans en partager le délire ; impatiens de se retrouver seuls, et de donner à la confiance le peu d'heures qui leur reste avant le départ de Viomade, fixé à la prochaine aurore, ils n'ont plus qu'une nuit, et l'amitié la disputera au sommeil. Le roi voudroit qu'au moins Ulric, Amblar, Arthaut accompagnassent Viomade ; il s'y refuse. S'il étoit possible, disoit-il, que je fusse attaqué, ce seroit par un si grand nombre, que vous exposeriez sans aucun avantage les nobles défenseurs de votre couronne. Seul avec Draguta je n'inspirerai aucune défiance, et si je dois périr, conservez au moins vos plus fidèles sujets. Cette pensée jettoit un trouble extrême dans l'ame du roi. Toi périr ! disoit-il ; ô toi ! mon ami, toi qui seul peut m'aider à supporter les orages de la vie ; toi qui en partageant mes maux, en diminue toujours le poids ! Je ne périrai point, reprit Viomade, les dieux l'ont promis : en douter est une impiété. Je reviendrai bientôt remettre Childéric dans vos bras. Mérovée, malgré la juste impatience d'un père, voudroit que Viomade attendit au moins le printems ; l'hiver déjà est avancé ; mais cette saison qui retient les Huns dans l'inaction, offre à Viomade plus d'espérance de retrouver le jeune prince. Il combat la résistance du roi, qui redoute la rigueur de la saison ; il calme les craintes du monarque, excite ses espérances, et verse des torrens de bonheur dans cette ame si long-tems la proie des souffrances. Le roi veut du moins l'accompagner jusqu'au bord du fleuve ; des barques sont préparées ; plusieurs braves les suivront même jusqu'au château de Clodion, situé sur l'autre bord du fleuve : là, Viomade devoit se séparer d'eux, et monté sur de forts chevaux chargés de provisions, il s'arme de flèches, ainsi que Draguta. C'est ainsi qu'il devoit revoir, et suivi seulement du Hun, cette Germanie, antique berceau de ses pères. Au premier rayon du jour, les deux amis se sont regardés et se sont précipités dans les bras l'un de l'autre. Mérovée craindroit de retarder le départ, et cependant il sent toute l'amertume d'une telle séparation ; Viomade se reprocheroit le moindre délai, mais il quitte avec peine son auguste maître. Tous deux émus et opressés se tiennent long-tems embrassés ; tout est prêt pour le départ ; déjà le farouche Draguta, revêtu de ses sauvages vêtemens, paroît et s'unit aux guerriers qui attendent le roi. Ses cheveux noirs, frisés, inégaux et épars, couvrent une partie de son visage, et ajoutent, dans leur désordre, à la férocité de ses traits ; la jeunesse est sans grace sur le front sourcilleux du Hun ; son courage est celui d'un barbare, et sa joie celle du crime. Sur ses épaules nues sont attachés son arc et ses flèches, armes légères, et les seules qui puissent leur être utiles dans les forêts qu'ils ont à traverser, soit qu'ils s'en servent pour se défendre contre leurs dangereux habitans, soit qu'ils recourent à la chasse pour suppléer à leurs provisions épuisées. Le roi et Viomade ne se font pas attendre long-tems ; déjà ils atteignent les antiques ombrages de la forêt des Ardennes ; ses arbres dépouillés de verdure, offrent aux regards qu'ils attristent, les sombres ravages de l'hiver. Viomade n'en est point ému ; le roi seul éprouve d'avance toutes les fatigues que ce brave est loin de calculer. Quelques tentes dressées sous les arbres servent à reposer la troupe, et en peu de jours elle découvre ce fleuve superbe qui sépare les Gaules de la Germanie. C'est-là que Mérovée quitte à regret un ami dévoué et cher ; leurs adieux honorèrent également l'amitié et le courage qui les distinguoient. Oh ! qu'elles sont unies ces grandes ames, qu'aucun vice ne sépare ! Les barques ont reçu Viomade, Amblar, Ulric, Arthaut, Draguta ; les tranquilles ondes obéissent aux rames qui fendent leur sein et soutiennent la fragile nacelle qui les sillonne. Parvenus au pied de Dispach, les voyageurs abordent ces rives paisibles et débarquent. Pendant le trajet, Mérovée, entouré de ses gardes, a long-tems suivi de l'œil la barque qui entraînoit son ami, et quand il ne l'avoit plus distinguee, son cœur et sa pensée la suivoient encore. Enfin, il avoit repris le chemin de son palais, dont la solitude troubla son ame ; tous les dangers d'une aussi hardie entreprise s'offrirent devant lui ; mais les dieux avoient parlé, et Mérovée espéroit. Ses braves, à leur retour, lui apprirent que Viomade et son guide, pourvus de trois chevaux, dont un portoit une tente et des provisions, traversoient déjà la Germanie, et que Viomade, plein de force et de joie, marchoit avec rapidité sous la conduite d'un guide fidèle et intrépide. En effet, Viomade avoit déjà traversé heureusement une partie de la Germanie, quand ils furent tout-à-coup arrêtés par des marais que les pluies d'hiver avoient rendus impraticables ; il fallut abandonner la route connue, chercher à travers les forêts. Cet obstacle ralentissoit leur marche ; par-tout ils le retrouvoient, et s'égarant dans de nouveaux détours, s'éloignoient au lieu d'avancer. Mais la bise, qui descendue des montagnes du nord, souffle avec fureur dans ces climats voisins du Danube, a glacé ces eaux stagnantes. Viomade propose à son guide de se hasarder sur cette surface solide. Un renard qu'a tué Draguta, et qu'ils dépouillent de la peau dont ils environnent leurs pieds, rend cette entreprise facile ; les chevaux seuls les embarrassent ; ils craignent de s'en séparer, et n'osent hasarder de les conduire sur la glace qui va se briser sous leurs pieds ; ils essaient d'en conduire un qui glisse bientôt, malgré toutes les précautions qu'ils prennent ; sa chute brise le fragile appui qui supportoit à peine ses pas ; il disparoît sous la glace et s'enfonce sous les eaux. Cette expérience effraye les voyageurs ; mais Viomade, qui s'aperçoit que tant de détours l'égarent, se décide à renoncer aux chevaux, qui déjà las, et ne trouvant pour se nourrir que des joncs secs et mal sains, retardent plus leur marche qu'ils ne la favorisent. Appuyés sur leur arc, et les pieds enveloppés de fourrures, ils traversent les marais dont l'étendue est immense. Viomade, chargé comme Draguta des provisions qui leur restoient, a peine à se soutenir ; le froid glace ses veines ; son cœur palpite, et ses membres s'engourdissent, tandis que Draguta, né sur les bords toujours glacés du Palus, sourit à la foiblesse de son compagnon, et s'élance gaiement de l'autre côté des marais. Viomade, épuisé de fatigue, mourant, et hors d'état de faire un seul pas, arrive long-tems après lui : il se couche un moment sur la terre ; mais sentant le froid s'augmenter, craignant de s'abandonner au dangereux sommeil qu'il provoque, et qui n'est d'ordinaire que l'avant-coureur de la mort, il se relève avec effort, rassemble du bois, frappe le caillou qui jaillit en étincelles, et allume un feu brillant qui le réchauffe et redonne à son sang sa circulation. Draguta ne veut point s'en approcher ; il semble défier la douleur de l'atteindre, et triompher de la nature. Que votre mère étoit peu prévoyante, disoit-il au brave ; que n'a-t-elle eu le courage de la mienne ; que ne vous a-t-elle exposé aux glaces des fleuves, au soleil devorant, comme je l'ai été ; que ne vous a-t-elle habitué à combattre les monstres des bois, et formé à la lutte, à la course, à l'extrême fatigue : loin d'être accablé comme un foible enfant, vous supporteriez sans les sentir le froid et les maux qui vous accablent. Sans doute, Draguta, reprenoit avec douceur Viomade, mon enfance fut moins exercée que la tienne, et les mœurs, comme l'air de ma patrie, sont différens de ceux dont tu t'enorgueillis ; mais songe, ami, que si plus de force arme ton bras, plus d'amitié remplit mon cœur. Tandis que vous égorgez vos blessés, nous secourons nos ennemis mêmes. Pardonne à ces hommes à qui tu dois la vie, une sensibilité dont ils s'honorent, puisqu'elle ne leur dicte que des bienfaits. La vie ! reprit Draguta, est-ce un si grand bien que de vivre ? Mais n'en sens-tu pas le prix aujourd'hui, que tu t'acquittes envers un ami ; que tu me guides, que tu me conduis au bonheur ? Ton ame n'est-elle pas émue de l'idée décevante de faire tant d'heureux, de rendre un fils à son père, un roi à ses peuples, un maître à ses serviteurs brûlans de zèle et d'amour pour son prince ? Draguta ne répondit rien à ce discours ; les provisions furent étalées devant le feu que Viomade entretenoit soigneusement. Un roc creusé par le tems lui offrit un abri pour la nuit ; enveloppé d'un manteau, il s'endormit. Draguta, loin de regretter la tente qu'il a laissée avec les chevaux, se jette sans précaution sur la terre humide et dort paisiblement. O Dieu ! le méchant peut donc dormir !

Viomade, éveillé par les premiers rayons du jour, quitte sa roche protectrice, non sans remercier la divinité qui y préside, non sans élever jusqu'aux voûtes célestes ses vœux et sa reconnoissance. Un spectacle s'offrit à ses yeux ; derrière lui d'immenses forêts ; à sa droite et tournant devant lui, paroissoit au loin le Danube, ce fleuve superbe, qui prenant sa source en Souabe, parcourt un territoire de deux cent quarante lieues, et va par plusieurs bouches se jeter dans la mer Noire ; ce fleuve qui eut la gloire, entre tous les fleuves, de voir sur ses ondes rivales des mers, plusieurs combats entre les Turcs et les Chrétiens. Le soleil qui se levoit derrière la forêt, n'éclairoit encore que foiblement cette magnifique surface ; les oiseaux, que la froidure retenoit cachés dans le creux des rocs ou des troncs des arbres, ne chantoient pas ; un silence auguste régnoit sur toute la nature. Viomade seul, dans cette déserte contrée, admire la profonde solitude qui l'environne, et se livre aux méditations animées qui rapprochent l'homme de son créateur. Plongé dans ce songe pieux, il n'a pas vu que

Draguta, de retour, prépare le gibier qu'il rapporte de la chasse où il a été avant le réveil de son compagnon. Tiré de sa rêverie par la voix qui l'appelle et l'invite au repas, Viomade rallume les feux éteints, et se prépare à faire cuire les animaux ; mais Draguta les dévore sans tant d'apprêts, et Viomade détourne les yeux du repas sanglant de son compagnon. La faim satisfaite, tous deux reposés de leurs fatigues, reprirent leur route entre le Danube et les bois, mais dans un chemin sablonneux, humide et qui s'enfonce à chaque pas. Viomade s'aperçoit avec émotion que cette route devient impraticable, il en avertit son guide ; celui-ci l'engage à la continuer jusqu'à une chaîne de montagnes qu'il lui montre : mais la route est encore plus longue ; la journée est prête à finir, les provisions consommées, la faim commence à se faire sentir ; la soif, besoin dévorant, et plus insupportable encore, brûle et épuise le brave. Eh quoi ! se disoit-il à lui-même, la nature met donc des bornes à mon zèle, et je succomberai dans une si grande entreprise ! O Hésus ! dieu du courage, ranime mes forces abattues, que je meure après le succès ! Quelques racines sauvages lui offrent une ressource contre la mort ; il les reçoit du ciel comme un bienfait, remercie les dieux, et par de nouveaux efforts, en obtient enfin de pénétrer dans les montagnes du Witoska. Là une source qui s'échappe en cascade du sein d'une roche immense, le désaltère. Draguta s'éloigne et revient chargé d'oiseaux inconnus à son compagnon ; un repas, désiré depuis long-tems, calme une partie de ses maux, et Draguta l'assure que derrière ces montagnes, dont ils vont suivre les différentes sinuosités, ils parviendront au but qu'ils se proposent. Cet espoir rend à Viomade un nouveau courage : chargés des restes du repas qu'ils viennent de prendre, ils continuent leur route, et rencontrent encore quelques chèvres sauvages qu'ils tuent à coups de flèches. Les nuits ils se couchoient sur la terre, à l'abri des monts sourcilleux. Ils parvinrent ainsi à une forêt que Draguta sembla reconnoître avec une joie féroce. C'est ici, dit-il, en fixant ses regards sur Viomade. Reposez-vous, ajouta-t-il, dans cette caverne tapissée d'une mousse épaisse, et avant deux jours... Il s'arrête à ces mots, et semble préoccupé d'une idée sinistre. Viomade le regarde avec surprise ; une secrète inquiétude saisit son cœur ; cependant il s'endort, et d'heureux songes charment son sommeil. Il voit Aboflède s'élever dans une nuée transparente ; elle applaudit à sa démarche, et la voix du grand Teutatès l'assure de cette divine protection sans laquelle il n'est point de succès, avec laquelle il n'est point de revers. Ces flatteuses illusions, que lui retrace le réveil, le pénètrent d'une religieuse confiance ; et il revoit, plein d'espoir, naître un jour pur, et qui semble répondre par son éclat à la joie dont son cœur est rempli. O divinité de ces monts orgueilleux ! dit-il, et vous, Naïade bienfaisante, dont l'onde a rafraîchi mes sens dévorés d'une ardeur douloureuse, recevez l'hommage de ma pieuse reconnoissance. Et toi, Dieu puissant ! ame du monde ! souverain des airs ! ô grand Teutatès, qui dans l'erreur d'un songe, apparut à ce foible mortel indigne de ta divine présence, achève ton ouvrage, rends Childéric à mes vœux, rends-le au père qui l'attend ! Draguta paroît prêt à marcher, et lance au brave un coup d'œil de mépris et de haine ; il semble qu'en approchant des lieux où il reçut le jour, il en retrouve toute la barbarie ; ce n'est plus ce guerrier, jadis si farouche, mais adouci par la reconnoissance ; à présent on le prendroit pour un ennemi qui entraîne sa victime. Le bois où ils pénètrent est épais, aucune route n'est frayée, le terrain en est humide, et plus ils avancent, moins il a de solidité. On entend de tous côtés les rugissemens des ours, les hurlemens des loups ; quelques oiseaux de proie remplissent l'air de leurs cris aigus, et l'aigle au regard altier, s'abat sur les arbres ébranlés par sa chute. Viomade voit arriver la nuit avec inquiétude, il redoute les monstres des forêts ; il ne sait pas que l'homme qui cache un cœur méchant, est alors le plus dangereux ennemi de l'homme et le plus cruel. Pour éviter d'être surpris pendant le sommeil, ils dormiront tour-à-tour, et ils allumeront de grands feux qui écarteront les bêtes féroces. Draguta ayant rassemblé avec le bout de son arc, un amas de feuilles sèches, invite insolemment le brave à s'y coucher et à se livrer au sommeil. Viomade, que le changement qui s'est opéré dans son guide remplit de crainte et de surprise, a peine à trouver le repos. S'il alloit le trahir, le livrer à Clodebaud ! Ah ! ce ne sont pas les supplices qui l'effrayent, ce n'est pas la mort ; l'inquiétude seule du roi, son espoir trompé, sa douleur, voilà ce qui alarme son ame. Ces idées sinistres le poursuivent dans son sommeil ; il croit entendre le roi lui redemander son fils, il croit entendre Childéric l'appelant à son secours, il croit voler vers lui, et prêt à l'atteindre, se sentir percé d'une flèche que lui lance Draguta. Ce songe affreux l'agite ; la sueur découle de son front ; il croit encore arracher de son sein le trait qui le déchire, et s'élancer vers son prince, quand une seconde flèche plus aiguë le blesse de nouveau ; la douleur de ce songe l'éveille tout-à-coup, et il se relève animé d'un trouble extraordinaire ; il voit devant lui Draguta pâle et en désordre, ses cheveux sont hérissés, son air est celui du repentir ; le feu qui brûle devant lui jette sur sa figure une lueur sombre, qui ajoute une expression plus farouche à ses traits. Le barbare avoit promis à Egidius de conduire Viomade dans ces lieux, et là de lui donner la mort. L'instant choisi pour le crime étoit arrivé, et Draguta alloit percer de flèches le cœur du brave, lorsqu'agité par un songe, secret avis de la providence, il avoit prononcé le nom du perfide et s'étoit éveillé. Surpris, le Hun pâlit, et laisse tomber ses armes. Le souvenir des bienfaits de Viomade l'avoit frappé ; il eut horreur du sang qu'il alloit répandre, et resta muet et combattu. Viomade s'étonnoit de plus en plus et perdoit sa sécurité ; tous deux passent le reste de la nuit en silence, mais sans se livrer au sommeil. Draguta, aux premiers rayons du jour, propose brusquement de partir. Il se lève et marche agité d'un trouble visible ; Viomade le suit ; l'heure du repas les force à s'arrêter, mais Draguta a l'air rêveur et sombre, il ne mange point. Viomade l'interroge sur le mal qu'il semble éprouver, mais il ne lui répond pas et reprend sa route. Le terrain, constamment humide, devient si fangeux que l'on ne peut plus avancer ; Viomade s'arrête et regarde Draguta, dont les traits altérés et inquiets sont loin de le rassurer. Nous ne marchons, lui dit il, vers aucun séjour habitable ; tu t'es égaré, Draguta, car me préservent les dieux de t'accuser ! reprenons vers la gauche du bois, le chemin paroît plus solide ; nous attendrons le jour sous quelqu'abri, et montés sur un arbre élevé, nous chercherons à découvrir la fumée des habitations. Sans écouter la réponse du Hun, Viomade, revenant sur ses pas et tirant vers la gauche, s'avançant avec rapidité, parvint, suivi de Draguta toujours en silence, jusqu'à une petite esplanade où plusieurs chênes verds leur offrent une constante et noire verdure. La lune, astre mystérieux et doux, commençoit alors sa silencieuse carrière, et jettoit sur les sombres bois cet éclat pur et argenté, si cher à l'ame sensible. Viomade, ému par sa beauté, par l'aspect de la voûte des cieux semée d'étoiles, et que parcourt l'astre lumineux, sent s'éteindre ses soupçons ; il plaint les maux dont Draguta semble déchiré, et se livre aux plus douces pensées, tandis que le Hun, lassé de ses combats intérieurs, cède à la nature et dort sur la mousse verdâtre. Viomade le considère, prie les dieux d'appaiser les tempêtes de son ame ; et tandis qu'il les invoque en faveur de celui qui au fond du cœur médite sa ruine, un loup furieux et affamé s'approche de Draguta et va le dévorer. Viomade saisit son arc et sa flèche, qu'il tenoit près de lui dans la crainte d'être surpris, lance le trait d'une main généreuse et sûre, perce le cœur du monstre, qui tombe et meurt en se débattant aux pieds de Draguta, que le bruit réveille. Le Hun voit le danger et le bienfait ; il paroît ému, tend sa main au brave et jette un douloureux soupir ; puis le pressant de se reposer, promet de ne plus s'endormir et de le défendre à son tour. Viomade, que le plaisir qui suit une bonne action a rendu au bonheur, accepte son offre, et se livre au sommeil paisible dont jouit la seule vertu. Draguta ne peut plus supporter son sort ; il a promis la mort du brave, mais il lui doit la vie une seconde fois, et la voix de la reconnoissance parle à son barbare cœur. Viomade commence à le soupçonner. Doit-il se laisser pénétrer ? lui avouer le complot odieux dans lequel il a trempé ? Doit-il le ramener en France ? tromper l'espoir d'Egidius, manquer à ses promesses et servir l'ennemi triomphant de sa patrie ? Draguta hésite : la reconnoissance comme le bienfait, sont de tous les pays, de tous les climats. Le sauvage habitant des déserts, possède même peut-être mieux ces vertus naturelles que l'homme civilisé, et le Hun reconnoît leur empire : tremper ses mains dans le sang de son bienfaiteur n'est plus en sa puissance, son cœur s'y refuse, il a horreur de cette seule pensée. Tu dors, vertueux Viomade, ton ame est en paix, aucune crainte ne la trouble, aucun songe ne l'avertit : tu dors, et le lâche veille autour de toi ; il va te trahir sans doute. Ah ! prolonge long-tems ce doux sommeil. Il est troublé pourtant ; Viomade s'éveille, mais sa belle ame conserve sa sérénité ; il voit encore étendu ce loup terrible dont il délivra son guide ; il jouit du bonheur de lui avoir sauvé la vie ; il se reproche les soupçons dont, depuis quelques jours, il s'est senti agité. Draguta, sans doute, se disoit-il à lui-même, est encore à la chasse, et s'occupe de conserver mes jours, comme j'ai sauvé les siens. O soupçons injustes ! sombres et légères vapeurs qui obscurcissez mon ame, fuyez à jamais ! Et toi, jeune Draguta, pardonne à l'erreur qui m'a égaré, et puissent les dieux que j'implore pour toi, te payer de tes services et m'acquitter de tes bienfaits ! Que la matinée est belle ! ajoutoit Viomade ; que les arbres verds, et seuls couronnés de leur noire verdure au milieu de ces bois dépouillés, produisent un effet doux et consolateur ! De quels dons immenses le ciel n'enrichit-il pas les hommes ; pourquoi n'en savent-ils pas mieux jouir ? pourquoi, ingrats envers la nature, cruels envers eux-mêmes, cherchent-ils, dans de vains désirs, des regrets et des tourmens, quand ils pourroient être si facilement heureux ? Le brave tomba bientôt dans une douce rêverie, s'y abandonna, oublia les heures, et s'aperçut avec inquiétude que celle du retour de Draguta étoit passée depuis long-tems. Il ne lui restoit aucune provision ; la faim qu'il éprouvoit ajoutoit à sa crainte. Sans doute, se disoit-il, la chasse l'a entraîné, égaré peut-être : peut-être attaqué de nouveau par quelque monstre, a-t-il succombé ? peut-être même a-t-il besoin de mon secours ? A ces mots, cédant à l'humanité qui lui parle, et ne lui parle jamais en vain, Viomade se lève et cherche son arc et ses flèches. Mais, ô trahison ! ô barbarie ! ses armes, sa seule défense, sa seule ressource pour se nourrir ; ses armes, dont il vient de se servir pour lui sauver la vie, dont il alloit se servir encore pour le défendre, le cruel les a enlevées ! Que reste-t-il au brave dans ce désert, sans armes et sans alimens ? que lui reste-t-il ? son courage, sa grande ame, ses vertus et sa confiance en la divinité. Avec de tels secours, l'homme s'élève au-dessus de l'infortune ; il peut mourir, mais non se laisser accabler ; tel est Viomade ; il se rasseoit pourtant et délibère avec lui-même ; il ne doute plus que Draguta, rendu à la barbarie de sa patrie, à la haine, ne l'ait abandonné à dessein, et loin de tout secours. Mais l'a-t-il aussi trompé sur le sort de Childéric ? médidoit-il à Tournay cette action coupable ? est-elle le fruit d'un complot raisonné ou d'un mouvement criminel ? Voilà ce qu'il ignore, ce qu'il ne peut pas même éclaircir, ce qui trouble son esprit, détruit son espoir, ou du moins le rend incertain. Où va-t-il porter ses pas ? Le voilà sans guide dans la solitude, sans interprète parmi les hommes étrangers à sa patrie, et vers lesquels il s'avance, en qui seulement il espère encore ! Où trouvera-t-il des ressources contre la faim ? il ne découvre aucune racine, il n'entend le bruit d'aucune cascade ; le murmure d'aucun ruisseau ne l'invite à venir s'y désaltérer. Malgré la faim qui le presse et l'affoiblit, il quitte promptement son azile, et se livrant au hasard, ou plutôt à la volonté des dieux, il marche à travers les bois, suivant toujours le cours du Danube et remontant vers sa source. Sa faim augmentoit, il craignoit de ne pouvoir vaincre ses souffrances ; mais les dieux ne l'ont point abandonné : un arbrisseau couvert de fruits sauvages, et mûris sous les neiges, s'offre à ses yeux. O Mérovée ! s'écrie-t-il, en étendant les bras vers l'arbre nourricier ; mais il ne connoît point ces fruits ; sont-ils amis de l'homme ?

Est-ce la vie ou la mort qu'il va recevoir ? Il hésite ; le besoin l'emporte, ses lèvres sont rafraîchies des sucs doux et balsamiques qui sortent en abondance de ces fruits ; ils le désaltèrent, le fortifient, et ce secours inattendu semble le présage de plus grands bienfaits. Abandonnera-t-il le buisson couvert encore de cette précieuse richesse ? doit-il s'y arrêter et s'épuiser dans une inaction coupable ? Non sans doute : Viomade saura et profiter des dons du ciel, et suivre la route qu'il semble lui-même lui indiquer par ses bienfaits. Riche de ce butin inespéré, il marche légèrement et plein de joie : mais tout-à-coup le ciel s'obscurcit ; de sombres nuages descendus précipitamment des hautes montagnes du nord, assombrissent les airs ; les vents impétueux agitent la cime altière des chênes ; une horrible tempête se prépare ; en peu de momens l'univers paroît ébranlé : la pluie tombe abondante et glacée, elle forme des ruisseaux qui sillonnent par-tout la forêt, et les cascades éloignées se répandent de tous côtés ; la pluie irrite et soulève un torrent déjà furieux, et dont les flots vagabonds et rapides entraînent avec fracas les roches et les arbres qu'ils déracinent. Tout cède à la nature en courroux. Viomade sans abri, les vêtemens percés par la pluie qui tombe avec violence, repoussé par le vent qui souffle avec fureur, sent son ame prête à quitter son enveloppe fragile. O Mérovée ! disoit-il, si je succombe, j'aurai combattu ; je te dévoue ma vie, mais je la défendrai comme un bien qui t'appartient. Alors, écartant de lui ce désespoir insensé qui n'enfante que le découragement ou l'imprudente témérité, il s'arme d'une forte branche qu'il arrache, s'en sert comme d'un appui, et marche encore à travers les racines des bois et les rameaux enlacés qui embarrassent ses pas et les arrêtent. Le bois semble s'épaissir, le jour baisse de plus en plus, le froid augmente et glace l'eau dont ses vêtemens sont trempés ; la ronce rampante s'attache à ses pieds et les déchire ; il chancelle et tombe ; sa tête frappe sur un tronc d'arbre que l'obscurité ne lui a pas laissé distinguer ; il jette un cri douloureux, l'écho le redit aux cavernes, qui le répètent à leur tour, et Viomade s'effraie de sa propre plainte ; mais le sang qui coule de sa blessure et la douleur l'ont affoibli ; il reste sans mouvement sur la terre. Son évanouissement fut si long, que l'orage étoit déjà passé depuis long-tems, la nuit même étoit entièrement écoulée et le jour dans tout son éclat, quand il r'ouvrit les yeux, reprit ses esprits, le sentiment et la vie. Ce fut lentement et par degrés que Viomade se retraça sa position et ses malheurs. Sa mémoire, quelque tems incertaine, ne lui rappela que peu-à-peu et successivement les faits ; mais le sang qui a découlé de son front et baigné la terre, la douleur qu'il éprouve, les épines qui déchirent ses pieds, le désordre qui suit la tempête et dont il voit autour de lui les tristes effets, tout lui peint son isolement et sa détresse. Viomade n'étoit jamais plus grand qu'au comble de l'infortune ; jamais il ne croyoit se devoir à lui-même plus de force et de prudence, que lorsqu'il restoit seul : alors, rempli d'audace, il se disputoit au malheur, et plus il en étoit accablé, plus il s'armoit contre lui. Déterminé, il se relève, contemple ces lieux, il s'approche d'un ruisseau qu'a formé la pluie, lave la blessure de son front, cueille des herbes dont il connoît l'usage, en exprime les sucs sur sa plaie, arrache de ses pieds les nombreuses épines qui les blessent, les plonge dans le ruisseau, allume un grand feu, se dépouille entièrement de ses habits, les sèche à la flamme brillante, se réchauffe lui-même, et revêtu de ses vêtemens secs, il recourt à ses fruits, son heureuse fortune, remercie les dieux, et souriant au sort qui lui ménage encore tant de biens, il se rassure et espère.

Reposé de ses fatigues, revenu de ses premières douleurs, Viomade marche encore, et du haut des airs la nuit s'approche, les cieux lui montrent la lune dans toute sa pompe, aucun nuage n'obscurcit de son voile transparent le bel astre qui sort des monts et s'élance majestueusement. Viomade, qu'un nouveau jour éclaire, s'aperçoit avec ravissement que les arbres sont moins rapprochés, que sa marche devient plus facile ; il redouble d'ardeur jusqu'au moment, où disparoissant à ses yeux, le flambeau qui l'éclaire cède aux ténèbres des airs. Alors Viomade va s'arrêter, mais il a senti sous ses pieds un chemin battu ; s'est-il flatté d'un vain espoir ? Il essaie encore quelques pas ; est-ce erreur, désir, pressentiment, vérité ? Il craint, s'il marche encore, de quitter la trace en laquelle il met dans ce moment tout son bonheur ; il attendra que le jour confirme ou détruise une aussi chère espérance. L'aurore paroît à peine à travers l'obscure nuit, elle jette à peine sur la terre ses premiers rayons pâles et incertains, Viomade interroge déjà le sentier qu'il croit avoir découvert. Il répond à ses vœux, et le jour en s'élevant met le comble aux bienfaits de l'aurore : on distingue parfaitement sur le sentier, les pas de l'homme, il conduit sans doute à un séjour habité, et déjà Viomade n'est plus seul : comment peindre sa joie, surtout sa reconnoissance ! Il suit avec une douce ivresse les pas dont l'empreinte lui est si chère, il aperçoit sous quelques arbres rapprochés un banc de mousse, elle est foulée à deux places peu distinctes l'une de l'autre, et atteste que deux êtres s'y sont souvent reposés ensemble ; à ces traces d'amitié son cœur s'émeut et palpite : Oh ! s'écrie-t-il, ici deux amis échangeant leurs plaisirs ou leurs peines, se sont reposés dans une heureuse confiance. Oh ! que puis-je craindre dans des lieux consacrés à l'amitié ? Arbres, et vous vertes hamadryades, qui présidâtes à leur naissance, et vous jouez dans leurs rameaux ; gazons, que l'homme sensible a foulés, non, ce n'est point un étranger qui pénètre dans vos retraites ; son cœur est de tous les climats où l'on aime, où l'on est généreux ; mais qu'aperçois-je à travers les branches et près de ce ruisseau ? une tombe élevée comme le sont celles de ma patrie ! approchons. O ciel ! une inscription la décore, et elle est écrite dans la même langue que je parle, je lis ces mots :

PLEUREZ LA JEUNE TALAÏS

Quels événemens semblent m'attendre dans ces lieux, où je découvre déjà tant d'objets d'espoir et de mélancolie ?

mais je ne veux pas quitter cet asile de la mort, sans l'orner de quelques fleurs telles que me les offrent la saison et ces lieux. Bientôt il découvrit la hâtive primevère, la feuille piquante du houx toujours verd, les grappes du buisson ardent que rougissent les gelées ; et formant une guirlande bigarrée, il dépose ce don de la sensibilité sur la froide et dernière demeure de Talaïs. Après avoir satisfait à ce devoir de la douce piété, après avoir adressé à Teutatès la prière funèbre, il suivit de nouveau le sentier qui l'avoit conduit vers la tombe, et qui parut se diviser en deux petites routes bordées de gazon ; l'une descendoit dans une vallée sombre et boisée ; l'autre conduisoit, en serpentant, sur une petite monticule couronnée d'arbres verds. Viomade, incertain d'abord entre les deux routes, préféra bientôt celle qui conduisoit sur la petite colline si bien cultivée, et d'où il espéroit découvrir quelque habitation ; le chemin étoit bordé d'arbrisseaux enlacés, il étoit tortueux et agréable ; parvenu sur la cime de cette élévation, Viomade y vit un siége, des fleurs sauvages, enfin tout lui assura qu'une main soigneuse la cultivoit chaque jour ; son oreille fut bientôt frappée par les sons d'un instrument qui lui étoit inconnu, et qu'il apprit par la suite être un instrument chinois ; il écouta, et fut encore plus surpris, quand il entendit une voix, qui encore forte, quoique déjà cassée par l'âge, chantoit en langue latine, commune à toutes les Gaules comme à l'Italie, ces paroles guerrières :

CHANTS GUERRIERS.

Où sont-ils ces beaux jours de gloire,
Ces jours de force, de valeur,
Où digne enfant de la victoire,
Des miens je surpassois l'ardeur ?
Pourquoi faut-il de la vieillesse,
Eprouvant la lâche foiblesse,
Loin des combats et des dangers,
N'attendre la mort qu'avec peine,

Et tomber ainsi qu'un vieux chêne
Que déracine un vent léger ?

Honneur au héros qui succombe,
Et qui, vainqueur dans les combats,
Descend fièrement vers la tombe
Où la valeur guide ses pas.
Il ne verra point sa vieillesse
Dans une honteuse foiblesse,
Loin de la gloire et du danger,
N'attendre la mort qu'avec peine,
Et tomber ainsi qu'un vieux chêne
Que déracine un vent léger.

LIVRE CINQUIÈME

SOMMAIRE DU LIVRE CINQUIÈME

Viomade reconnoît dans le vieillard, qui est aveugle, un des compagnons de Draguta ; il demande l'hospitalité, qu'il n'obtient qu'avec peine ; il est conduit par Gelimer dans sa grotte, où il fait un repas depuis long-tems nécessaire. L'espoir se glisse dans son cœur ; il découvre le javelot de Childéric ; sa joie égale sa surprise. Son entretien avec Gelimer sous les chênes. Un jeune chasseur paroît, c'est Childéric, qui s'élance dans les bras de Viomade. Leurs transports. Alarmes de Gelimer. Le jeune prince, dont il ignoroit la naissance, lui expose les motifs de son silence, et le rassure. Ils rentrent dans la grotte ; là Viomade raconte à Childéric tous les événemens qui l'intéressent, lui fait sentir combien son retour en France est nécessaire pour contenir les troupes et l'ambition d'Egidius ; lui peint la douleur que son absence cause au roi, la mort d'Aboflède. Childéric verse des larmes, et l'heure du sommeil interrompant cet entretien, le prince conduit Gelimer sur la couche sauvage, et partage la sienne avec Viomade.

Tandis que le vieillard chantoit, Viomade qui suivoit sa voix, s'étoit approché et l'examinoit ; à son habillement, à ses traits, il reconnut bientôt un des compatriotes de Draguta, succombant sous le poids des années, et réchauffant aux rayons du soleil ses membres glacés. Comment a-t-il pu apprendre la langue inusitée dans sa patrie ? sans doute c'est lui qui a gravé l'inscription que vient de lire Viomade ; un sentiment confus s'empare de son cœur ; cependant il demande avec confiance l'hospitalité. Aux premiers sons de sa voix, le vieillard a frémi, un terrible courroux a enflammé tous ses traits. Qui es-tu ? s'écrie le Hun palissant ; qui es-tu, ô toi qui osa approcher de la caverne de Gelimer ? Viens-tu pour en troubler la paix ? viens-tu persécuter un malheureux vieillard que le tems accable, privé de la clarté des cieux et sans défense ? Rassurez-vous, reprit Viomade ; je suis moi-même un malheureux égaré ; la faim me tue ; secourez ma misère ; accordez-moi un peu de nourriture et quelques heures de repos, ensuite je continuerai ma route. Oh ! reprit Gelimer, il fut un tems où la plainte du malheureux parvenoit vîte à mon cœur, où je lui tendois les bras, plein de confiance et d'humanité. Dans ce tems, je ne les connoissois pas encore ces hommes si méchans ; ils ne m'avoient point banni de ma patrie comme un criminel, séparé de mon épouse et de mon fils ; je n'avois pas, sur une autre terre, retrouvé d'autres barbares. J'avois encore des yeux pour interroger ceux de l'homme, pour lire sur son front, siége de l'ame. Tu me trompes, cruel étranger ; ta voix me semble celle des destins, et tes paroles ont l'accent sinistre du chant de mort ; oui, tu viens ici conduit par la haine, tu viens me dérober mon trésor ! O vieillesse douloureuse ! odieuse impuissance ! ô rage et désespoir inutiles ! A ces mots, Gelimer penche sa tête et paroît accablé de sensations terribles ; Viomade respectant sa douleur, en laisse calmer les trop vifs ressentimens. Alors le vieillard reprenant la parole ajouta : Ces lieux sont éloignés de toute habitation, aucune route n'y conduit ; comment, malheureux, les as-tu découverts ? Parle ; quel étoit ton dessein ? Ah ! si tu es un Franc, si tu viens dans de barbares projets, fuis cruel, fuis la caverne de Gelimer ! il recevroit plutôt tous les monstres affamés des bois, qu'un de ces Francs qu'il abhorre. D'où venois-tu, quand tu as parcouru la route ignorée de ma sombre retraite ? Pourquoi, comment se peut-il que tu y sois parvenu ? que venois-tu y chercher ? Hélas ! j'aurai confié mes jours et mon bonheur aux entrailles de la terre, et les hommes ne me laisseront pas mourir paisible ! J'aurai creusé le sein des rochers pour y cacher mes derniers jours, et leur barbarie viendra m'y poursuivre ! Eloigne-toi, te dis-je ; ne m'adresse pas des paroles trompeuses ; on ne trompe plus Gelimer. Je ne puis m'éloigner, reprit Viomade, décidé à demeurer auprès de cet homme extraordinaire, et à se procurer, par adresse ou par force, une nourriture dont il a besoin, et des renseignemens auxquels il a confiance, sans trop s'en rendre raison. Je ne puis m'éloigner ; mes forces sont épuisées par la faim, j'ai perdu mes flèches pendant le dernier orage, et je n'ai pu chasser ; j'expire, si tu me refuses des secours ; je vais attendre la mort à tes côtés. Oh ! cruel, dit Gelimer avec un geste passionné, tu le sais, tu le sais donc que le mortel jeune et bienfaisant doit venir bientôt, qu'il aura pitié de ta peine et horreur de mes refus ? Eh bien ! puisqu'il le faut, aide-moi à me soulever, et regarde là-bas ; en face de ces chênes qu'entoure un banc de mousse, tu dois apercevoir l'entrée d'une caverne dont les arbrisseaux cachent une partie ; c'est-là qu'il faut guider mes pas, c'est-là que je t'offrirai la nourriture des sauvages habitans des cavernes et des déserts. Viomade, toujours appuyé sur la branche d'arbre qu'il a arrachée pendant l'orage, soutient les pas chancelans du vieillard, et parvient à une grotte spacieuse et charmante, qu'il trouve remplie de meubles et d'objets inconnus dans ces climats. Sur une table sont des viandes cuites ; dans un vase d'une terre argileuse et durcie au feu, il trouve un vin de fruit excellent, des gâteaux faits de différentes sortes d'amandes, du miel et des fruits secs. Viomade s'attendoit peu à des mets si abondans, et qui lui paroissent si étrangers à ces climats ; il admiroit l'intérieur de la grotte, que tapissoient les longs rameaux toujours verds du Tuga de Chine, les branches piquantes et ornées de leurs grappes rouges du buisson ardent ; un ruisseau limpide traversoit la grotte et murmuroit sur de petits cailloux, légers obstacles qui s'opposent foiblement à son cours et irritent ses flots volontaires ; deux cavités pratiquées dans l'enfoncement, renferment deux lits de peaux d'ours : ils sont deux, cela est certain. Viomade excité par une secrète espérance, mêle adroitement à l'expression de la reconnoissance, des témoignages d'étonnement sur la langue que parle Gelimer. Je l'appris, lui répondit le Hun, d'un prisonnier fait devant Cologne, à cette fameuse journée qui coûta tant de sang à ma triste patrie. Ce combat fut le dernier où ma valeur s'est signalée. Hélas ! depuis ce tems, enchaîné par la douloureuse vieillesse, inutile à ma patrie, séparé de tous les miens, poids honteux que la terre porte à regret, sans la pitié d'un enfant, j'aurois depuis long-tems succombé, et cette terre qui autrefois m'a vu levé, fier et superbe, auroit reçu mes restes inanimés et abandonnés aux monstres des forêts. O empire du tems ! que n'ai-je pu t'échapper par une mort glorieuse au milieu des combats, et avant d'être devenu, de vaillant et robuste, foible et languissant. Viomade qui a recueilli chaque parole du Hun, en a reçu une vie nouvelle ; l'espoir remplit son cœur : une secrète inquiétude l'agite, il se lève de table, examine chaque meuble, interroge chaque objet, il sent qu'il a raison d'espérer. Cependant rien ne lui avoit encore répondu ; il cherche dans les cavités qui recèlent les couches sauvages ; celle qu'il examine d'abord n'offre rien à sa curiosité ; il s'approche de la seconde, et tombe à genoux muet de surprise, d'admiration ; la joie inonde son ame. Là, suspendu à la roche, il voit le javelot même de Childéric ; il n'en croit pas ses yeux seuls, ses mains le détachent, ses lèvres le pressent, et des larmes qu'il ne peut retenir tombent brûlantes sur l'arme sacrée. Les mouvemens de Viomade ont échappé à Gelimer ; mais surpris et inquiet du silence qu'observe l'étranger, il lui demande fièrement à quoi il s'occupe, et Viomade rougissant du mensonge qu'il prononce, s'excuse en tremblant sur la fatigue et sur le besoin de sommeil qu'il éprouve. Gelimer lui montre son lit ; mais avant qu'il y cherche le repos, il se fait conduire sur le banc de mousse et sous les chênes. Viomade libre de s'abandonner aux pensées qui le ravissent, rentre promptement dans cette grotte où il a trouvé le bonheur ; il prend encore ce javelot, signal de sa prochaine félicité ; il cherche à découvrir quelque autre objet qui confirme son espoir, mais rien ne se présente à ses yeux. Où est-il, ce fils du roi ? pourquoi ne se montre-t-il point encore ? Gelimer n'a point fixé l'heure de son retour, il l'attendoit pourtant ; mais il tarde trop à l'impatience de Viomade : il ne peut demeurer plus long-tems dans l'inaction, il sort de la grotte et va voler sur les pas du jeune prince ; mais s'il s'égare, si en s'éloignant il perdoit l'instant du retour ? Ces craintes l'arrêtent, il revient sur ses pas et va s'asseoir près de Gelimer, dont il espère obtenir quelques détails. Mais à son approche le Hun a frissonné, une vive terreur s'est peinte sur son visage, il est demeuré triste et rêveur ; revenant à lui : Etranger, dit-il, te voilà reposé, prends dans ma caverne tout ce qui peut t'être nécessaire, prends mon arc et mes flèches, choisis dans tout ce que je possède ce qui peut servir à ton voyage ; mais au nom de l'hospitalité même, quitte ces lieux dans l'instant. En vérité, je ne le puis, répondit Viomade ; mes pieds sont tellement douloureux, qu'il me seroit impossible de suivre mon chemin. Ah ! Gelimer, permettez que je reste encore. Fatal étranger, reprit le vieillard, tu abuses de mon triste sort. O dieux de ma patrie ! protégez-moi. Alors s'éloignant de Viomade autant que le permet le banc sur lequel ils sont assis, posant sa tête sur ses mains, il paroît réfléchir profondément. Interrompant tout-à-coup sa rêverie : Quel âge as-tu, dit-il à Viomade ? J'ai vu cinquante fois la saison de Mars, reprit le brave. Age terrible, s'écria Gelimer avec violence ; âge où l'homme est ennemi cruel de l'homme, où il a déjà perdu sa franchise, sa candeur ; où le feu des passions délicieuses ne le brûle plus, où il connoît et jouit de la vengeance, de la rapacité, de l'ambition ; âge où encore dans toute sa force, il n'est plus sensible, où tous les secrets mobiles des hommes lui sont connus, où enfin, refroidi par la jouissance, détaché par la réflexion, il cesse d'espérer, parce qu'il a cessé de croire ; il cesse d'aimer, parce qu'il n'estime plus ; où il cesse d'être heureux, parce que, privé des illusions qui enchantent les premières années de la jeunesse, il marche avec la vérité austère, vers le triste but de la vie. Mais, ô dieux ! ajoutoit-il avec une émotion plus douce, et se parlant à lui-même : il ne vient point, celui dont l'approche éloigne de moi les souvenirs déchirans et les noirs soucis, tel qu'un vent léger écarte loin du soleil les sombres nuages ; il ne vient pas celui dont la voix douce comme le chant de l'oiseau matinal, réjouit mon cœur, y porte la paix, le réchauffe d'une vive amitié. Tcie, ô mon cher Tcie ! où es-tu ? O toi ! encore aux beaux jours de la candeur et de la bonté, hélas ! tu subiras la loi immuable du tems, de ce tems qui détruira tes vertus, comme il altérera ta beauté ; tu seras coupable, tu deviendras vieux. Oh ! puisse l'ange de la mort te frapper brillant encore de jeunesse et d'innocence !

Viomade écoutoit cet homme extraordinaire, il s'étonnoit de ses discours ; il étoit surpris qu'au fond des bois, il eût acquis une si profonde et si triste connoissance des hommes. Il réfléchissoit sur ce qu'il venoit d'entendre, lorsqu'un léger bruit fixa l'attention du Hun ; il se leva et étendit les bras vers le petit monticule avec un mouvement passionné. Viomade jeta les yeux sur l'endroit d'où le bruit partoit ; il distingua celui d'une marche rapide qui froissoit les feuilles desséchées, et se sentit l'ame bouleversée ; cet instant alloit décider de son sort. Bientôt il voit paroître sur la hauteur un jeune homme d'une figure mâle et douce, ses cheveux blonds et bouclés flottent au gré des vents, son arc et ses flèches sont attachés sur ses épaules ; il tient deux louveteaux qu'il vient de dérober à leur mère. La jeunesse dans toute sa fraîcheur brille sur son front et anime ses joues vermeilles ; c'est Bélénus lui-même qui se montre aux mortels surpris et charmés. Mais Viomade a déjà reconnu Childéric ; le jeune prince, frappé à l'aspect d'un étranger, s'étoit arrêté dans le chemin et l'examinoit ; tout-à-coup, jetant les louveteaux dont il est chargé, il s'élance, et plus léger que la flèche qui poursuit et atteint l'oiseau, il tombe dans les bras de Viomade en s'écriant : ô Viomade ! ô tendre et fidèle ami de mon père ! est-ce bien toi que j'embrasse ? ô jour heureux qui te conduit vers nous, qu'il soit à jamais cher et sacré ! Le brave, trop ému, ne peut répondre ; il a voulu se jeter aux pieds du fils des rois, mais Childéric l'a retenu contre son cœur, et l'amour l'emportant sur le respect, le brave a osé presser dans ses bras vainqueurs et fidèles, celui pour qui ils ont combattu, pour qui ils combattront encore. O Viomade ! reprit le prince, rassure-moi promptement : comment se porte la reine et mon père ? Hélas ! que j'ai dû leur coûter de larmes ! Le brave, qui veut éloigner encore le récit de la mort d'Aboflède, répondit : Vous connoissez leur amour, vous devinez leur douleur. Mérovée est toujours le plus grand comme le meilleur des rois. J'en rends grace aux dieux qui le protègent, reprit le prince. Mais pendant cet entretien, que devenoit Gelimer ? L'infortuné !... il se livroit à la plus profonde douleur. Childéric s'en aperçut, s'avança vers lui, lui prit la main avec tendresse : ô fils des rois ! lui dit Gelimer, tu m'as caché ta naissance ; pourquoi ? Mon ami, lui répondit Childéric, avant de vous connoître, je craignis d'être livré à Claudebaud ; depuis que je vous aime, j'ai cru devoir vous laisser ignorer de quel rang, de quelle fortune je me privois pour vous. Oh ! oui, dit Gelimer en l'embrassant, c'étoit bien là ta pensée ; ton ame est pure comme le cristal des fontaines ; ta bouche n'a jamais proféré le mensonge, la vertu habite ton cœur, un rayon divin t'anime. Ah ! tous les hommes naissent bons, ajouta-t-il avec douleur, et se jetant sur son banc de mousse ; c'est le tems qui détruit tout.

Viomade, l'heureux Viomade admiroit en silence le jeune et beau prince ; on voyoit réunis en lui les traits superbes de Mérovée aux graces d'Aboflède ; c'étoit bien le front auguste du roi, ses yeux bleus, altiers et brillans ; mais les belles paupières de la reine en voiloient l'éclat, en modéroient l'ardeur ; c'est son teint délicat et frais, sa bouche, son délicieux sourire. Childéric a la taille majestueuse du roi, sa marche noble ; mais ses mouvemens gracieux et doux rappellent encore Aboflède ; il a atteint sa dix-huitième année ; il est à cet âge où la beauté s'épanouit chaque jour, où, conservant encore sa fraîcheur et ses graces, l'homme annonce déjà ce qu'il sera dans peu d'années ; semblable à la fleur du pommier, qui à peine épanouie, laisse déjà entrevoir le fruit.

Les vents du soir commençoient à agiter la cime des arbres, le jour étoit sur son déclin ; Childéric offrit à Gelimer de rentrer dans la grotte ; il l'y conduisit lui-même, près de la table où Viomade avoit déjà pris un premier repas ; alors Childéric alluma un grand feu devant l'entrée de la caverne, dont il éclairoit et réchauffoit tout l'intérieur ; ensuite, ayant couvert la table de différens gibiers et de fruits secs, il se plaça entre Viomade et Gelimer. Ami, dit-il au vieillard, mangez avec nous sans inquiétude ; je suis toujours Tcie, le fidèle Tcie. Va, reprit le Hun, je te connois mieux que toi-même, je ne crains rien de toi, ni près de toi ; le son de ta voix rafraîchit mon cœur, comme l'eau qui désaltère le voyageur égaré. Près de toi je suis en paix, comme le timide oiseau sous l'aile de sa mère ; tu fus le charme de mes yeux, je t'aime avec idolatrie, mais je t'enlève à ton père, au trône. Cher Tcie, voilà à quoi je pense ! N'y pensez-pas, mon ami, je vous dois tout ; que ce sacrifice est déjà payé ! Permettez qu'avant l'heure du sommeil, l'ami de mon père nous raconte comment et par quel événement il a pu parvenir jusqu'à nous. Le Hun y consentit, malgré l'horreur que lui inspire toujours le brave, et la haine qu'il a conçue pour lui.

Viomade commença sa narration au moment où Childéric se présenta à Mérovée devant Cologne ; il parla peu de la victoire par égard pour Gelimer, encore moins de la blessure qu'il avoit reçue en sauvant le roi ; peignit la douleur de ce tendre père, de la reine, celle de l'armée, la sienne, quand on se fut aperçu de la perte du prince ; les soins et les recherches inutiles, la démarche tendrement téméraire de la belle reine, son retour, sa douleur et sa mort. A ce récit, Childéric versa des larmes abondantes ; Gelimer en laissa tomber de ses yeux depuis long-tems fermés ; il se reprochoit les six années de bonheur dont il avoit joui ; tous ces maux étoient son ouvrage, Gelimer le sent et gémit. Viomade reprit son récit, peignit Mérovée souffrant, Egidius aspirant au trône, la trahison de Draguta ; enfin, son abandon, la joie qu'il avoit éprouvée en trouvant un chemin, l'hommage qu'il a rendu à la tombe, sa surprise en entendant chanter Gelimer, l'hospitalité qu'il en a reçue. Mais il manqua d'expressions quand il voulut peindre l'émotion que lui avoit causée la vue du javelot qui lui annonçoit son jeune maître ; il put encore moins exprimer ce qu'il éprouva à sa vue, ce qu'il éprouve encore de joie et d'amour. On aime les rois, comme on ne peut aimer un homme ordinaire. Il règne autour d'eux une magnificence auguste, un rayon de gloire presque divin. Le cœur se plaît à s'élever avec cet objet qu'il déifie ; l'exaltation de ce sentiment, son idolatrie même, ont quelque chose qui entraîne et enflamme ; cet amour a un langage particulier, il est plus dévoué, n'ose être tendre, mais il est courageux, intrépide ; il sait vaincre, il sait mourir. Tel est Viomade, telles sont les émotions qu'il éprouve, et qu'il n'essaye pas même d'exprimer. Childéric a souvent interrompu son récit ; Gelimer s'est tu constamment. L'heure du repos est arrivée ; Childéric éteint les feux, ferme la grotte d'une pierre taillée pour cet usage, conduit Gelimer sur la couche sauvage, l'invite au sommeil, lui répète qu'il ne l'abandonnera jamais, et partageant avec son ami son lit de plumes d'oiseaux, et recouvert de peaux d'ours, ils se livrent tous deux au bonheur d'être réunis. Viomade n'eût pas donné l'honneur d'être aussi près de son maître pour toutes les fortunes du monde, et Childéric sent avec joie à ses côtés l'ami de son père. Cependant, ils s'endorment, et le plus profond silence règne dans la grotte.

LIVRE SIXIÈME

SOMMAIRE DU LIVRE SIXIÈME

Gelimer se reproche d'avoir enlevé Childéric à tant de gloire ; il l'aime avec tendresse, son cœur est combattu par la générosité et l'amour que lui inspire son élève ; il hait Viomade. Childéric raconte ses aventures depuis le jour où il suivit son père à la défense de Cologne. Il dit comment ayant été renversé par le mouvement que fit une partie de l'armée pour voler au secours de son roi, il étoit resté long-tems évanoui, et n'avoit repris ses sens que la nuit ; qu'alors il s'étoit trouvé dans une barque. Arrivé sur le bord du fleuve, et éclairé des rayons du jour, il avoit reconnu son ravisseur pour un des ennemis de son père, avoit sollicité sa liberté par des signes, voyant qu'ils ne parloient pas la même langue. L'étranger étoit demeuré inflexible, et l'avoit conduit dans cette grotte, après plusieurs jours de marche. Portrait du généreux Hun. Education du jeune prince. Gelimer obtient de sa pitié et de sa tendresse le serment de ne jamais le quitter, et de ne jamais l'arracher à ses forêts. Childéric passe plusieurs années dans l'espoir de revoir un jour sa patrie. Quels sont ses études et ses plaisirs. Gelimer est tourmenté par ses pensées ; il ne sait qui l'emportera dans son cœur de tous les sentimens qui le dévorent. La nuit interrompt le récit du prince.

Les rayons du jour pénétroient à peine dans la caverne, que déjà ses trois habitans s'étoient éveillés. Gelimer agité avoit moins dormi que les autres, il sentoit la faute qu'il avoit commise, s'affligeoit ; mais il aimoit si tendrement Childéric, qu'il ne pouvoit se repentir d'une action coupable sans doute, mais autorisée par les lois de la guerre. Viomade seul réunissoit son courroux, sa haine, et tout en admirant son dévouement, il voyoit en lui la cause de son malheur ; injuste comme la passion, il le charge de son infortune : un grand trouble l'agite, il est peint sur son visage décomposé. Childéric lui reproche ce qu'il prend pour un soupçon qui l'outrage. Moi t'outrager ! lui dit Gelimer ; ô mon cher Tcie ! car tu l'es toujours pour mon cœur, ne sais-tu déjà plus lire dans mon ame ? Le prince se jeta dans ses bras, et le conduisit, ainsi que Viomade, sur la colline ; là, les bras élevés vers les cieux, ils implorèrent la divinité. Après ce juste hommage, auquel sembloit s'unir toute la nature, ils firent un léger repas, vinrent ensuite s'asseoir sous les chênes, et Childéric commença, à son tour, le récit des événemens qui, depuis six années, le tenoient séparé de son père et de sa patrie. Gelimer appuya tristement sa tête sur ses mains en écoutant, et Viomade, l'œil avide de voir son maître, l'oreille attentive, sembloit avoir son ame suspendue aux lèvres du prince.

Je commencerai comme toi mon récit, dit-il. A la journée de Cologne, mon père, inquiet de ma grande jeunesse, me confia à tes soins, et tu m'éloignas du danger, jusqu'au moment où tu vis le roi entouré ; plus prompt que la foudre, tu cours à sa défense, les braves te suivent. Je veux me mêler à eux ; le mouvement qui se fit autour de moi, fut si violent et si rapide, que j'en fus renversé ; foulé aux pieds, je m'évanouis, et j'ignore ce que je devins, jusqu'à l'instant où je repris mes esprits. C'étoit au milieu de la nuit, elle étoit calme, le ciel étincelloit du feu des étoiles, et je me sentis dans une petite barque qui voguoit légèrement sur le fleuve. Le bruit des rames, cette barque, objet qui m'étoit encore inconnu, le spectacle qui s'offroit pour la première fois à ma curiosité enfantine, me causèrent une innocente joie : cependant je demandai où j'allois, avec qui j'étois ; une voix étrangère me répondit dans une langue que je n'entendis pas : on me présenta du pain, des fruits, j'acceptai gaiement sans m'inquiéter. Cependant le lever du jour me faisant apercevoir que j'étois avec un de nos ennemis, et que j'abordois sur une rive opposée à la notre, je conçus quelques alarmes, et conjurai mon guide de me ramener. Je vis avec joie que je n'avois pas perdu mon javelot, et que le Hun qui étoit avec moi ne s'en étoit point emparé ; j'en conclus qu'il n'étoit point méchant, et quand nous fûmes débarqués, voyant qu'il ne m'entendoit pas, je me jetai à genoux, en lui faisant signe de me ramener ; je lui montrai le ciel comme récompense, mon cœur comme reconnoissant ; je lui offris une pièce d'or, en lui faisant entendre que mon père lui en donneroit beaucoup. Il secoua la tête, je compris qu'il me refusoit, je me mis à pleurer ; il parut ému, me tendit les bras. Je m'y jetai tout en pleurs, je le caressai d'un air suppliant, il détourna la tête, je vis qu'il hésitoit ; je joignis les mains ; il me regarda un moment, puis comme triomphant de sa propre émotion, m'entraîna avec rapidité loin de la rive. Ce Hun étoit le même vieillard que tu vois sous tes yeux ; mais avant de continuer cette narration, je veux te faire connoître, ami, ses aventures, quoiqu'il ne me les ait confiées que plus de deux ans après notre arrivée dans ces lieux.

Gelimer est Hun d'origine ; sa nation, long-tems voisine des Chinois, fit de fréquentes incursions sur leur territoire, plusieurs familles même se divisèrent, et tandis qu'une partie demeuroit attachée aux Huns, l'autre s'allioit aux Chinois, et s'établissoit dans leur pays. Ainsi s'étoit divisée la famille de Gelimer ; son père même avoit été mandarin et favori de l'empereur. Gelimer s'étoit marié à Pékin ; il étoit père d'un fils encore en bas âge, quand la dynastie venant à changer, il passa de l'état le plus doux et le plus fait pour son ame tendre, à l'état le plus cruel, à l'isolement le plus affreux. Pardonnez, mon ami, dit en l'interrompant Childéric à Gelimer, si je vous rappelle dans ce moment de douloureux souvenirs ; mais je ne puis laisser ignorer à Viomade les vertus et les malheurs de celui que j'honore et que j'aime.

Le père de Gelimer devoit de fortes sommes au dernier empereur, qui lui avoit dit plusieurs fois qu'il les lui abandonnoit, et il en avoit disposé ; son successeur, déjà prévenu contre le favori, exigea si promptement le remboursement de ces sommes, que le vieillard ne put y satisfaire ; il fut d'après la loi condamné au bannissement, hors de la grande muraille qui sépare la Chine de la Tartarie. Un jugement si terrible ôta au père de Gelimer tout son courage déjà affoibli par les années ; sa santé s'altéra, et l'approche du jour marqué pour son arrêt, le jetoit dans le désespoir. Gelimer ne put sans être ému et entraîné, voir couler les larmes de son père ; il courut réclamer l'indulgente modification, qui permet en Chine l'échange du fils lorsqu'il s'offre volontairement pour subir la condamnation infligée à son père ; cette faveur terrible lui fut accordée. Séparé d'une épouse qu'il adoroit, d'un fils qui venoit par sa naissance de resserrer d'aussi doux nœuds, et qu'il ne pouvoit entraîner l'un et l'autre dans les fatigues, la honte et la misère auxquelles il s'étoit condamné, il vit arriver l'instant de consommer son sacrifice. Conduit en coupable au-delà de la grande muraille, il sentit renaître toutes ses forces en pensant à son père ; dépouillé de tous ses biens, séparé de tout ce qu'il aime, il emportoit cependant un trésor au fond de son cœur, le sentiment sublime de l'action magnanime qu'il venoit de faire, l'approbation de sa conscience ! Rejeté de sa vraie patrie, car c'est où l'homme est fils, époux et père, c'est là où il a formé tous les doux liens de la nature et de l'amour, qu'il a une patrie chère à son ame, errant dans les vastes déserts de la Tartarie, il s'abandonnoit alors à des regrets trop justes pour n'être pas excusés. Cependant, relevant son ame abattue, se sentant fier de lui-même, il eut honte de son désespoir, et prenant le chemin qu'avoient jadis choisi ses aïeux, il suivit les bords du Jaïck, ceux du Palus-Méotides, et enfin se réunit à la partie de sa famille qui servoit sous les ordres d'Attila : il lui offrit son bras, qui fut accepté. Mais la barbarie de ce peuple indignoit la grande ame d'un disciple de Confucius : le meurtre de Bleda, frère d'Attila, lui fit horreur ; il gémissoit de ne pouvoir faire passer au cœur de ses frères une étincelle de ce feu pur qui le brûloit. Fatigué des hommes, dégoûté de la vie, il chercha une retraite qui leur fût inconnue ; il découvrit cette grotte, à laquelle il travailla avec soin ; il venoit s'y dérober aux regards, quand, l'ame trop oppressée, il avoit besoin d'être seul avec son Dieu et son cœur ; calmé par la méditation, il retournoit combattre pour sa patrie, jusqu'au moment où redevenu inutile, il pouvoit se dérober à elle sans lâcheté et sans ingratitude. C'étoit ici qu'il pensoit à son épouse bien-aimée, à son fils, qu'il faisoit ses meubles, ses instrumens sonores qu'il mêloit aux sons de sa voix ; c'étoit ici qu'il suivoit sa religion, s'attachoit à ses principes, s'encourageoit contre les souffrances. Mais sa raison, sa piété, sa force, ne purent l'armer contre la crainte de la vieillesse abhorée des Huns : il ne pouvoit sans frémir se figurer cette époque de la vie, où déjà malheureux par les souffrances, il seroit encore méprisé et abandonné par les hommes, où foible et ayant besoin de secours, il seroit livré à lui-même et en opprobre à sa patrie. En Chine, il étoit père ; dans ce pays, l'amour filial égale presque l'amour paternel ; dans ce pays, l'adoption répare les erreurs de la nature, et donne au père généreux un fils sensible et tendre : mais chez les Huns barbares l'adoption ne sauve pas des cruautés, auxquelles même condamne la paternité. Insensiblement Gelimer vit s'altérer sa santé et son noble caractère ; réduit à ne rien aimer, et possédant une ame de feu, il en étoit dévoré ; cet asile lui devint plus cher, et la vieillesse l'inquiéta davantage. Sa religion lui défendoit de recourir à une mort volontaire ; il courut la chercher dans les combats, et ne put y rencontrer que la gloire. Le tems fuyoit à pas précipités, sa marche rapide effrayoit Gelimer, et la tristesse de son cœur ajoutant au poids des années, on lui déclara, lors de la bataille de Cologne, que ce seroit le dernier jour qu'il auroit l'honneur de se mêler aux guerriers. C'étoit la seconde fois que les hommes jugeoient Gelimer, et la seconde fois qu'ils se montroient cruels et injustes. Son ame vive, expansive et tendre, en fut révoltée ; elle se ferma à son tour à la douce pitié qu'elle n'avoit jamais pu attirer à elle, il se promit de devenir féroce, et s'élança dans la mêlée, plein d'une rage qu'il perdit en m'apercevant évanoui, prêt à être écrasé sous les nombreux chariots qui suivoient et embarrassoient notre armée : l'aspect de mes dangers détruisit toutes les résolutions de sa colère ; plein d'une tendre compassion, il me souleva, m'entraîna hors de la mêlée, et me donna des secours. Un sentiment généreux l'avoit seul inspiré, un sentiment personnel, un retour sur lui-même lui succéda ; il m'avoit vu abandonné et ne soupçonnoit guère que cet enfant, laissé sans secours sur le champ de bataille, étoit le fils du grand Mérovée. Une idée subite s'éleva dans son cœur, il y céda promptement, craignant ou, que reprenant mes sens, je ne refusasse de le suivre, ou que je ne fusse réclamé ; telle fut la pensée qui le décida à s'embarquer avec moi à la hâte ; il se proposoit de m'aimer, de retrouver en moi tous les objets de sa tendresse, de m'asservir d'abord, de m'enchaîner après par le sentiment. Toutes ces idées vinrent en foule s'offrir à son cœur, elles l'enivrèrent d'une délicieuse félicité ; il renonça dès-lors à sa seconde patrie, au monde entier, et résolut de vivre avec moi dans cette grotte ; il en prit la route secrète, m'entraînant à sa suite, soit en me montrant quelque objet nouveau, soit en me faisant entendre que si je l'abandonnois, je mourrois de faim, soit en prenant un air farouche, soit en me tendant les bras : la nuit, il me couchoit sur sa poitrine pour me garantir de l'humidité. Nous parvînmes ainsi à un souterrain ; je ne voulois pas y entrer, parce qu'il étoit obscur ; mais Gelimer, ayant frappé des cailloux et fait du feu, alluma une branche de pin qu'il venoit de couper, et marcha devant moi ; je le suivis sans répugnance, et après avoir marché long-tems ainsi éclairés, nous nous arrêtâmes ; il me donna à manger des œufs d'oiseaux, que j'aimois beaucoup, quelques fruits, et je m'endormis dans ses bras comme à l'ordinaire ; mais quelle fut ma douleur le lendemain en me trouvant dans l'obscurité ! je poussai des cris affreux. Gelimer me caressa, m'encouragea de la voix, reprit la route en me tenant par la main ; mais je n'étois point rassuré. Nous dormîmes encore une fois dans ce souterrain ; mon sommeil fut si agité, que Gelimer, qui me sentit brûlant, se décida à hâter notre marche, et à m'arracher promptement de ce séjour malsain, et qui lui parut altérer ma santé. Il m'a dit depuis que jamais il n'avoit autant souffert que cette nuit, en me voyant si inquiet, sentant sa poitrine baignée de mes pleurs, ma tête brûlante, il croyoit déjà me voir tomber mourant dans ses bras. Son cœur étoit déchiré, il s'affligeoit immodérément. Nous reprîmes notre route, il voulut me porter sur ses épaules, je ne le voulus pas, et je m'obstinai à marcher ; mais bientôt quelle fut ma joie, quand j'aperçus une vive clarté paroître à l'extrémité du souterrain ; j'oubliai tout-à-coup mes chagrins, mes maux, mes alarmes, et courant vers l'endroit que le jour m'indiquoit, je sortis avec une joie inexprimable de cette retraite des ténèbres, et me trouvai dans une prairie délicieuse, toute couverte de fleurs : les gouttes de rosée suspendues aux feuilles, aux brins d'herbes, aux différentes plantes des prés, brilloient de mille couleurs qu'elles recevoient du soleil ; des chèvres bondissoient, mille oiseaux chantoient dans les airs : aussi innocent qu'eux même, j'avois retrouvé toute l'insouciance de mon âge, sa gaieté, sa joie ; les chagrins et ma nuit étoient à un siècle de moi ; je ne me lassois point d'admirer le jour et les lieux charmans qui m'environnoient ; j'apercevois de loin un grand fleuve, je crus revoir le Rhin, revenir dans ma patrie, et retrouver bientôt ma mère et le roi. Gelimer jouissoit de ma joie, de ma santé, et me regardoit avec l'expression de la tendresse ; j'entendois ses regards : le sentiment sait toujours s'exprimer quand il est vrai, l'ame parle à l'ame, et si l'homme n'étoit que bienfaisance et qu'amour, comme sans doute ce fut sa première destinée, il eût pu se passer du langage. Nous restâmes tout le jour dans le lieu que j'aimois tant ; le lendemain je le quittai avec regret ; nous marchâmes encore deux jours dans les bois, et nous parvînmes le troisième dans cette grotte, que je trouvai délicieuse. J'étois extrêmement fatigué ; Gelimer tira d'une des cavités un vase rempli de vin, de fruits secs ; il avoit tué plusieurs animaux à coups de flèches, il les fit cuire, et ayant paîtri une farine qu'il prit dans un vase de la même matière que celui qui contenoit le vin, il fit un espèce de gâteau ; tous ces apprêts m'amusèrent beaucoup. Gelimer me fit coucher sur un lit qui se trouvoit dans une autre cavité ; je dormis profondément ; le lendemain il me fit baigner dans ma jolie fontaine, me mena à la chasse, et cette vie active et nouvelle m'enchantoit. Je n'oubliois pourtant ni ma mère, ni le roi, ni la France ; me confiant en leur amour, je m'attendois chaque jour à voir arriver quelqu'un pour me chercher, et j'attendois sans impatience, sûr de leurs soins et de leur tendresse. Gelimer ne me laissoit jamais sortir sans lui, mais il étoit d'une complaisance infatiguable ; il avoit appris à m'entendre avec une étonnante facilité, ses progrès étoient pour moi une source de plaisirs toujours nouveaux ; j'attendois impatiemment qu'il pût me parler, et avant l'hiver j'eus cette satisfaction. Le changement qu'opéra cette saison ne fut pour moi qu'une variété de plaisirs. Gelimer m'avoit enseigné sa langue en apprenant la mienne, et je parlois indifféremment l'une et l'autre. Comme nous ne sortions que rarement, et seulement pour quelques heures, il profita des longues soirées pour m'apprendre à faire différens meubles, des flèches d'un bois dur et qui supplée au fer, des vases d'argile ; il m'enseigna à cultiver des plantes qui fleurissent dans l'hiver, à jouer d'un instrument bizarre et sonore, que j'aimois beaucoup. Il me nomma *Tcie*, nom chinois, qui veut dire réunion, mélange, parce qu'il trouvoit en moi différens objets qui lui étoient chers. Le printems nous rendit nos premiers plaisirs. Gelimer étoit, quoique âgé, encore léger à la course, adroit à la chasse ; mais il ne vouloit pas me confier son arc, et malgré mes prières, il ne me laissoit ni chasser ni sortir sans lui. Je voyois qu'il craignoit de me perdre, et se faisoit un bonheur de me conserver près de lui ; je riois en moi-même de cette pensée, car je m'attendois toujours à voir arriver un des braves de mon père : je t'attendois surtout, mon cher Viomade, et souvent même dans mes songes, je croyois te voir, t'entendre, partir avec toi, et m'élancer dans les bras de mon père ; je croyois couvrir de mes tendres baisers les mains de la reine, et me retrouver au milieu de vous. Gelimer, qui avoit rapporté de la Chine de grandes connoissances en agriculture, m'apprit à multiplier les fleurs du printems, les grains et les fruits de l'automne ; il ne borna point à ces légères instructions les leçons qu'il me donna, il m'enseigna à connoître le cours des astres, la forme et la description de la terre, les maximes de Confucius ; je lui communiquois ce que j'avois appris du sage Diticas ; il admira sa morale, sa religion : sous d'autres noms il adoroit les mêmes dieux que moi, chérissoit et honoroit surtout la vertu, et s'efforçoit d'en remplir mon jeune cœur. Je répondois à ses soins, le tems s'écouloit sans que je m'en aperçusse, je grandissois ; l'air, l'exercice, une nourriture frugale, des jours sereins, tout contribuoit à ma santé ; et lorsque plus pressé de vous revoir, un léger nuage de tristesse obscurcissoit mes traits, Gelimer l'effaçoit promptement en m'enseignant une chose nouvelle, qui s'emparoit tout-à-la fois de mon tems et de mes pensées. Cependant mon ami devenoit triste, languissant, il s'affoiblissoit, je m'affligeois de ses souffrances, je cherchois à les adoucir ; je le questionnois sur ce qui pouvoit les causer.

Une belle matinée de printems, après avoir salué l'aurore, invoqué les dieux, respiré l'air parfumé des bois, je conjurai Gelimer, que j'entendois soupirer, de m'ouvrir son cœur ; nous nous assîmes sur ce même banc de mousse.

Tcie, me dit le sage vieillard, m'aimes-tu ? Je le lui jurai. Sais-tu bien que je t'ai sauvé la vie ? tu périssois sans moi sous des chariots prêts à t'écraser... Je ne l'avois pas oublié, et je lui témoignai ma reconnoissance. Eh bien ! me dit-il, je vais te dire tous mes secrets ; mais une promesse encore, et je te rends ta liberté, je te donnerai mes armes, tu seras plus maître dans ma caverne que moi-même ; tout ce que j'ai t'appartiendra ; loin de me devoir encore de la reconnoissance, c'est moi qu'elle engagera à jamais. Jure moi sur l'honneur, serment si sacré dans ta patrie, jure moi à la face du ciel qui t'éclaire, de ne point m'abandonner, de protéger mes derniers jours, de me laisser mourir dans cette grotte paisible, et lorsque mon ame s'envolant vers les cieux, ou s'emparant d'un autre corps, aura quitté sa demeure passagère, promets moi d'ensevelir ma dépouille mortelle dans cette même grotte où je t'ai prodigué tant de soins. J'hésitois à prendre un tel engagement ; j'avois toujours conservé le vague espoir de retourner dans ma patrie, j'allois pour ainsi dire y renoncer, j'étois ému, attendri ; mais je me taisois. Eh quoi ! cher Tcie, reprit Gelimer, pourrois-tu m'abandonner vieux et mourant, et me refuser quelques-uns de ces nombreux instans que te prépare la nature ? A peine aux portes de la vie, une longue carrière est devant toi, tandis que je touche à ma dernière heure ; bouton naissant, tu vas croître encore plus d'un printems avant de fleurir, et moi, déjà flétri, je suis penché vers la terre ; demain je tomberai, demain on dira de Gelimer : Il a vécu ; et j'aurai disparu comme mes ancêtres. O enfant digne d'amour ! prends pitié de ma dernière heure ; déjà mes yeux commencent à se fermer à la clarté du jour, déjà un voile épais s'étend pour moi sur toute la nature ; ah ! veux-tu donc m'abandonner ! Il dit, et tendit vers moi ses mains tremblantes, quelques larmes tombèrent de ses yeux : c'en étoit trop, je me jetai à genoux, et m'écriai ! O dieux ! qui punissez le parjure, recevez le serment que je fais d'aimer, de servir Gelimer, et de n'abandonner ces lieux que lorsqu'il sera endormi du sommeil éternel. Gelimer me serra dans ses bras, me pressa sur son cœur, je lui rendis ses caresses. Ce jour fut un jour bien intéressant pour tous deux. Gelimer, sans crainte pour l'avenir, venoit d'acquérir un fils, et moi je venois d'assurer son bonheur. Bientôt après, il me fit part de sa naissance, et du sacrifice qu'il avoit fait à son père ; enfin de tout ce que je vous ai raconté. Il m'avoua qu'après m'avoir secouru, le désir d'échapper aux lois barbares des Huns, le besoin surtout d'aimer encore, l'avoient décidé à s'emparer de moi ; j'admirai son dévouement, l'essor de sa vertu éleva mon ame, je fus heureux d'embellir les jours d'un fils généreux, de consoler sa vieillesse. Il me demanda alors qui étoit mon père ; jamais il ne m'avoit fait cette question, il craignoit trop de me rendre à cette idée. Je lui répondis que je devois la vie à un grand guerrier, et que je le priois de ne plus m'en rappeler le souvenir. Il se soumit, me donna un arc, des flèches, vint encore quelques fois à la chasse, plus souvent m'y laissa aller seul, et enfin n'y vint plus du tout. A force de m'exercer, mon adresse surpassa mon espérance ; j'atteignois l'oiseau dans son vol, et à la course tous les animaux les plus agiles. Le soir, Gelimer continuoit à m'instruire de l'histoire des hommes, j'écoutois surtout celle des rois, la chute de Rome, la destruction des empires, les grands changemens de dominations, tous les effets immenses du génie souvent d'un seul homme, frappoient mon cœur : combien, sans se douter qu'il me parloit de mon père, Gelimer me vanta le courage et la sagesse de Mérovée ! Ces entretiens chaque jour me plaisoient d'avantage ; mais en revenant de la chasse une belle soirée d'automne, je trouvai Gelimer assis devant la grotte, et dans une attitude mélancolique ; il me parut frappé d'une grande douleur ; alarmé, je me précipitai vers lui : Qu'avez-vous, mon ami, lui dis je ? O Tcie ! me répondit-il, je ne verrai plus ce soleil, les fleurs ni la verdure ; je ne verrai plus ton riant visage, plus doux pour moi que le printems dans toute sa pompe ; c'en est fait, d'épaisses, d'éternelles ténèbres enveloppent Gelimer, je suis aveugle ! Un cri m'échappa, je m'attendois chaque jour à cette nouvelle, et pourtant elle m'atteignit au cœur. Depuis ce jour, Gelimer fut l'objet de mes plus tendres soins, de mon culte, de ma vive amitié. Je l'aimai avec excès, je craignois de m'en éloigner, je ne chassois que pour nous nourrir ; j'aurois juré dès-lors de ne jamais le quitter, si déjà je n'en eusse fait le serment. Il redevint calme enfin, je le consolai, et au bout de quelques mois, il s'étoit accoutumé à son sort. Mais, ajouta le prince, ce récit a r'ouvert toutes les blessures de mon ami. Interrompons-nous ici, il est tems d'ailleurs de nous reposer ; ce qui me reste à dire, renferme un triste événement qui a troublé la paix de mes jours ; demain je vous raconterai cette douloureuse histoire, demain nous donnerons des pleurs à la jeune Talaïs. Ce soir, retirons-nous, et cherchons à oublier dans un doux sommeil les sombres idées qu'a fait naître mon récit. O mon ami ! disoit-il à Gelimer, chassez l'inquiétude empreinte sur votre front, ne gémissez point comme le font les infortunés, Childéric n'est point un parjure, et tous les trônes du monde ne peuvent le séduire ni changer son cœur. Gelimer poussa un profond soupir, et s'appuya sur le bras du prince ; ils rentrèrent dans la grotte, éclairée comme la veille. Viomade regardoit avec respect le sensible Gelimer ; il admiroit les soins que Childéric prenoit, soit pour rassurer son ame troublée, soit pour lui servir de guide, le nourrir, veiller sur ses jours. Cependant le serment qu'avoit prononcé le prince l'alarmoit, il ne peut le trahir ; Gelimer consentiroit-il volontairement à se séparer de ce dernier objet de tendresse ? Viomade ne peut le croire, il s'inquiète et n'ose exprimer son inquiétude. Gelimer, plus tourmenté par ses pensées, se taisoit également : Childéric seul ne dissimuloit rien ; et soit que le souvenir d'Aboflède excitât sa tristesse, soit que la gloire dont s'étoit couvert Mérovée exaltât son ame, soit que l'ambition et l'audace d'Egidius l'enflamassent de courroux, soit qu'il parlât de sa tendresse pour Gelimer, de la joie qu'il éprouvoit d'avoir retrouvé Viomade, son cœur l'inspiroit ; la vérité toute entière s'en échappoit, se peignoit sur son visage charmant, et donnoit à sa voix mélodieuse un accent plus persuasif. Après le repas, ayant fermé la grotte, et conduit Gelimer sur sa couche, Childéric et le brave se retirèrent de leur côté. Gelimer passa la nuit dans la plus terrible agitation ; il chérissoit trop ardemment Childéric pour lui enlever plus long-tems le rang suprême où l'appeloit la destinée ; il n'aimoit pourtant plus le monde, et n'estimoit plus les hommes ; mais Childéric étoit dans l'âge des riantes pensées, des délicieuses espérances ; les plaisirs alloient l'environner, l'enivrer, le ravir. Ces instans passagers dédommagent l'homme des pleurs de l'enfance, de la prévoyante inquiétude de l'âge mur, de l'infirme vieillesse, de la douloureuse mort. Doit-il lui enlever sa part des biens de la terre, et ne lui en laisser que les maux ? mais peut-il vivre sans Childéric ! Ces combats le déchirent, sa belle ame ne peut encore se résigner.

LIVRE SEPTIÈME

SOMMAIRE DU LIVRE SEPTIÈME

Childéric, forcé d'aller à la chasse, et inquiet de l'état dans lequel étoit plongé le vieillard, l'avoit recommandé aux soins de Viomade. Gelimer à son réveil jette un cri d'effroi, en reconnoissant le brave au lieu de son cher élève; mais il se rassure, et le retour du prince le console bientôt. Il veut s'asseoir sous les chênes. Childéric reprend son récit, et raconte avec sensibilité la rencontre qu'il fit à la pêche, d'une jeune fille nommée Talaïs, leurs jeux, leurs plaisirs, l'amour qu'elle conçut pour lui, le trouble qu'il en ressentit; les conseils de Gelimer en garantissent. Progrès de la passion de Talaïs; son désespoir; sa mort. C'est sa tombe que Viomade a aperçue, et sur laquelle il a déjà placé la guirlande funéraire. Childéric y conduit de nouveau ce brave, et dépose le tribut du regret et de la piété sur la pierre funèbre. De retour dans la grotte, le prince engage Viomade à partir promptement pour la France, afin de rassurer le roi, et le charge de lui dire qu'un serment sacré l'enchaîne dans ces lieux. Gelimer est agité. Viomade refuse de partir sans le fils du roi. Childéric ordonne. Le brave offre de remplacer le prince auprès du vieillard, qui le repousse, et promet de lui rendre réponse le lendemain. Il gémit sur sa couche; en vain le prince le rassure. Le jour renaît, Gelimer n'est plus, il s'est percé le cœur du javelot même du prince. Juste douleur.

Cérémonie funèbre. Adieux éternels à la grotte, aux forêts, à la tombe de Talaïs. Childéric part suivi du brave.

Childéric s'étoit levé dès le point du jour pour aller à la chasse, car les provisions alloient manquer ; il avoit défendu à Viomade de le suivre. Le chagrin qu'éprouvoit Gelimer l'affligeoit, il ne voulut pas le laisser seul, et recommanda au brave de ne point s'éloigner de son vieil ami, de pourvoir à ses besoins, sur-tout de ne lui rien dire qui pût exciter sa tristesse. Songe que je l'aime, disoit ce prince ; que sa peine est ma peine, que le rendre malheureux, c'est me déchirer le cœur. Viomade promit d'obéir aux ordres du prince, celui-ci s'éloigna doucement pour ne pas troubler le repos de Gelimer, qui s'étoit endormi depuis quelques momens. Viomade attendit silencieusement son réveil ; mais Gelimer jeta un cri d'effroi en le reconnoissant. Où est Childéric ? dit-il, avec impétuosité ; où est-il ? A la chasse, reprit Viomade ; il m'a ordonné de rester près de vous jusqu'à son retour. Gelimer parut frappé d'une vive douleur ; mais revenant à lui, et étendant les bras avec passion, il s'écria : Oh ! pardonne, ô toi ! dont l'ame est innocente ; ô toi ! l'ange tutélaire de mes jours, pardonne au soupçon injurieux qui vient de s'élever dans mon cœur. Ah ! je l'abjure ; et plein de confiance, je t'aime et t'admire. Alors le vieillard quitta sa couche ; Viomade lui présenta le repas que Childéric lui avoit préparé ; il le repoussa, sortit de la grotte, se plaça sous les chênes, et tomba dans une sombre rêverie, dont rien ne put le tirer. En vain on l'auroit entrepris, ses idées s'étoient emparées de toutes ses facultés ; il parloit avec lui-même, se répondoit, s'accusoit de foiblesse, cherchoit à ranimer l'étincelle de générosité qu'il sentoit dans son cœur ; mais l'amour de la vie, la crainte de perdre ce qu'il aimoit, le faisoit retomber dans ses premières perplexités. Childéric ne se fit pas long-tems attendre, il revint chargé de différens gibiers. A son approche, le front sourcilleux de Gelimer s'épanouit, le sourire reparut sur ses lèvres, le bonheur rentra dans son ame. Les soins qu'exigeoient les provisions achevèrent d'employer la matinée ; le jour étoit froid et pluvieux : cependant l'hiver étoit écoulé, et le printems alloit prendre lentement sa place, réparer ses ravages, et préparer les fleurs de l'été, les fruits de l'automne. Il fallut passer dans la grotte cette journée destinée à terminer le récit de Childéric : après le repas, il commença en ces termes.

J'étois depuis quatre années dans ce séjour, et rien n'avoit troublé le cours paisible de ma vie ; les leçons de Gelimer avoient fortifié mon ame contre mes secrets chagrins ; je m'affligeois pourtant de l'abandon dans lequel me laissoit le roi ; je songeois aux larmes que répandoit sans doute ma mère ; ma pensée, plus formée, me retraçoit mieux mes malheurs ; mais j'avois aussi plus d'attachement pour Gelimer, plus de respect, et mes sermens me sembloient chaque jour plus sacrés. Loin de renoncer à ma patrie, je me peignois le moment où privé de mon ami, fuyant des lieux qu'il auroit cessé de me rendre chers, je volerois dans les bras de mon père. Cette pensée donnoit le change à mes désirs ; heureux du présent, sûr de l'avenir, je me livrois à l'étude et à la chasse, sans négliger mes plantes, mon chemin, mes bancs de mousse, notre colline, et les soins plus utiles à notre subsistance. En chassant j'avois poursuivi près d'une journée un oiseau qui m'étoit inconnu, et que je n'avois pu atteindre ; il m'avoit mené si loin, que je craignis de ne pouvoir retrouver la grotte avant la nuit ; je me reprochai mon étourderie en pensant à Gelimer, à ses inquiétudes, à l'abandon où je l'avois laissé ; et quoiqu'accablé de fatigue, je me condamnai moi-même à le rejoindre à quelque prix que ce fût. En vain je me hâtai, il étoit nuit quand j'arrivai, et j'entendis de loin l'instrument chinois que vous connoissez ; Gelimer, qui me croyoit égaré, faisoit retentir les airs de ces sons, pour qu'ils me servissent de guide dans l'obscurité ; j'arrivai hors d'haleine, ne pouvant plus me soutenir, et je tombai dans les bras de mon ami en m'accusant d'imprudence, en le suppliant de me pardonner ; il m'embrassa tendrement, ne se plaignit point, m'invita au repos. Je lui contai pourtant mon aventure ; après quoi nous nous mîmes à table, et la nuit je dormis profondément ; le lendemain je ne le quittai point, mais il exigea que je reprisse mes exercices, me promit de ne plus s'inquiéter de mes absences prolongées ; je promis de mon côté de ne plus m'écarter. Cependant la partie du bois que j'avois découverte dans ma dernière chasse m'avoit parue charmante, elle entouroit un beau lac dont les eaux paisibles offroient une pêche facile. Ce nouvel amusement me plût beaucoup, et tandis que je m'en occupois, je remarquai qu'un jeune homme, du moins je le crus d'abord, m'examinoit attentivement, et qu'il me suivit quand je m'éloignai ; c'étoit une heureuse rencontre pour moi que celle d'un compagnon de mon âge ; je résolus de retourner au lac et de m'approcher de lui quand il me suivroit ; mais dès que je marchai vers lui, il s'enfuit rapidement, et le lendemain il en fit autant. Chaque jour je retrouvois le jeune chasseur qui m'évitoit en me cherchant, et je crus à sa taille, à sa couronne de fleurs dont depuis peu il ornoit sa chevelure, que ce n'étoit point un homme, mais une femme. J'eusse mieux aimé d'abord un compagnon de mon sexe ; il me sembloit que, plus fort et plus agile, il partageroit mieux mes plaisirs ; bientôt l'idée d'une femme me parut plus douce ; mais surpris de son empressement à me suivre et à me fuir, je n'essayai point de la poursuivre, comme elle m'a dit depuis qu'elle l'avoit espéré. Lassé même de cette singularité, craignant de me laisser encore entraîner et d'inquiéter Gelimer, je n'allai plus au lac, je renonçai à mon nouveau plaisir, et ne m'occupai que de ma chasse. Mon indifférence l'emporta sur la ruse de la jeune fille ; ne me voyant plus vers le lac, elle me chercha dans les bois, et m'ayant rencontré, elle s'avança vers moi en souriant. Elle étoit vêtue d'un habit de toile de coton d'une couleur éclatante, son corsage laissoit voir ses bras, ses épaules et son sein, ses cheveux noirs et frisés étoient mêlés de feuillages et de fleurs, ses jambes et ses pieds étoient nuds. Son teint étoit brun et animé de vives couleurs ; ses yeux extrêmement noirs, ardens, et son regard audacieux, sa bouche grande, ses dents blanches et bien rangées : telle étoit Talaïs ; c'est ainsi que j'appris d'elle-même qu'elle s'appeloit. Hélas ! pour son malheur, l'infortunée m'avoit aperçu près de ce lac, où elle cherchoit des perles qui y sont abondantes ; ma chevelure blonde l'avoit frappée, elle m'avoit suivi, entraînée par sa curiosité. Depuis elle m'avoit revu, et si elle avoit fui, c'étoit pour m'attirer jusqu'à son habitation ; mais ne pouvant me décider à la suivre, elle étoit venue, disoit-elle, pour me voir. Elle parloit le même langage que Gelimer m'avoit enseigné ; je l'entendis donc sans peine, je lui répondis également. L'expression de ses traits me parut vive et hardie. Talaïs ne connoissoit point l'art, et s'abandonnait à la nature ; ses charmes sans pudeur, ses mouvemens sans graces, ne firent aucune impression sur mon ame. Nous chassâmes le reste du jour ; le lendemain elle vint encore partager mes jeux ; à la course, elle l'emporta pendant quelque tems, mais je devins plus agile qu'elle ; elle m'apprit à découvrir les perles dans leur coquillage, à prendre du poisson sans le tuer à coup de flèches, comme je le faisois d'abord ; j'avois fait part de cette rencontre à Gelimer ; il m'avoit recommandé de ne pas m'écarter avec elle, d'éviter l'habitation de ses parens, de crainte qu'ils ne me gardassent de force parmi eux ; mais il ne s'opposa pas à ce qu'elle se mêlât à mes plaisirs. L'hiver je la vis moins ; cependant elle venoit quelquefois sur la colline, j'allois l'y joindre et nous courions en riant sur les neiges. Le printems revint, et tous nos jeux recommencèrent avec lui. Je m'apercevois que Talaïs devenoit rêveuse, elle tressailloit à mon approche, soupiroit, me tendoit les bras, ses regards enflammés avoient souvent une expression que je ne pouvois soutenir ; je baissois les yeux en rougissant ; loin d'elle, j'en étois encore troublé ; mon sommeil étoit inquiet, mes songes me rendoient Talaïs. La hardiesse de ses mouvemens, l'audace de ses traits, sa parure, si contraire à celle de la chaste Aboflède, et qui d'abord m'avoient repoussé, me firent tout-à-coup une impression bien différente. Le printems, en ranimant toute la nature, offroit de nouveaux piéges à ma raison déjà troublée, et je n'abordois plus Talaïs qu'avec un cœur palpitant. Elle s'aperçut de son ouvrage et résolut de m'enchaîner pour toujours ; elle ignoroit que j'avois dans mon ami une seconde prudence, qui veilloit encore quand la mienne étoit endormie ; elle me proposa de la suivre, de venir habiter avec elle ; enfin, d'être son époux ; elle m'y invita par les plus tendres caresses ; mon trouble s'en augmenta, un feu brûlant circuloit dans mes veines et me dévoroit. Pourquoi, lui dis-je, éloigner l'instant du bonheur ? pourquoi te suivre ? n'avons-nous pas ici un abri assez paisible et ne sommes-nous pas deux ? Talaïs crut que dans ce moment je ne lui refuserois rien ; elle me pressa de la suivre, et s'arracha de mes bras. Abandonner Gelimer n'étoit pas un sacrifice que l'amour même pût obtenir, et je n'avois que des désirs ; je refusai Talaïs, elle devint pâle de fureur, m'accusa d'indifférence, m'accabla de reproches, m'assura de sa haine, me dit adieu et me quitta brusquement. Je m'étois calmé pendant qu'elle s'abandonnoit à la colère, je ne cherchai ni à l'appaiser ni à la suivre ; content de moi, en paix avec ma conscience, je rejoignis Gelimer avec plus de plaisir encore : je lui contai ce qui venoit de se passer entre Talaïs et moi ; il m'écouta attentivement. Mon ami, me dit-il, les passions sont les maladies de l'ame, la morale et la religion en sont les seuls remèdes ; heureux qui y a recours avant que leurs progrès soient tels, que rien ne puisse les guérir ! Talaïs, simple élève d'une nature toujours sauvage quand la raison ne l'a point adoucie, se livre sans détour et sans crainte ; c'est à toi, éclairé par des principes, à l'écarter de l'erreur qui la séduit. Elle te veut pour époux ; ce nœud peut-il faire ton bonheur ? Le mariage, sans doute, est le lien unique de félicité pour l'homme pur et sensible ; le plaisir l'enflamme, l'entraîne et l'abuse ; mais il ne le satisfait que pendant sa courte durée ; veux-tu faire ton épouse de Talaïs ? Non, sans doute, répondis-je à Gelimer, je ne renonce point à ma patrie, je ne veux point former, loin de mon père, ces nœuds saints et éternels. Eh ! que feras-tu de ton amie, me dit-il alors, si tu l'as séduite, si elle s'est donnée à toi, si tu lui as ravi sa pureté ? Abandonneras-tu celle qui aura été la tienne ? la laisseras-tu pleurer jusqu'à la mort, sur l'instant qui l'aura unie à toi ? Je ne veux point séduire Talaïs, répondis-je ; ses caresses me troublent, mais elle n'a point enflammé mon cœur. Eh bien ! fuis-là, me dit Gelimer, crains la jeunesse et la nature ; fuis la vierge brûlante qui fera passer dans tes veines le feu qui la consume ; les dieux, l'honneur, l'humanité t'en conjurent. N'excite point son amour par ta vue, sois son défenseur contre toi-même ; protège l'être foible que l'amour te livre. Gelimer continua long-tems à m'entretenir ; je l'écoutois avec admiration ; je sentois s'éteindre la flamme passagère des désirs ; je me disois, la paix seule est un bien pur et parfait ; je me promis de ne point chercher à troubler le repos qui rentroit si doucement dans mes sens, et d'éviter Talaïs. Je ne sortis point dans la matinée, et le soir je chassai d'un côté opposé à celui de nos rendez-vous. Ma chasse ne fut point heureuse, le tems étoit sombre, je rentrai plutôt que de coutume, et je parlai beaucoup moins qu'à l'ordinaire ; j'écoutois même avec distraction ; j'attendois impatiemment l'heure du sommeil, elle arriva sans m'apporter le repos que j'espérois ; je revis le jour sans plaisir, il s'écoula comme la veille, et plus tristement encore ; en vain un ciel pur et serein, le charme d'un beau jour, le chant des oiseaux, la fraîcheur des vents, le parfum des fleurs, tout m'invitoit à un doux ravissement : je ne voyois autour de moi que l'absence de Talaïs. De son côté, elle me cherchoit, l'amour l'avoit emporté, elle s'étoit reproché sa fureur, elle vouloit me trouver, m'appaiser, car elle me croyoit offensé, sur-tout ne m'ayant point trouvé à nos rendez-vous accoutumés. Elle étoit venue jusqu'à la grotte, et s'étoit enfuie en ne trouvant que Gelimer. Enfin, elle m'aperçut comme je revenois lentement et livré à une mélancolie profonde ; un cri qu'elle jeta ranima en un moment toute mon ame ; elle s'élança vers moi, se jeta à mes pieds, me conjura d'oublier ses emportemens, me jura de m'aimer, de m'obéir, de m'être à jamais esclave soumise. Attendri par des expressions si touchantes, je la relevai avec empressement, je la fis asseoir près de moi sur un banc de mousse. Là, sans lui avouer la grandeur de ma naissance, je lui confiai les événemens qui m'avoient conduit dans ce séjour, mon intention de m'en éloigner dès que je le pourrois, pour me réunir à mon père. J'eus le courage de lui dire que ma religion, mes devoirs, les mœurs de ma patrie, s'opposoient à mon union avec elle ; je lui conseillai de me fuir et de m'oublier. Mais la crainte de l'affliger me fit mêler à mes sages discours, des expressions si tendres, des soupirs si passionnés, que Talaïs y puisa de nouvelles espérances. Nous nous séparâmes contens tous deux, moi d'avoir été sincère et de la trouver si résignée, elle de m'avoir vu si tendre. Elle me promit même de vaincre son amour, si je consentois à la revoir comme avant notre querelle ; j'y consentis et elle s'éloigna ; je revins dans la grotte avec toute ma sécurité. Gelimer la troubla de nouveau, et m'effraya sur le piége caché que j'étois loin d'apercevoir ; cependant Talaïs remplit sa promesse, et ne prononça plus les noms d'hymen ni d'amour ; ses yeux seuls m'en parloient encore, sa bouche observoit le silence, et je ne paroissois pas entendre ce qu'elle se défendoit de me dire. Mais ces efforts lui coutoient beaucoup, et insensiblement devinrent si pénibles, qu'ils altérèrent sa santé et presque sa raison ; elle versoit des pleurs et sourioit tout-à-coup. A mon aspect, elle devenoit pâle et rougissoit au même moment ; elle ne pouvoit ni demeurer près de moi ni me quitter ; si ses regards rencontroient les miens, elle en étoit comme blessée. Elle ne chassoit plus, et négligeoit jusqu'au soin de sa vie, passoit quelquefois la nuit dans les bois, sans abri et sans nourriture ; je la retrouvois le matin à la place où je l'avois laissée la veille, immobile et baignée de pleurs. Sa douleur, son abandon, un amour si vrai, si soumis, un malheur si profond et si tendrement exprimé ne pouvoient pas m'être indifférens, j'en fus ému jusqu'au désespoir. Elle se meurt !

disois-je à Gelimer ; hélas ! elle périt comme la plante délicate exposée au soleil ardent ; elle se meurt, et je pourrois lui sauver la vie ; la raison doit-elle ordonner sa mort ? Gelimer trouvoit dans la religion des armes puissantes contre ma foiblesse ; son flambeau sacré dont il m'éclairoit, me fit voir la corruption et le vice, là où je n'avois entrevu que la tendre compassion ; m'arrêta prêt à tomber, et me soutint au bord du précipice. Talaïs lassée de souffrir et de combattre, Talaïs cessa tout-à-coup de venir me joindre. Gelimer profita de cet éloignement pour me retracer mes devoirs ; il ne savoit pas qu'il en existoit un encore dans ma naissance et mon glorieux espoir, dans l'image que je conservois des graces de ma mère, des vertus modestes dont elle embellissoit l'amour, l'hymen et le trône ; c'étoit comme elle que devoit être mon épouse, la mère de mes fils, et non comme l'infortunée Talaïs. Sa vue me rendoit mes désirs, son absence seule me laissoit ma raison. Depuis long-tems je ne l'avois pas revue, et j'étois tranquille ; mais un matin, comme j'écartois la pierre qui ferme l'entrée de la grotte, je l'aperçus assise sous ces chênes. Hélas ! la malheureuse attendoit depuis long-tems mon réveil ; je frissonnai à sa vue, elle me fit signe d'approcher, je courus lui dire que Gelimer avoit besoin encore de ma présence. Je t'attendrai, me répondit-elle avec un profond soupir ; libre d'aller la rejoindre, je ne pouvois m'y déterminer ; un secret pressentiment retenoit mes pas, et je me sentois agité de sombres pensées ; enfin, je marchai vers elle, elle paroissoit tranquille ; mais en l'examinant, je la trouvai languissante et abattue, sa main étoit brûlante, l'approche de la mienne la fit tressaillir, ses cheveux étoient en désordre et couvroient son visage ; elle essaya de se lever et retomba sur le gazon. O ciel ! je n'en puis plus, dit-elle : je l'aidai à se relever, elle pouvoit à peine se soutenir, elle s'arrêta incertaine et reprit sa marche comme par une réflexion déterminée ; elle trembloit, sa respiration étoit pénible, son sein palpitant, j'étois moi-même violemment agité. Mais observant qu'elle chanceloit à chaque pas, je passai mon bras autour d'elle pour la soutenir, elle se laissa aller sur mon épaule, un froid mortel la saisit, elle demeura comme évanouie ; peu-à-peu elle reprit ses sens, continua sa marche lente et dans un profond silence. Son regard austère s'élevoit jusqu'aux cieux et retomboit vers la terre ; une fièvre brûlante la dévoroit ; le souffle de son haleine sembloit un air embrâsé. A ces terribles effets, on reconnoissoit la passion dans toute sa violence ; j'en étois effrayé autant qu'ému, et je n'osois troubler la méditation dans laquelle elle étoit plongée. Nous fîmes ainsi une assez longue route, et nous parvînmes à un charmant bocage, au milieu duquel s'élevoit une roche couverte de pampres ; du sein de cette roche s'élançoit en cascade une onde abondante et limpide qui, tombant dans un bassin profond, contrastoit par le bruit de sa chûte, avec la paix de ces lieux si rians et si calmes. La fraîcheur des ondes conservoit encore au feuillage et aux gazons toute leur beauté printannière, quoique nous fussions aux premiers jours de l'automne. Arrivés sur la cime de la roche, Talaïs me fit signe de m'asseoir ; elle se plaça près de moi, passa un de ses bras autour de mon col, appuya sa tête sur ma poitrine, et demeura en silence ; je me sentis baigné de ses pleurs, mon agitation étoit à son comble ; Talaïs sembloit réfléchir profondément. Après s'être ainsi doucement reposée, elle parut plus calme ; bientôt elle releva sa tête et me regarda. Son visage pâle et décoloré étoit baigné de larmes, ses yeux remplis de tristesse, tous ses traits peignoient la désolation ; je pressentois une partie de ce que préparoit si lentement son désespoir. Ah ! me dit-elle, avec un accent inexprimable, et qui retentit encore autour de moi, je suis venue pour t'offrir encore l'infortunée Talaïs... Dis, oh ! dis-moi que tu la veux pour épouse ! O ma bien aimée, lui répondis-je, en passant mes bras autour d'elle ; oh ! écoute-moi, tu ne sais pas tous mes secrets ; tu ignores... Barbare ! me dit-elle, en m'interrompant et s'arrachant de mes bras, garde tes funestes secrets ; si je n'ai pas su plaire, je sais mourir. A ces mots, plus prompte que le regard, elle s'élance du rocher dans l'abîme, j'entendis le bruit de sa chûte... Je volai à son secours, hélas ! tous mes soins furent inutiles, le rocher étoit élevé et l'abîme étoit profond. En vain je m'élançai dans l'onde, en vain j'eus recours à tous les moyens que m'inspira mon cœur ; la nuit et la pénible certitude de la mort de l'infortunée, m'arrachèrent de ce lieu funeste. Gelimer partagea mes justes regrets. Le lendemain je courus vers l'abîme qui renfermoit la tendre victime de l'amour ; je ne m'en éloignai que le soir ; j'y retournai jusqu'à ce que son corps reparut sur les ondes ; alors je l'emportai jusqu'à la grotte ; je lui avois destiné pour dernière demeure le lieu consacré à nos entretiens ; j'y creusai une large fosse, que je remplis de fleurs et d'herbes odoriférantes ; j'y plaçai le corps de Talaïs, que je recouvris de fleurs, de feuillages, de gazon ; j'y plaçai une pierre gravée. Gelimer vint y chanter l'hymne de la mort ; et depuis j'y retourne chaque jour gémir sur son sort et appaiser son ombre. Une perte aussi cruelle a jeté dans mon ame une profonde amertume ; mes premiers plaisirs ont cessé de me plaire ; ces bois sont déserts pour moi, ou ne m'offrent que Talaïs mourante ; mon seul bonheur est d'écouter Gelimer, de lui prodiguer mes soins, de m'instruire à supporter les revers, à combattre, à surmonter la douleur, à triompher d'un souvenir qui a troublé mes sens et mon ame. Childéric se tut, on vit qu'il pensoit à Talaïs, chacun respecta son silence. On approchoit de l'heure destinée au sommeil ; Childéric en avertit Gelimer. Ce ne fut que le lendemain qu'il conduisit Viomade sur la tombe de Talaïs ; celui-ci lui raconta comment il l'avoit découverte, et montra au prince la guirlande flétrie qu'il y avoit déposée lui-même. Childéric renouvella le simple hommage qu'il avoit coutume d'offrir à la tombe de sa malheureuse amante. De retour dans la grotte, le jeune prince s'assit à table entre ses deux amis ; il voyoit sur le front de Gelimer la douleur et l'inquiétude, et dans les yeux de Viomade une secrete espérance mêlée d'alarmes ; il sentoit lui-même combien ces déserts alloient devenir affreux pour le vieillard ; mais Childéric n'hésitoit point, il vouloit seulement rassurer Gelimer et donner ses ordres à Viomade. A peine eurent-ils achevé leur repas, que Childéric dit au brave : Je te dois, ami, une bien vive reconnoissance, tu as traversé pour moi les déserts et les sombres bois, tu as souffert, tu as exposé ta vie, et au milieu de tous les périls, tu es venu me parler de mon père... Reçois les remercîmens que je te dois, mais prépare-toi à recevoir bientôt ceux de Mérovée. Demain, dès l'aurore, tu quitteras ces lieux, et je t'enseignerai une route sûre et peu longue ; le printems qui commence, embellira ton voyage, je t'armerai de mes meilleures flèches, tu porteras à mon père des tablettes sur lesquelles j'écrirai tout ce que je croirai propre à le consoler de mon absence. Mais quand il apprendra que la reconnoissance, la tendre amitié, dit-il, en se jetant dans les bras de Gelimer et le pressant sur son cœur ; quand il saura que des sermens sacrés me retiennent ici, son noble cœur sera satisfait ; un fils ingrat, insensible et parjure ne seroit plus digne de lui. O dieux ! s'écrioit Gelimer, ne permettez pas que j'accepte son sacrifice. Viomade, emporté par son zèle et sa guerrière franchise, osa refuser de partir, représenta au jeune prince que son retour sans lui couteroit la vie au monarque ; qu'Egidius, profitant de cet instant favorable, monteroit sur le trône, que la couronne seroit à jamais perdue pour lui. Viomade, lui dit le prince avec fierté, vous peignez mon père comme un roi sans courage et sans vertu. Heureusement le ciel m'a fait un plus auguste présent. Mérovée a survécu à la nouvelle de ma mort, à la perte d'Aboflède, il ne succombera point, quand il sera sûr que je vis pour l'aimer, et me rendre, s'il est possible, le digne héritier de sa valeur et de ses vertus. Viomade désolé, offrit de conduire avec eux Gelimer. Barbare ! dit le prince, veux-tu donc sa mort ? Comment, tu peux proposer à un vieillard aveugle et mourant de l'arracher de sa retraite, pour traverser un pays immense, accablé par l'âge, exposé à la pluie, au vent, aux ardeurs du soleil, couchant sur la terre, quand il ne peut faire un pas sans un appui ! Tu veux l'entraîner des Palus dans les Gaules ! Eh bien ! dit Viomade, qu'il reçoive mes soins, mes services ; je m'engage, par tous les sermens, à vous remplacer près de lui. Le remplacer ! remplacer Tcie ! ô dieux ! s'écrie Gelimer, l'univers entier ne le pourroit pas. Mais, ajouta-t-il, d'un air sinistre et terrible, demain je vous répondrai. Non, mon ami, reprit le prince avec douceur, j'ai répondu et Viomade m'entend ; c'est comme fils de Mérovée que je lui ordonne de renfermer à l'avenir un noble zèle que j'admire, tant qu'il ne sort pas des bornes que je dois lui prescrire. Demain il partira, il ira remplir de joie l'ame de mon père. J'ai encore des tablettes que j'ai apportées de France ; je sors pour écrire plus librement sous ces chênes ; venez, mon cher Gelimer, le tems est calme et doux ; venez, appuyez-vous sans crainte sur le bras de votre cher Tcie, toujours votre fidèle appui. O Tcie ! disoit Gelimer, que tu es beau aux yeux de la divinité ! qu'ils seront heureux les peuples gouvernés par toi ! Oh ! si ta sensibilité ne t'égare point, si tu peux résister aux passions du monde, quel roi sera plus grand, et quels peuples seront mieux gouvernés ! O mœurs pures de nos bois solitaires ! ô vie simple ! et qui ne laisse point d'amertume, paix de l'ame, n'abandonnez jamais celui pour qui je forme mes derniers vœux ! Childéric entraîna Gelimer hors de la grotte, et s'éloigna de lui et de Viomade pour écrire au roi. Le jeune prince étoit plus ému qu'il n'avoit voulu le paroître ; il chérissoit son père, et ce n'étoit pas sans effort qu'il avoit ordonné le départ du brave ; il lui sembloit aussi qu'il porteroit avec gloire le sceptre des rois, et il connoissoit toute l'étendue de son sacrifice. Il se peignoit le moment où tombant aux pieds de son père, il recevroit encore ses douces caresses si chères à son souvenir ; ce moment où, au milieu des siens, entouré de sujets fidèles, il verroit dans tous les yeux la joie de son retour. Il ignoroit quand un jour si beau se leveroit pour lui ; il sentoit ce que le tems pouvoit lui coûter. En écrivant au roi, ses larmes coulèrent, son cœur fut déchiré ; mais il ne lui vint pas même à l'esprit qu'il fût possible de changer son sort. Pendant qu'il écrit, Gelimer défend à Viomade de troubler ses méditations, et reste sous les arbres. La nuit les réunit dans la grotte, et Childéric éloigne tout entretien affligeant. Le vieillard presse sur son cœur le jeune prince, l'embrasse et gagne son lit. Childéric ferme la grotte et s'éloigne avec Viomade ; il ne songe point encore au repos, et remet ses tablettes à l'ami fidèle qui les reçoit à regret ; déjà il a tout préparé, jusqu'à l'arc, jusqu'aux flèches dont il doit l'armer ; il se propose même de l'accompagner quelques heures, si Gelimer l'approuve. Childéric ne cesse de répéter à Viomade tout ce dont il le charge pour son père, pour Ulric, pour son fils Eginard, ami de son enfance et compagnon de ses jeux. Une partie de la nuit s'est écoulée avant qu'il cherche le sommeil ; aussi étoit-il grand jour depuis long-tems lorsque les deux amis s'éveillèrent. Surpris de voir déjà la matinée si avancée, et étonnés du silence de Gelimer, ils se levèrent à la hâte ; Viomade courut ouvrir l'entrée de la grotte, et le prince s'approcha doucement du vieillard ; il paroissoit dormir profondément : hélas ! c'étoit du sommeil de la mort. Le généreux Gelimer, ne pouvant supporter la vie loin de l'objet de sa vive et unique affection, ne voulant pas l'arracher plus long-tems au bonheur et à la gloire, s'étoit percé le cœur du javelot même du jeune prince ; le trait étoit encore dans son sein. A ce spectacle, digne d'admiration et de larmes, Childéric jeta un grand cri ; Viomade s'approcha avec empressement, et le prince lui montra en silence le corps glacé de son généreux ami. En vain ils retirèrent l'arme meurtrière du sein vertueux qu'elle déchiroit ; la mort avoit saisi sa proie ; les soins tardifs et impuissans ne rappelleront point son ame déjà parvenue aux demeures célestes. O Gelimer ! disoit Childéric, tu revis encore dans mon cœur ; puissent tes leçons n'en sortir jamais, et cette action sublime et cruelle m'apprendre à mourir ! Triste et désolé, Childéric resta tout le jour près du corps de son ami ; il y passa la nuit entière, et le lendemain il songea à lui obéir. Terribles et derniers devoirs !... Tous deux creusent au milieu de la grotte la tombe que le sage a ordonnée. Childéric ne put l'y placer sans verser des pleurs ; il contempla encore cet ami qu'il alloit cesser de voir. O mort ! disoit-il, mort cruelle ! déjà deux fois ma main, innocemment coupable, t'a livré deux victimes. O Gelimer ! ô Talaïs ! Le corps est recouvert de gazon ; à mesure qu'il disparoît, la douleur du prince est plus violente. Viomade place une large pierre qu'il a trouvée près de la grotte, et qui recouvre la tombe ; il y grave ces mots :

HONNEUR AUX MANES DE GELIMER

La nuit le surprit encore occupé à graver cette inscription simple, et au point du jour, armés de flèches, surtout de ce javelot qui n'est, hélas ! que trop cher à son triste possesseur, ils vont quitter des lieux devenus si funestes ; mais ce ne fut pas sans adresser à la tombe les plus tendres adieux. Childéric salua les chênes et les hamadryades, remonta sa petite colline, jeta sur chaque arbrisseau, sur chaque fleur un regard attendri, redescendit lentement ce petit sentier tortueux et bordé de gazon. Ces lieux qui l'avoient vu grandir, penser, aimer, lui retraçoient à-la-fois tous les premiers mouvemens de son ame. Il alla encore sur la tombe de Talaïs porter des regrets et des fleurs, et ne quitta sa retraite qu'après avoir payé à tous ces objets, qui la lui rendirent si chère, le tribut d'une juste douleur.

LIVRE HUITIÈME

SOMMAIRE DU LIVRE HUITIÈME

Mérovée, trompé par Draguta, pleure et son fils et son ami ; tant de maux l'entraînent vers la tombe ; il est mourant, et l'armée qu'excite Egidius, demande un chef. Elle le choisit, c'est Egidius ; il doit recevoir le commandement de Mérovée même ; le jour est choisi pour son triomphe, et l'armée s'assemble au champ de Mars. Déjà Egidius va recevoir la lance et le bouclier. Ulric aperçoit dans le lointain voler la poussière, et distingue deux hommes à cheval ; il croit les reconnoître, il s'écrie. Childéric s'élance dans les bras de son père, et Viomade presse les genoux de son roi. L'armée en tumulte partage la joie de son maître ; on entoure, on écoute, on admire Childéric. Egidius est oublié, et va cacher sa fureur. Mérovée rentre dans la ville suivi de son fils, de son ami, et de toute son armée. Il ordonne un pompeux sacrifice, et Diticas, après la cérémonie, annonce au peuple la fête du Guy, et ordonne de la part des dieux de choisir le jour pour élever Childéric sur le pavois ; l'armée y consent avec transport, et des prières solennelles terminent le sacrifice.

Tandis que Mérovée, plein de confiance dans les paroles de l'oracle et dans les soins d'un ami, attend avec une impatience mêlée d'espoir, et compte les momens, Egidius qui a obtenu des secours de Rome, et à qui Odoacre, roi des Saxons, en promet de nouveaux encore, augmente chaque jour son parti. Il accuse déjà de lenteur le traître Draguta ; mais il est de retour, et se présente aux yeux du roi, qui le voyant seul et accablé d'une feinte douleur, se sent frappé, prêt à mourir. Le Hun, les regards baissés, le front abattu, restoit en silence. Oh ! parle, parle, malheureux ! dit le roi, quoique je ne t'entende déjà que trop. O père infortuné ! dit Draguta ; écoutez ce triste récit.... Nous arrivâmes sans accident jusqu'à l'habitation de ma nombreuse famille ; je retrouvai encore mon père plein de force et de santé, je lui avouai le motif de mon voyage ; je l'instruisis que je devois la vie à mon compagnon : mais mon père en un moment détruisit mes espérances.... il m'apprit.... ô ciel !... il m'apprit qu'Attila, furieux de sa dernière défaite, avoit fait massacrer tous les prisonniers, sans en excepter votre fils. Mon père m'assura l'avoir vu périr !... Je résolus de n'apprendre cette affreuse nouvelle à Viomade que lentement et avec précaution ; mais son zèle impatient hâta mon aveu. Ah ! comment vous peindre sa douleur ? jugez-en par les effets. Son sang déjà échauffé par la fatigue d'une aussi longue route, s'enflamma ; une fièvre ardente le dévoroit : il tomba dans un affreux délire, nous lui prodiguâmes inutilement nos soins ; tout-à-coup la raison lui revint, et il me fit appeler. Pars, Draguta, me dit-il, va porter au roi, mon maître, ces tristes détails ; dis-lui que Viomade est mort de douleur, porte-lui mes flèches, et donne-moi mes tablettes, je veux y tracer un dernier adieu. Mais tandis que je les lui présente... il expire en nommant son roi.... Voici ses tablettes et ses flèches.... Depuis long-tems Mérovée n'écoutoit plus, et Draguta auroit pu parler long-tems encore, sans être interrompu. Le roi immobile et glacé, l'œil fixe et l'ame suspendue, cessoit de le voir et même de l'entendre ; sa douleur trop vive avoit comme anéanti tout son être, il ne la sentoit plus. Ceux qui l'entouroient en furent effrayés, sa blessure se r'ouvrit, il tomba baigné dans son sang, on craignit pour sa raison et pour sa vie ; plus malheureux il vécut, et se rappella tous ses revers. Draguta, satisfait du succès de sa trahison, courut en recevoir le prix.

Egidius lui remit la somme qu'il lui avoit promise, et le nomma au grade dont il l'avoit flatté ; mais sachant que l'homme qui s'est déjà vendu au crime est toujours prêt à se vendre de nouveau, et à trahir celui qu'il a servi, il le fit empoisonner dans un festin. Récompense digne d'un traître.

Egidius, délivré de ceux qu'il redoutoit le plus, apprit avec une extrême joie, que la santé de Mérovée laissoit peu d'espoir de le conserver long-tems. La paix étoit loin de disposer les Francs à se nommer un chef qui pût remplacer le roi mourant, et les conduire aux combats ; mais Egidius annonçoit toujours les Saxons, et le seul espoir des batailles suffisoit pour enflammer ces Francs valeureux. Ce bruit d'ailleurs n'étoit pas sans fondement : Odoacre menaçoit Angers ; dans ce moment, attaqué lui-même par les Visigoths, il ne songeoit qu'à se défendre ; mais il étoit facile de déterminer les troupes à ne pas attendre l'ennemi, elles furent assemblées tumultueusement et sans connoître elles-mêmes la main qui les faisoit agir. Bientôt l'air retentit de leurs murmures ; elles osèrent accuser le roi d'inaction, d'oisiveté, et enfin demander à haute voix un chef et la guerre. Mérovée mourant, ignoroit ces clameurs séditieuses, mais il fallut l'instruire du vœu de ce peuple barbare et insensé. Egidius avoit été nommé au champ de Mars ; il devoit commander les armées sous les ordres du monarque ; de là au trône il n'étoit qu'un pas ; ce pas Egidius comptoit le faire bientôt. L'armée, cruelle jusques dans ses respects, voulut que l'ambitieux romain reçût le commandement des mains du roi : on choisit le jour le plus prochain, et les plus hardis parmi les mutins se chargèrent de porter au monarque le vœu du peuple. Ce vœu pourtant n'étoit pas général ; les guerriers qui avoient marché contre les Romains, se voyoient avec honte sous les ordres d'un ennemi vaincu par eux. Mérovée ne put, sans surprise, apprendre un choix si humiliant pour les Français. Quoi, leur dit-il, c'est le stipendiaire des Romains qui va conduire mes guerriers ! c'est celui à qui j'ai enlevé la moitié des Gaules, qui va commander les mêmes troupes qui l'ont renfermé dans Soissons ! N'est-il donc parmi vous aucun soldat courageux, aucun général vainqueur ? Prêt à descendre vers la tombe, accablé de douleur, aurois-je celle de prévoir l'instant où mon peuple, libre du joug romain, dont il fut délivré par les Mérovingiens, ira de lui-même s'offrir à ses ennemis ? Ce discours jeta le désespoir dans le cœur des braves qui l'entendirent ; mais il ne toucha point les rebelles, qui se retirèrent, en suppliant respectueusement le roi de consentir à paroître au champ de Mars. Cette démarche révoltoit sa noble fierté, affligeoit son ame ; cependant le conseil l'engagea à conserver par là l'apparence du commandement, et quoique avec une profonde tristesse, il s'y décida.

Mérovée cependant ne tenoit plus à sa grandeur ; il n'avoit plus de fils à qui la transmettre ; il ne tenoit pas plus à la vie, il n'avoit plus d'épouse, plus d'ami pour l'embellir ;... mais il chérissoit son peuple, et aimoit sa gloire.

Il parut ce jour que hâtoient les vœux d'Egidius. On étoit dans le plus beau mois de l'année, et le soleil fier d'éclairer le monde, planoit du haut des airs, brillant et couronné de ses rayons ; les troupes déjà revêtues de leurs armes qui étinceloient frappées des feux du dieu du jour, se rendoient au champ de Mars, et se livroient à cette joie immodérée que cause toujours au peuple un spectacle, quel qu'en soit l'effet ou la cause. Mérovée parut entouré de ses braves, qui pouvoient à peine contenir leur indignation ; il étoit sur un char traîné par des taureaux superbes, revêtu de ses habits royaux ; la majesté de son visage n'étoit point éteinte par la douleur dont il conservoit la trace ; son aspect noble et touchant émut tous les cœurs ; on voyoit tomber des yeux des plus grands guerriers, ces pleurs qui honorent le courage. Les cris de vive le roi ! ces cris si chers aux Français, se firent entendre, et Mérovée, malgré les maux sans nombre dont il étoit dévoré, ne les entendit pas sans émotion ; il sentit qu'il étoit aimé, ce mouvement fut doux pour son ame. Un trône élevé attend le roi ; Egidius, palpitant d'impatience et de joie, comptoit les instans ; agité d'une secrète inquiétude, il voudroit encore presser son triomphe qui s'apprête. L'armée se range en bataille, chacun reprend son rang. Le roi monte sur son trône ; déjà on lui présente la lance et l'épée dont il doit armer Egidius, déjà le perfide romain enlève fièrement son casque, va le remettre à Valérius, et pour la dernière fois se prosterne devant le roi, qu'il se propose de renverser ; les braves détournent les yeux d'un spectacle qui les désespère, l'armée attentive observe un profond silence. Ulric porte au loin ses regards,... un objet l'a frappé, son cœur en est ému ;... il fixe encore ses yeux sur l'objet qui s'approche, il ne s'est pas trompé !... S'élançant tout-à-coup, repoussant Egidius, et paroissant au milieu de l'armée... Soldats ! arrêtez, arrêtez ! s'écria-t-il ; voici Childéric ; voici Viomade, voici le fils du roi ! et tombant aux genoux de Mérovée : O roi ! digne d'un si grand bienfait, voilà votre fils... En croira-t-il ce discours ? ah ! s'il en doute, ce doute fera bientôt place à la plus délicieuse certitude. Mérovée, à peine descendu de son trône, voit sauter de cheval, légèrement à terre, le plus beau des hommes, et sent dans ses bras le plus tendre des fils ; Viomade se présente à son tour ; Mérovée le presse contre son cœur, l'armée partage l'attendrissement et la joie de son maitre. La beauté, dont l'empire est si prompt et si assuré, leur parle déjà en faveur de Childéric ; on le presse, on l'entoure ; Egidius est oublié, il le voit, il le sent, pâlit de fureur, et frémit de rage.... O traître Draguta ! osoit-il dire : c'est à présent qu'il regrette que la tombe où il l'a précipité, le dérobe à sa vengeance. Childéric se rend aux vœux du peuple, impatient de le voir ; il se mêle à l'armée. Le tems qui a développé ses traits ne les a point changés, mais son vêtement sauvage donne à ce visage doux et riant, une grace inconnue qui entraîne. Les Francs admirent surtout sa belle chevelure blonde et bouclée, ornemens des rois... Lui-même reconnoît une foule de guerriers, il les nomme, se rappelle leurs exploits, revoit grands et hardis ceux qu'il a laissés enfans comme lui ; enfin il aperçoit le jeune et charmant Eginard, le fils du brave Ulric, celui qu'il aima dès le berceau ; Eginard attendoit un souvenir de son maître, il reçut les caresses de son ami ; Childéric parut transporté de joie en le voyant ; tant de marques de sensibilité ravirent les cœurs. La mémoire est sans doute le présent le plus magique que le ciel puisse faire aux grands de la terre, celui qui leur attire le plus d'amour. Quand un regard est une faveur, un mot une distinction, combien un souvenir honore ! combien cette marque de bienveillance flatte le sujet qu'elle énorgueillit ! O rois, qu'il vous est facile d'être aimés, et d'être aimés avec idolâtrie ! O vous ! qui entourés de la majesté du trône, de ces rayons presque divins, paroissez déjà à nos yeux si imposans et si fiers, quand vous adoucissez pour nous cette effrayante splendeur, que nous passons rapidement du respect à l'amour ! mais, hélas ! pourquoi ne suffit-il pas que vous soyez sensibles pour nous rendre heureux ? pourquoi les rois bons, ne furent-ils jamais les bons rois ? pourquoi, enfant mutin et indiscipliné, l'homme abuse-t-il de tout, et a-t-il besoin d'un frein sévère ?

Le retour de Viomade n'est pas moins cher à l'armée ; ce brave qui a combattu tant de fois au milieu de ces rangs, et dont on déploroit la mort, lui est rendu. Les soldats veulent connoître par quels miraculeux événemens le prince a disparu, comment Viomade l'a retrouvé ; chacun l'interroge, il répond : ce qu'il dit vole de bouche en bouche ; le jour se passe tout entier dans ce désordre heureux. Childéric s'est rapproché plusieurs fois de son père, de ce tendre père, qui le contemple avec cette joie paternelle que son cœur ne peut contenir ; il croit, lorsqu'il sourit, revoir Aboflède, il croit l'entendre, c'est sa voix douce et persuasive. Egidius, qui n'a pu détourner l'attention du peuple des objets qui le captivent, va cacher sa honte auprès d'Egésippe qu'il adore ; et le roi, accompagné de son fils, reprend le chemin de Tournay. Viomade, entouré des braves, suit le char royal, et le roi rentre dans son palais, aux acclamations générales. En revoyant sa famille, chacun raconta ce dont il avoit été témoin, ce qu'il avoit entendu. Childéric, si visiblement protégé par les dieux, échappé miraculeusement aux barbares, après avoir vécu dans les forêts ; Childéric, si sensible à l'amitié, si beau sous ces vêtemens de peau d'ours, armé de ses flèches légères, et porteur du javelot ; Childéric enfin étoit l'objet de tous les discours ; déjà on l'aimoit, déjà on l'élevoit en pensée sur le pavois ; le peuple se précipite en foule par-tout où il porte ses pas ; plus il se montre, plus on est impatient de le voir encore. Amiens, cette première capitale de la France, supplia Mérovée de revenir dans ses murs ; il y consentit, et fier de son bonheur, il accompagna Childéric dans les différentes villes où il se fit voir aux peuples, charmés de sa présence. Childéric avoit déjà quitté les vêtemens qu'il portoit dans les bois, et revêtu ceux d'un guerrier français ; tous deux le parent également, et cette main qui lançoit adroitement la flèche de Bélénus, brandit avec grace la lance de Mars. Le casque brille sur ce front rempli de candeur, ses yeux si beaux en paroissent plus fiers, et les boucles blondes, qui voltigent autour du casque, mêlent leurs ondulations à l'éclat guerrier des armes ; c'est ainsi que le jeune prince paroît formé pour la gloire et pour l'amour.

Mérovée, impatient de connoître à quels événemens il devoit le retour inespéré d'un fils et d'un ami, n'avoit pas attendu si long-tems pour s'en instruire ; dès le soir même de leur arrivée, il avoit interrogé Viomade et son fils. Mérovée admiroit moins les circonstances extraordinaires du récit de Childéric, que la vivacité, l'éloquence de ses discours. Ce n'étoit point le farouche élève de la nature, le sauvage enfant du désert qui s'exprimoit, mais un prince noble et rempli de grace, qui développoit à ses yeux une ame pure, des sentimens délicats, des pensées sublimes. Malgré tous les maux que lui a causés Gelimer, le roi sent combien il doit révérer la mémoire de l'homme vertueux, qui a semé dans le cœur du prince de si précieux principes, et il adresse à son ombre un pieux hommage. Ce n'est point assez encore, Mérovée ordonne un pompeux sacrifice pour remercier les dieux protecteurs de son fils ; mais il ordonne aussi qu'il soit célébré en l'honneur de Gelimer. Les Bardes consacrèrent dans leurs vers sa vie sublime et sa mort généreuse : c'est ainsi que son histoire, transmise d'âge en âge, nous est parvenue.

Le jour fixé pour le sacrifice, Diticas le célébra selon l'usage accoutumé. Après la cérémonie, il monta sur une élévation triangulaire, dont chaque côté portoit un des noms des trois plus puissans dieux des Druides, Teutatès, Taranis, Esus : de cette élévation, il félicita le roi, loua Viomade, et versa sur le prince l'eau lustrale. Mais alors, prenant une voix terrible, et que l'armée crut être celle des dieux mêmes, il reprocha aux Francs d'avoir douté du retour de Childéric, quoique lui-même, inspiré du divin esprit, le leur eût annoncé ; il leur reprocha d'avoir cru les perfides paroles d'un traître, de préférence à celles des oracles, dont lui-même avoit été l'interprète ; il les menaça du courroux céleste, lança l'imprécation contre ceux qui vouloient confier le commandement à Egidius ; annonça les ténèbres éternelles, fit trembler les soldats, par-tout ailleurs intrépides, et qui, prosternés devant le ministre d'un dieu terrible, se croyoient déjà précipités dans les abîmes du monde. Diticas voyant la consternation générale, s'arrêta, puis d'une voix plus douce, conjura les dieux de s'apaiser, et s'adressant encore au peuple muet et effrayé, il lui promit de ne pas quitter le pied des autels sans avoir obtenu leur pardon. Je vous annonce, ajouta-t-il, que je célébrerai, la sixième lune du solstice d'hiver, la fête du Guy de chêne, cette fête si chère à vos cœurs, et qui est toujours suivie d'une heureuse année ; que ce jour soit beau pour tous les Francs, que ce jour soit consacré par tout ce qui peut le rendre auguste, qu'il répare vos fautes et assure votre bonheur, qu'il soit enfin le jour choisi pour donner à Mérovée un successeur, et la récompense de son courage et de ses vertus ; enfin, qu'en sortant de la cérémonie qui vous réconciliera tous avec vos dieux outragés, nous volions au champ de Mars élever Childéric sur le pavois : puisse-t-il, sous l'exemple du meilleur des rois, apprendre long-tems encore à gouverner !... Est-ce là votre volonté, reprit Diticas, Francs, acceptez-vous ce que je vous propose ? Depuis son arrivée, Childéric étoit l'amour de tout le peuple ; l'offre de Diticas étoit déjà le vœu de l'armée, le consentement fut général. Diticas promit qu'à ce prix les dieux seroient satisfaits, et congédia l'armée ; le roi quitta aussi le bois sacré, et se retira rempli de reconnoissance envers les dieux, leur demandant encore de prolonger sa vie, jusqu'à l'instant où il auroit vu élever sur le pavois ce fils qu'il aimoit, chaque jour, avec plus d'ardeur. L'heureux Viomade jouissoit du bonheur de son roi, du fruit de ses travaux, de la reconnoissance du jeune prince, et de l'estime de toute la France, récompense méritée, mais la seule digne de ce cœur généreux.

LIVRE NEUVIÈME

SOMMAIRE DU LIVRE NEUVIÈME

Egidius espère encore. Mérovée, ranimé par le bonheur, retrouve des forces momentanées, et instruit son fils des devoirs des rois. La fête du Guy est célébrée, et après la cérémonie, le grand prêtre, suivi du roi, du prince, des braves et de l'armée, se rend au champ de Mars. Fureur d'Egésippe. Elle vole au champ de Mars. Trouble de Childéric à la vue de la belle romaine. Premiers mouvemens d'un amour extrême. Egésippe voit son triomphe et se promet une grande vengeance. Viomade lit dans le cœur du jeune prince, et s'afflige; il essaie en vain de l'éclairer. La fête est achevée; Childéric n'a vu qu'Egésippe, et ne songe qu'à elle. Mérovée s'affoiblit et expire dans les bras de son fils. Il est regretté de tous les Francs; son corps est réuni à celui de la reine Aboflède. La douleur de Childéric est vive et constante. Il paroît même oublier Egésippe. La gloire l'entraîne encore loin d'elle; il combat Odoacre, il est vainqueur; et prêt à rentrer dans Tournay, il est reçu par Egésippe, qui, entourée des épouses des guerriers, porte comme elles des couronnes aux vainqueurs. Une fête superbe attend le roi. Egésippe y développe autant d'art que de charmes; la nuit se passe dans les jeux, et Childéric, entièrement livré à l'amour, ne quitte Egésippe qu'avec effort et plein du désir de la revoir. Il évite tout entretien avec Viomade. Le brave désespéré se tait ; le sommeil fuit l'un et l'autre.

La fête du Guy étoit la plus agréable aux Francs ; l'année où l'on pouvoit le découvrir étoit ordinairement abondante ; le peuple, loin de voir dans cette fertilité une suite naturelle des combinaisons du tems et des saisons, la croyoit au contraire un effet particulier attaché à la religieuse cérémonie. Egidius espéroit en vain s'opposer à cette journée redoutable ; il lui reste des partisans, de l'or, une armée ; le prince est jeune et sans défiance, son cœur s'ouvre facilement à l'amitié, il est ardent et sensible ; Egidius compte sur ses ressources, se flatte encore, et va cacher dans Soissons son inquiétude et ses espérances, après avoir dispersé et instruit de nouveau tous ceux dont il connoît l'adresse, l'intrigue, la fidélité et les moyens.

Mérovée, pour qui le bonheur est une nouvelle source de vie, a retrouvé ses forces épuisées ; il sent que ce nouvel effort du flambeau prêt à s'éteindre, ne fera qu'en hâter la fin, et il profite de ses derniers instans pour instruire son fils de ses devoirs si pénibles et si grands ; de l'état de son royaume, de ses ressources, et des imperfections du gouvernement. Childéric s'étonne que l'autorité royale ait tant de bornes. Ce n'est pas ainsi que commande l'empereur à Pékin, il s'en indigne ; cette dépendance du trône, qui s'oppose à la force du gouvernant en la divisant, à sa paix intérieure en multipliant les pouvoirs et les volontés, irrite son génie et son ame. Mérovée essaie en vain de lui faire sentir que ces lois, suite d'un établissement encore peu assuré, ont été nécessaires ; Childéric a peine à y soumettre sa raison, encore moins son cœur. Gardez-vous, disoit Mérovée, de tenir vos peuples dans une longue paix, ils tourneroient leur activité contre vous et contre eux. Vos troupes, par-tout triomphantes, remplissent de terreur leurs ennemis. Profitez de l'instant que vous ménage la victoire. Le meurtre d'Aëtius, la mort de Valentinien, celle de Maximus, les ravages de Genseric, la division des chefs de l'empire, l'ignorance de leurs généraux, l'expérience et les victoires des vôtres, les revers qui ont découragé vos ennemis ; tout enfin vous dit de combattre. Tournez d'abord vos armes contre Odoacre ; réduisez-le à une retraite prompte ; attaquez-le avant qu'il ne soit reposé de ses combats ; chassez-le des îles de la Loire ; repoussez les Allemands qui se préparent à envahir les Gaules ; chassez les Romains loin de vous, et étendez votre royaume sur l'Oise et la Seine : ensuite soyez législateur ; car les sages lois font plus pour le bonheur des peuples que les grandes conquêtes.

Ainsi parloit Mérovée, et Childéric, impatient de se distinguer aussi, attendoit la saison guerrière pour marcher contre les Saxons ; mais l'hiver commençoit à peine, et il falloit qu'il s'écoulât tout entier. La fête du Guy devoit se célébrer, et Childéric devoit être élevé sur le pavois. Ce jour mémorable que redoute Egidius, paroît enfin, et déjà l'entrée du bois est remplie d'un peuple immense ; toutes les prêtresses avoient le droit d'assister à ces fêtes ; mais les vierges s'y distinguoient par leur voile et les apprêts de la cérémonie, qui n'étoient confiés qu'à elles. Le grand prêtre, revêtu de ses plus magnifiques habits d'un lin éclatant et parsemé d'or, couronné de feuilles de chênes, parut au milieu des vierges qu'entouroient les prêtresses et les Druides ; la foule sainte marche pompeusement jusqu'à l'arbre possesseur du Guy sacré. Diticas, soutenu par ses Druides, monte sur l'arbre, grave sur son tronc et sur deux de ses plus belles branches, le nom des dieux ; alors, recevant des mains d'une des vierges, la serpe d'or destinée à couper le Guy, il chante plusieurs fois ces paroles que répètent les vierges, les prêtresses, les Druides, et toute l'armée :

AU GUY L'AN NEUF

Ensuite il coupe le Guy, que les vierges reçoivent dans le sagum blanc qu'elles tiennent étendu. Le grand prêtre redescendu, plonge le Guy dans l'amula rempli d'eau, et prenant l'aspersoir des mains virginales qui le lui présentent, il répand au loin l'eau lustrale. Le peuple croyoit alors être délivré de tous maux, et surtout des sortiléges qu'il redoutoit beaucoup.

Cette cérémonie eut lieu l'an 458, la sixième lune du solstice. A peine fut-elle terminée, que Diticas promit aux Francs les bienfaits du ciel, et marcha vers le champ de Mars, suivi des Druides et de toute l'armée. Mérovée, toujours languissant, fut transporté sur un brancard formé de lances croisées et de drapeaux conquis. Ce moment étoit le plus beau de sa vie ; il remercioit les dieux de l'en avoir rendu témoin, et jetoit un regard satisfait sur le sceptre qu'il alloit déposer dans de si chères mains.

La renommée, toujours prompte à parler des rois, a déjà porté le désespoir et la fureur dans l'ame d'Egésippe. L'altière romaine, venue dans les Gaules pour retrouver Egidius qu'elle aime, et à qui sa main est promise, avoit espéré le trône, et ne peut voir sans une secrète rage le jour qui doit le lui ravir. Elle habitoit un château près de Tournay, et c'étoit pour servir son amant qu'elle ne l'avoit pas rejoint. A une rare et majestueuse beauté, Egésippe joignoit un esprit adroit, un caractère violent, mais dissimulé. Eloquente, elle séduisoit par ses discours ceux qui échappoient à ses charmes ; habile à lire dans les cœurs, prompte à changer de formes, elle empruntoit jusqu'au caractère même de ceux qu'elle vouloit subjuguer, sûre de les vaincre. Egidius ne devoit ses partisans qu'aux graces ou à l'adresse de son amante ; elle seule avoit entraîné les volontés en charmant les cœurs. Le retour de Childéric avoit déjà détruit une partie des espérances de l'ambitieuse ; le jour qui va le couronner les anéantit ; elle voue une éternelle haine à cet ennemi, qu'elle ne connoît pas encore. Tout-à-coup, un vague espoir de vengeance la ranime ; elle ordonne que son char soit attelé, elle-même conduira ses coursiers dociles et impatiens ; elle sera témoin de cette fête, dont la seule pensée l'enflamme de courroux ; elle monte sur le char léger, qu'entraînent rapidement deux chevaux superbes ; debout, elle tient les rênes, et s'élance vers le champ de Mars. Telle étoit Diane avant qu'Endimion eût touché son ame, et avant que l'amour eût adouci son sourire.

L'auguste cérémonie étoit commencée, et Childéric élevé sur le pavois ; une brillante couronne ornoit sa tête, le manteau royal étoit attaché sur ses épaules, un riche baudrier ceignoit sa taille élégante ; il tenoit en main le javelot, sceptre de Pharamond, et que l'amitié sanctifia si cruellement. La joie prêtoit à ses traits nobles et réguliers, un nouvel éclat ; la reconnoissance, plus de douceur : il promenoit sur toute l'armée ses regards attendris ; on voyoit dans ses yeux tout ce qui se passoit dans son cœur ; il étoit beau de ses traits, de sa jeunesse et de son ame... Egésippe le voit, s'étonne, et le hait encore davantage ; plus elle le trouve supérieur à son amant, plus sa jalouse envie s'en accroît ; elle fait le tour de l'enceinte, y pénètre, et vient se placer en face du pavois. Le murmure qu'excite son audace, se change en admiration ; Childéric l'aperçoit et rougit, il la regarde, il pâlit et chancelle. Egésippe jouit de son triomphe, un léger sourire l'embellit. Ce n'est pas une ame pure et neuve encore, qui pourroit échapper à sa beauté ; sur son front, d'une éclatante blancheur, sont tressés des cheveux d'ébène que réunissent des liens de pourpre et d'or ; ses yeux fiers et indifférens commandent l'amour ; cette bouche fraîche et vermeille laisse entrevoir les plus belles dents, et ce col d'albâtre, qui porte avec grace cette tête magnifique, s'entoure de ces riches parures qui n'ont jamais frappé les regards du jeune prince, accoutumé aux sauvages couronnes de Talaïs ; une légère tunique blanche, serrée d'une riche ceinture, couvre des charmes qu'elle laisse deviner ; un manteau de pourpre, et qu'agite les vents, flotte avec grace autour de sa taille majestueuse. Jamais une semblable divinité ne parut aux yeux du jeune monarque ; il ne peut les en détacher, oublie le pavois, le trône et sa grandeur. Viomade, qui près de son maître et heureux comme lui, suit tous les mouvemens du jeune roi, a vu le trouble qu'excitoient en lui les charmes d'Egésippe ; il a senti avec effroi tout ce que sa fatale beauté prenoit d'empire sur un cœur ardent et tourmenté du besoin d'aimer. Viomade sait que l'on ne s'oppose qu'en vain à l'amour, qu'il s'irrite même des obstacles, qu'enfant léger des désirs, il meurt avec lui trop souvent, dès qu'ils sont satisfaits, mais qu'il s'enflamme par la résistance. Cependant le caractère et l'ambition d'Egésippe, effraient Viomade ; il n'ose inquiéter le roi de ses tristes réflexions, et les renferme dans son cœur. La cérémonie s'est achevée, Childéric est descendu de dessus le pavois ; rappelé à lui-même par le mouvement qui se fait autour de lui : Soldats, dit-il, je jure de vivre pour vous aimer, et de mourir, s'il le faut, pour vous défendre. Volant alors vers le roi, se jetant à ses genoux, ôtant promptement la couronne de dessus sa tête, et la plaçant sur celle de son père : Grand roi, dit-il, portez la long-tems pour le bonheur des Francs et pour le mien. Détachant de même son manteau et toutes les marques extérieures de la royauté, il se revêtit de l'armure d'un simple soldat, et prenant des mains d'un d'entre eux le brancard qu'il portoit à l'aide de plusieurs autres, le jeune roi marcha chargé d'un fardeau glorieux et cher, de son auguste père. Le peuple versa des larmes, Viomade adoroit son jeune maître, Ulric ne pouvoit retenir son admiration, tous les braves vouloient mourir pour lui. O sensibilité ! premier et précieux don que Dieu fit à l'homme dans un jour tout de bienveillance, source des douces larmes et des plaisirs parfaits ! ô bien de l'ame et charme de la vie ! pourquoi le méchant peut-il abuser de votre abandon, emprunter vos traits et déchirer le cœur que vous lui ouvrez ?

De retour au palais, où s'apprête un somptueux festin, Childéric paroît distrait et rêveur ; ses regards inquiets s'égarent sans espoir : Viomade sait ce qu'ils cherchent vaguement ; il croit qu'en ôtant l'espérance au prince, il arrêtera ce sentiment dès sa naissance ; il ne connoît pas encore le cœur brûlant de Childéric, il ne sait pas que l'amour espère, malgré l'amour même. Enfin s'étant approché du jeune roi, il le félicita sur les événemens du jour, et celui-ci lui répondit avec grace, que c'étoit lui surtout qu'il falloit en féliciter, puisque ce jour étoit son ouvrage. Avez-vous pu remarquer, continua Viomade, votre superbe ennemie, l'ambitieuse Egésippe, l'amante et bientôt l'épouse d'Egidius ? son adresse vous eût enlevé le trône sans votre retour. Que de haine remplissoit ses yeux à votre aspect ! que de courroux éclatoit dans ses regards !... Childéric rougit, et se tut ; la haine, il ne l'a jamais conçue, et cependant il sent qu'il peut haïr Egidius. Le prince, agité de ce qu'il apprend comme de ce qu'il éprouve, tombe dans une profonde rêverie ; Viomade seul en connoît la cause, et cherche à l'en distraire par son entretien, par le chant des Bardes, et en lui présentant tour-à-tour les braves dont il reçoit l'hommage. Childéric se rappelant Eginard, s'approche avec respect du roi, et lui demande de vouloir bien admettre ce jeune soldat au rang des braves. Mérovée y consent avec joie ; c'étoit récompenser Ulric dans ce qui lui étoit le plus cher ; il avoit encore d'autres fils plus jeunes qu'Eginard, qui touchoit à sa vingtième année, et qui joignoit au courage d'un Français, la gaieté, les graces, la franchise et la légèreté de sa nation. Eginard avoit des yeux spirituels, un sourire fin, la fraîcheur de son âge, une taille élégante, dansoit, chantoit, montoit bien à cheval, se battoit encore mieux, aimoit, plaisoit surtout, et paroissoit s'attacher plus sérieusement à la tendre Grislidis, fille de Mainfroy. Ulric apprit de Mérovée l'honneur qu'alloit recevoir son fils ; il s'empressa de le chercher, de le présenter lui-même à Childéric, qui le conduisant aux pieds du roi, remit au monarque la lance et le bouclier dont il devoit armer Eginard. En vain Mérovée se défendit-il de recevoir les hommages, en vain pressa-t-il Childéric d'armer lui-même son ami.—Non, non, répondit le jeune prince, ce n'est pas à ce bras sans gloire qu'appartient un tel avantage ; faites plus, ô mon père ! dit-il en se jetant à genoux, acceptez mes services, que je sois du nombre de vos plus dévoués sujets ; si je n'ai pas encore, comme eux, l'honneur d'avoir vaincu sous vos ordres, je vous porte un cœur aussi fidèle que le leur... Mérovée, attendri de ces marques de respect et d'amour, ne put refuser à son fils une demande si modeste ; il le reçut avec les cérémonies accoutumées, ainsi qu'Eginard, et tous deux se tenant par la main, allèrent embrasser les compagnons d'armes, parmi lesquels ils venoient d'être admis. Depuis ce jour, Childéric ne parut à la cour du roi que comme les autres braves, n'accepta aucune distinction, refusa tout autre hommage, et fut le plus empressé comme le plus respectueux de tous. Ces soins cependant ne pouvoient distraire entièrement sa pensée de la superbe romaine ; l'ambition qui l'a séduite n'étonne pas le prince, elle est faite pour le trône, se disoit-il. Ah ! qui n'obéiroit à ses lois ?... Mais cette couronne qu'elle envie, ne puis-je pas la lui promettre, la lui donner ?... Elle aime, hélas ! elle aime l'heureux Egidius ! Et qu'importe un trône, quand on aime ? Childéric, depuis l'instant où Viomade lui a parlé d'Egésippe, craint tout entretien avec lui ; il redoute d'entendre encore nommer Egidius, il craint d'entendre redire ce qu'il s'efforce d'oublier. Eginard, plus jeune, sera sans doute moins sévère ; mais Eginard est l'ennemi du nom romain, il connoît les séductions de l'ambitieuse, il aime trop son maître pour ne pas haïr Egésippe, et Childéric voyant tant de cœurs irrités contre ce qu'il aime, sent l'amour l'enflammer davantage encore ; il croit se devoir à lui-même de venger au fond de son ame l'objet de son délire ; il cherche en vain à la voir : renfermée dans son château, elle médite en secret et espère encore, rien ne la désarme, et ce jeune roi, dont on lui redit les actions modestes et généreuses, ce prince, paré de tant de vertus, n'est pour elle qu'une victime qu'elle veut immoler à son ambition et à son amant.

Le bonheur sembloit retenir encore l'ame fugitive de Mérovée ; mais la mort réclamoit sa proie, et il sentoit sa fin s'approcher. Childéric n'entrevoyoit ce moment qu'avec une vive douleur ; les braves, désolés, le voyoient approcher avec effroi. Mérovée seul étoit tranquille, et attendoit la mort comme le repos de la vie : il prioit souvent Viomade de conserver à Childéric l'amitié qu'il avoit eue pour lui-même, le conjuroit de l'éclairer de ses conseils, de l'environner de sa prudence ; il adressoit la même demande à Ulric, il recommandoit à son fils de voir en Viomade un second père. Childéric à genoux pressoit tendrement les mains glacées du roi, prioit les dieux de le lui conserver encore ; mais il s'éteignit dans ses bras, dans ceux de Viomade qui couvrirent de pleurs ce corps inanimé. La douleur fut générale, le deuil éclatant et sincère. Grand guerrier, roi juste, homme sensible, Mérovée, craint et admiré des ennemis, étoit encore le père aimé de ses sujets. C'est à la mort d'un roi que l'on juge tout-à-coup son règne ; la crainte ne retient plus la vérité, l'ambition ni l'intérêt ne dictent plus la flatterie, l'envie même ne distille plus son venin, toutes les passions qu'excitoit la grandeur expirent avec elle, l'auguste renommée plane sur la tombe. O rois ! mortels comme les sujets qui vous sont soumis, méritez que la reconnoissance éternise votre glorieuse mémoire ; écoutez ce peuple entier qui chante encore : *Vive Henri quatre !*

De vifs regrets, une profonde douleur, le respect le plus pur, éloignent du cœur du nouveau roi toute idée étrangère à son auguste père. Ses restes sacrés sont réunis à ceux d'Aboflède ; tous les derniers ordres qu'a donnés Mérovée sont exécutés ; Viomade et tous les braves conservent leur rang auprès du trône et du souverain : quand Mérovée n'est plus, il gouverne encore. La gloire, rivale de l'amour, va entraîner Childéric loin des piéges que lui prépare Egésippe. Joint à Trasimond, roi des Visigoths, il marche contre Odoacre. Ses premières armes furent heureuses, il fit des prodiges de valeur, ménageant ses troupes, s'exposant le premier, cherchant sans cesse l'ennemi, et rencontrant par-tout la victoire ; il ramena son armée triomphante, et fière de son général. Près de Tournay, un groupe charmant attendoit les combattans ; c'étoient leurs épouses, leurs filles, leurs sœurs, celles qui leur étoient promises. Elles portoient des branches de lauriers, des couronnes, semoient des feuillages sur les pas des vainqueurs, et voloient au devant d'eux. Parmi cette troupe aimable, on distinguoit sans peine la ravissante Egésippe ; tel brille le lys audacieux au milieu des fleurs d'un parterre. Childéric, à sa vue, sentit renaître tous ses premiers feux ; mais que devint-il, dans quel délire s'égara son ame, dans quelle région divine crut-il être transporté, lorsqu'Egésippe, imitant ses compagnes qui offrent leurs dons aux guerriers, lui présenta, à lui-même, une simple couronne de feuillage, en lui disant : O roi des Francs ! recevez-la, puisque vous la méritez. Tremblant d'amour, éperdu, le roi reçoit la couronne des belles mains qui la lui présentent. Oh ! combien il la préfère à celle qu'il tient de la fortune ! Une fête charmante étoit préparée dans le château de l'enchanteresse ; elle invite le roi à s'y rendre, ainsi que ses braves et les généraux. Childéric accepte avec empressement, et suit la belle romaine, qui le conduit dans un jardin décoré, où plusieurs tables sont dressées ; des instrumens se font entendre ; les Bardes chantent la gloire du jeune roi ; on danse ; à l'heure du festin, cent flambeaux remplacent le jour ; au parfum des fleurs, s'unissent les parfums d'Arabie, brûlant dans des cassolettes embrasées. Egésippe, ornement de ces beaux lieux, s'est entourée, sans les craindre, des plus belles comme des plus jeunes compagnes qu'elle a pu réunir ; aucune ne l'efface : on admiroit pourtant la voluptueuse langueur de Grisledis, la taille parfaite de Lantilde, les cheveux d'un blond argenté d'Ingonde, les graces innocentes d'Astregilde, la danse légère d'Amalasuinte ; mais Egésippe réunissoit tous ces charmes, dont un seul suffisoit pour être belle.

A la table, placée près celle du roi, sont assis ses généraux ; de l'autre côté sont ses braves ; Viomade, Ulric et Mainfroy occupent les premières places ; Amblare, Arthaut, Recimer, l'aimable Eginard, tous jeunes et courageux, sont placés au dessous, le roi est seul au milieu des dames, qui s'empressent de le servir ; le vin d'Italie remplit les coupes dorées ; les vieux généraux, couverts de lauriers et de blessures, retrouvent une nouvelle gaieté et l'oubli des ans dans les dons de Bacchus ; la joie, ame des festins, ranime les yeux et les discours. Mais Childéric n'a vu que la maîtresse de ces lieux charmans ; l'art qu'elle emploie pour le séduire étoit inutile, il suffisoit qu'elle se laissât admirer. Le jeune roi, dans toute la simplicité d'un cœur qui s'ignore, ne sait ni taire, ni contraindre, ni exprimer ce qu'il éprouve ; l'amour est dans ses yeux, dans son air, dans ses discours, dans ses mouvemens, il embrâse tout son être. Egésippe a reçu sans courroux, mais avec un trouble adroit, l'aveu répété qu'elle brûloit d'entendre. Childéric n'a point recours aux sermens ; mais qui peut douter de la vérité de ses paroles ? leur désordre, l'expression de sa douce et tendre physionomie, l'oubli entier de tout ce qui n'est pas celle qu'il aime, cet empressement qui ne connoît plus la prudence, tout peint à Egésippe son empire, et l'assure de sa puissance. Viomade n'a point partagé les plaisirs de cette soirée décisive ; il voit les dangers du roi, il s'afflige, et l'adroite romaine interprète ses regards, qu'elle suit comme malgré elle. Viomade étoit là comme une seconde conscience, à laquelle elle ne pouvoit échapper. Souvent elle fixoit ses yeux sur lui avec une espèce de terreur ; mais sûre enfin de son triomphe, ne redoutant plus rien de sa prudence ni de ses conseils, elle porta sur lui des regards satisfaits et menaçans. Viomade les entendit, n'osa leur répondre, et conjura les dieux de l'inspirer.

En vain la nuit devoit terminer des jeux, dont la ruse et l'amour mettent les instans à profit ; ils se prolongent encore, et Childéric s'étonne que le jour ose interrompre une si belle nuit. Il faut la quitter, celle qui captive toute son ame ; il faudra vivre loin d'elle des heures entières, des heures qui d'avance effrayent le roi ; ses adieux sont aussi pénibles que s'il craignoit de ne la revoir jamais. Il part enfin, suivi de ses compagnons d'armes ; rentré dans son palais, il se hâte de se mettre au lit, pour échapper à Viomade qui ne le quitte point, et couche dans sa chambre royale, comme du vivant de Mérovée. Childéric feint de dormir, pour éviter tout entretien, et le brave qui sent lui-même combien ce qu'il a à dire est inutile, soupire et se tait. Comment persuader au prince, ce dont lui seul est convaincu, qu'Egésippe le trompe ? Comment se flatter qu'il croira une vérité si cruelle, prononcée par lui, de préférence aux doux mensonges dont elle l'enivre elle-même ? Mais comment le défendre d'un si dangereux ennemi ? Voilà ce que Viomade ne peut décider, ce qui l'agite et lui ravit le repos. Il sait trop, hélas ! qu'Egésippe n'aime point le roi ; il n'a vu, dans sa conduite, qu'un manége adroit, le désir et l'orgueil de plaire, non ce trouble de l'ame qui s'accroît de celui qu'il fait naître. Childéric est trop jeune, trop ignorant encore de tout ce qui tient à l'art, trop amoureux sur-tout pour s'en douter ; il s'est enivré d'espérance ; Egésippe elle-même auroit peine à la lui ravir. Oh ! combien la prévoyance stérile de Viomade le désespère !

LIVRE DIXIÈME

SOMMAIRE DU LIVRE DIXIÈME

Childéric a moins de confiance en Viomade. L'Empire d'Egésippe s'étend chaque jour. Valérius est reçu parmi les braves. Mécontentement du conseil. Ulric est dépouillé du champ qui lui appartient. Murmures du peuple. Egésippe l'excite, et s'en plaint au roi qu'elle irrite. Elle accuse Ulric, il est chargé de fers. L'armée se soulève. Viomade l'appaise et obtient du roi la liberté d'Ulric. Crime de Valérius impuni. Fureur du peuple. Egésippe en profite pour accuser Viomade. Les injustices se multiplient. Le roi propose un impôt, le conseil s'y oppose ; le peuple le rejette et s'irrite. Egidius travaille les esprits. Egésippe, par ses artifices, charme et égare Childéric. Elle obtient enfin l'exil de Viomade.

C ependant le partage du butin, les rangs à accorder après la victoire, l'assemblée générale du peuple occupèrent fortement le jeune monarque. Il consultoit Viomade avec respect, suivoit ses avis, mais n'avoit plus en lui cette confiance abandonnée, qu'un seul secret altère, et qu'il eût si bien méritée. Les paroles de Viomade contre Egésippe ne s'effaçoient point du souvenir du roi ; et quoiqu'il cessât de les croire, il renonçoit même à désabuser Viomade, et à défendre celle qu'il aimoit, dans la crainte de l'entendre l'accuser de nouveau. Cependant il la voyoit sans cesse, et loin d'elle il s'en occupoit ; c'étoit pour lui plaire qu'il n'attaquoit point Egidius : Viomade ne cessoit de l'inviter à le chasser de la Champagne, de Soissons, enfin, de bannir loin de lui cet ennemi trop voisin : retenu par les charmes d'Egésippe, par la crainte d'une éternelle séparation dont elle le menaçoit, il n'écoutoit ni Viomade ni ses braves. A sa prière même, Valérius, jeune romain qu'elle avoit présenté au roi, fut admis dans son conseil secret et parmi ses braves. Jamais un étranger ne devoit obtenir un tel honneur ; les murmures furent sans effet ; Viomade osa s'élever avec force contre cette infraction aux lois. J'en renverserai bien d'autres, lui dit fièrement Childéric. Viomade, blessé au cœur, sortit du conseil, Ulric l'imita ; Valérius fut armé des mains du roi. Valérius, à un caractère faux et intriguant, joignoit l'adresse d'un courtisan et des mœurs corrompues. Egésippe l'employoit avec succès, quand elle avoit besoin d'un secours artificieux ; elle le plaça auprès du monarque, moins encore pour l'environner, que pour épier Viomade qu'elle redoutoit, que pour être instruite des délibérations du conseil. Valérius lui fit part de la réponse de Childéric à Viomade ; du mécontentement du brave, de celui d'Ulric, et ces heureux commencemens la flattèrent d'un succès plus prompt qu'elle ne l'avoit d'abord espéré. De nouvelles fêtes furent préparées ; Egésippe enivroit le souverain de mille plaisirs inconnus pour lui ; chaque jour plus charmé de sa présence, plus enflammé, plus épris, tout à l'amour, il étoit prêt à laisser échapper les rênes du gouvernement, que déjà il ne tenoit plus d'une main ferme et assurée. Oh ! qu'est devenu ce grand caractère, ces projets glorieux ? Comme il est tombé, ce noble descendant de Pharamond, ce vertueux élève de Gelimer, ce protecteur de l'innocence de Talaïs ! Un regard l'a vaincu, l'amour en a fait un esclave. Valérius, par des conseils trop d'accord avec son cœur, y verse chaque jour le poison ; et Viomade, livré à la plus profonde douleur, voit s'évanouir ses espérances. Mais a-t-il donc perdu tous ses droits sur l'ame du prince ? n'y reste-t-il aucune étincelle d'amitié, de reconnoissance ? Viomade va bientôt s'en assurer. Valérius a envahi un champ qu'Ulric avoit reçu de Mérovée ; le vieillard en porta des plaintes au conseil : mais Egésippe avoit déjà prévenu l'esprit du roi. Ulric n'obtint point justice ; furieux, il s'exprima en soldat outragé ; ses paroles téméraires, prononcées dans un premier mouvement, désavouées par son cœur, expiées par vingt blessures qu'il avoit reçues, offensèrent le roi, qui lui ordonna de sortir du conseil. Eginard suivit son père, et ne reparut plus à la suite de Childéric. Cette nouvelle marque de ressentiment d'Ulric, fut représentée comme un nouveau crime. Jusques à quand, lui disoit Egésippe, vous laisserez-vous ainsi gouverner ? est-ce donc pour obéir à Viomade, à Ulric, que vous êtes roi ? Au nom de Viomade, Childéric a fait un mouvement ; Egésippe a pressenti que l'instant de l'écarter n'étoit pas venu. Cependant on répand dans l'armée tous les bruits propres à l'inquiéter ; on alarme le peuple sur sa liberté ; on lui peint le monarque comme un prince léger, injuste, livré à ses passions, et sans respect pour les lois. On assure qu'il doit rendre aux Romains une partie de ses conquêtes ; qu'Egésippe, qui seule règne sous son nom, dissipe en fêtes les trésors, et entraîne l'esprit du roi. On murmure ; ces plaintes, que recueille Egésippe, et qu'elle répète elle-même au monarque, blessent son amour, irritent sa fierté ; la belle bouche de la romaine accuse Ulric ; Ulric est arrêté, chargé de fers, honte que jamais brave n'avoit subie. Eginard éclate, il porte dans tous les cœurs son séditieux courroux : l'armée, qu'il excite, s'assemble, et veut demander la liberté d'Ulric. Viomade, toujours fidèle, toujours prudent, toujours dévoué, toujours tel enfin que doit être un brave, marche au-devant des mutins et les arrête. A son aspect les clameurs cessent : il va parler, on écoute.

Soldats, dit-il, mes compagnons, mes amis, qu'est devenue votre vertueuse obéissance ? Est-ce ainsi, est-ce avec des cris séditieux que vous devez demander la grace d'Ulric ; d'Ulric, coupable des mêmes murmures ; d'Ulric, qui a lui-même provoqué le courroux de son maître par un ressentiment inconsidéré ? Nous sentons le besoin d'un chef, nous l'avons choisi, notre obéissance fait sa force, comme sa force fait notre sûreté. Ne retombons plus dans ces tems malheureux, où le chemin ouvert jusqu'au trône, laissoit à chacun le droit d'y monter ; ces tems, où nous étions tous rivaux ; ces tems, où désunis, on nous chassa au-delà du Rhin : rappellons-nous quelle gloire suit nos armes depuis l'établissement de l'empire, et soyons soumis à ces lois qui nous rendent heureux et invincibles. O mes amis ! retirez-vous, je vais tomber aux pieds du roi, je vais lui demander, au nom du peuple, la grace d'Ulric ; je vais lui porter vos respects et vos vœux ; j'espère tout obtenir de sa clémence. Ces paroles calmèrent les esprits ; ils en attendirent l'effet, et Viomade supplia le roi de rendre à Ulric sa liberté ; il osa lui rappeler ses longs services, l'attachement de Mérovée ; il osa même lui faire sentir son injustice en faveur de Valérius. Childéric étoit jeune et bouillant, il étoit fier, mais son ame étoit pure, son esprit juste, son cœur sensible ; il ouvrit ses bras à son cher Viomade, rendit à Ulric sa liberté, le reçut avec bienveillance, pardonna même à Eginard. Childéric, plus content de lui, se trouva mieux avec Viomade, et se décida à lui confier son secret. Son secret, ah ! les rois ne peuvent en avoir ; l'éclat suit de trop près la grandeur, pour lui laisser le doux mystère ; esclaves de leur brillante destinée, comment échapperoient-ils aux regards, lorsque tout les décèle ? Childéric, cependant, se livre aux charmes de la confiance ; il aime, il est aimé, mais il désire en vain ; toujours attiré et repoussé, il a fait inutilement l'offre de partager son trône ; il n'a point été accepté, et sa couronne ne s'embellit point encore de cet heureux partage. Viomade aime le roi avec cette franchise qui peut tout et ose tout ; il rend hommage aux beautés d'Egésippe, à son esprit et à ses graces, mais il doute de sa sincérité, il doute de son amour. Si Egésippe aimoit le roi, pourquoi éloigneroit-elle le jour de son bonheur et de son brillant hyménée ? pourquoi s'opposeroit-elle à ce qu'il marchât vers Soissons pour punir Egidius de ses ambitieux desseins ? pourquoi, si elle l'aime enfin, lui dicter des injustices, et mettre des bornes à sa gloire ? Les femmes, plus sensibles, portent l'exaltation plus loin que les hommes ; l'amour en elle est généreux et fier, il ne leur inspire que de grandes actions, et ne leur dicte aucune foiblesse ; une femme n'aima jamais un lâche, et fière de la gloire de son amant, elle la préfère toujours au bonheur, à sa vie même. Eh bien ! ô roi ! disoit Viomade, quels faits d'armes, quelle glorieuse journée, quels traits vertueux avez-vous offert à l'amour ? Hélas ! rien de grand, de noble, de généreux, de digne enfin de Childéric montant au trône, ne vous distingue. Egésippe, loin d'exciter en vous les mouvemens sublimes que l'amour développeroit d'un regard, semble enchaîner votre belle ame. Déjà les trésors, que la sage prévoyance de Mérovée avoit amassés pendant la guerre, sont dissipés malgré la paix. On a vu s'élever à des postes distingués, ceux que la gloire n'en avoit point déclarés dignes ; rester dans l'oubli ceux dont les actions avoient parlé ; par-tout les Romains l'emportent. Qui sait, ô mon roi ! jusqu'où l'adresse se propose de vous entraîner ? qui sait, si elle n'espère point altérer l'amour de vos peuples, ranimer le parti d'Egidius, et... Childéric l'interrompant : C'est assez, Viomade, dit-il, je connois votre ame et vos longs services ; je viens de vous prouver ma reconnoissance, en écoutant un discours qui outrage celle que j'aime ; vous seul pouviez le faire impunément. Valérius a entendu ces dernières paroles, il les répète à Egésippe, qui peut à peine contenir sa colère contre Viomade. Elle le hait, parce qu'elle le craint ; mais que peut craindre la plus belle des mortelles, bravant l'amour, et d'autant plus sûre de ses succès, qu'aucun sentiment ne l'entraîne ? Elle revoit son amant, et lit avec peine dans ses yeux, l'effet qu'ont produit les conseils qu'il a en vain repoussés. Il n'a plus cet air de triomphe et de bonheur ; ses empressemens mêmes sont moins ardens, une inquiète mélancolie l'oppresse, non cette douce langueur de l'ame qui s'abandonne, mais cette sombre rêverie qui peint la défiance. Egésippe va la dissiper ; elle ne se plaindra point de la liberté rendue à Ulric ; un doux sourire va embellir ses traits, un tendre regard, un mot échappé au cœur, un instant de ce trouble délicieux qui semble annoncer à l'amant sa victoire, et implorer sa clémence, rendent au roi sa confiance et son bonheur. Il accuse Viomade d'injustice, et il enfonce le trait qui le blesse. Valérius entretient son espoir, irrite ses feux par tout ce qui peut les accroître, et Childéric reprendroit sa sécurité, si Egésippe acceptoit sa main. Elle ne l'a point refusée, mais elle ne fixe point l'instant du bonheur, et cet injuste caprice réveille les soupçons du roi. Malheureux, il ne sait où porter ses alarmes ; l'amour le ramène aux pieds de celle qui fait son tourment ; plus il souffre, plus il cherche celle qui le tue, plus il a besoin de la voir et de l'entendre. Indigné pourtant de son malheur et de sa foiblesse, un noble dépit va l'arracher à ses fers. Egésippe le prévoit, l'enchanteresse le rattache par l'espérance ; et d'un amant mécontent, jaloux, honteux d'un esclavage sans récompense, elle sait d'un mot, d'un regard, en faire l'amant le plus fier et le plus heureux. Mais ce n'est point assez pour elle que d'exciter à son gré sa joie ou ses larmes : Egidius l'accuse de lenteur ; il fait plus encore, il devient jaloux ; déguisé, il parvient jusqu'auprès de la perfide, se plaint, s'irrite, menace et parle en amant sûr d'être aimé ; ce n'est plus ce prince soumis, respectueux et tendre, aimant jusqu'aux rigueurs de celle qu'il adore, c'est un maître audacieux qui ordonne et qui prétend être obéi. Egésippe, si fière, tremble à son tour devant l'arbitre de son bonheur, et promet une prompte et éclatante preuve de son amour. Egidius se retire, après lui avoir fait de nouvelles menaces ; il a revu les chefs de son parti ; l'orage s'apprête de toutes parts, et la victime qu'elle doit frapper est loin d'en prévoir les coups. Valérius, en sortant d'un festin, animé par la joie, entraîné par l'ivresse, a rencontré sur ses pas la jeune Valderade, promise au courageux Rodéric : animé par les feux du vin, il a osé s'approcher d'elle, et la vierge effrayée l'a repoussé ; plus téméraire, il l'a prise dans ses bras ; Valderade, troublée, s'est évanouie, et le monstre en a profité pour son éternelle honte. Valderade, privée à jamais de son éclat virginal, se livre au désespoir. En vain le coupable, revenu de son délire, cherche à l'apaiser, elle lui échappe, et court demander vengeance à son père et à son amant, non moins désespérés qu'elle-même. La loi étoit terrible, et condamnoit le coupable à la mort et à une réparation publique. Valérius alla chercher un azile dans le château d'Egésippe, qui obtint du roi qu'il seroit respecté. En vain le peuple en tumulte demanda Valérius ; en vain la loi parloit, il fut sauvé. Les secrets émissaires d'Egidius se répandirent dans toute la France ; par-tout on peignit le jeune roi sous les plus odieuses couleurs ; par-tout on agite le peuple ; on lui fait voir son prince esclave de l'amour, encourageant la licence, protégeant le vice auquel lui-même s'abandonne. Viomade entend ces clameurs, son cœur se déchire ; il se jette aux pieds du roi, qui le relève avec émotion ; il alloit triompher peut-être. On lui remet des tablettes, elles sont d'Egésippe ; il vole lui répondre. Dieu ! quel spectacle l'attendoit ! elle est triste, abattue, celle qui d'un regard fait sa destinée ; jamais l'amour ne se peignit si tendrement dans ses yeux ; un mot dit en tremblant, une douce plainte qui échappe à son cœur, remplissent d'émotion le jeune monarque. Egésippe craint de n'être plus aimée ; pour la première fois elle frémit et soupire ; pour la première fois, les sons enchanteurs d'une voix entrecoupée par des pleurs, expriment une flatteuse inquiétude. Oh ! dans quel transport elle jeta le roi ! Il aime, et il veut en convaincre ; c'est à présent le premier, le seul de ses désirs ; il tombe aux genoux de cette maîtresse de sa vie, n'aime qu'elle, ne veut aimer qu'elle, ne veut obéir qu'à ses lois, ne posséder que son cœur, dût-il lui en coûter et le trône et la vie. La perfide Egésippe paroît peu-à-peu se rassurer, le calme renaît par degrés dans ses traits, bientôt le bonheur les anime, et Childéric rend grace à l'amour. Egésippe, assurée de son empire, avertit secrètement Egidius ; elle va frapper enfin un dernier coup. Ses demandes indiscrètes, ses profusions ont dissipé le trésor royal ; elle persuade au roi de lever un impôt ; il le propose au conseil ; Viomade s'y oppose avec force. Que fera-t-on pendant la guerre, dit-il, si on met des impôts pendant la paix ? Ménageons le cultivateur, lui seul nourrit le peuple et le roi, gardons ces dernières ressources, toujours pénibles à employer, pour l'instant où nous attaquerons les Romains. Ulric appuya l'avis de Viomade : mais le roi exigea que sa demande fut soumise à l'assemblée du peuple, et chargea Viomade de l'y porter. Ce fidèle serviteur y consentit, afin de juger par lui-même de l'effet qu'elle produiroit, et de calmer le ressentiment du peuple, si les circonstances l'exigeoient. L'impôt fut rejeté d'une voix unanime ; on accusoit Egésippe ; on se plaignoit du roi ; Viomade ne put contenir la révolte, elle éclatoit dans tous les yeux, se communiquoit, s'étendoit, et alloit devenir générale : cependant, la modération, la sagesse de ses discours, son amour pour la patrie, son dévouement pour son roi, eurent tant d'ascendant sur le peuple, qu'il prit un maintien plus tranquille, se contenta de rejeter l'impôt, et de demander le départ d'Egésippe. Viomade, chargé d'une telle réponse, ne craignit pas de la transmettre avec fidélité ; mais il savoit qu'elle seroit sans effet. Childéric est courageux, fier, amant et roi ; il ne sacrifiera point ce qu'il aime, et tandis que le brave délibère sur ce qu'il va dire, qu'il cherche dans sa pensée les paroles qui iront au cœur du prince, et le toucheront sans l'offenser, éveilleront la fierté sans irriter l'orgueil, éclaireront les yeux sans les blesser, Egésippe, déjà prévenue de ce qui se passe, renverse ses projets, détruit ses plans et anéantit son espoir. Childéric mandé chez elle, y vole avec empressement ; des femmes éplorées l'introduisent dans l'appartement où il est attendu ; leur abattement, leur trouble, l'ont déjà frappé. Mais qui pourra peindre sa douleur à la vue d'Egésippe mourante ; ses beaux cheveux, détachés, flottent sur ses épaules et tombent en anneaux autour de sa taille ; son sein, baigné de larmes, se soulève et palpite ; le désordre de sa parure, les sanglots qui s'échappent de sa poitrine, son silence, ses pleurs, tout prépare le roi à la plus terrible nouvelle ; il s'approche en tremblant, s'assied près d'elle et la conjure de s'expliquer. Les larmes d'Egésippe redoublent, et le roi éperdu, la supplie, la presse de lui répondre. Elle essaye de parler, sa voix s'y refuse, les paroles expirent sur ses lèvres, sa tête se penche, elle tombe dans les bras de son amant ; ses voiles se sont détachés, mille charmes nouveaux, et toujours cachés à ses yeux, se laissent entrevoir. Childéric presse contre son cœur la beauté, trop foible et trop languissante, qui cesse de le repousser. Surpris, charmé, il n'ose, et cependant jamais il n'éprouva tant d'ardeur. Mais revenue à elle comme d'un songe, Egésippe le repousse, et levant sur lui des yeux trop sûrs de leur empire : Où m'emportent, dit-elle, et l'amour et la douleur ? est-ce ainsi que je dois vous dire adieu et retrouver le courage de vous quitter ? Me quitter ! reprit Childéric, me quitter, ô ciel ! et qu'osez-vous penser ? Il le faut, reprit-elle avec anxiété, il le faut, cédons au peuple, ou plutôt à Viomade. Hélas ! il me hait, je le sais, et sa haine a passé dans tous les cœurs. Déjà l'impôt est rejeté, et ma perte est promise ; déjà votre peuple attend mon départ. Que dites-vous, ô ciel ! s'écrie le prince. La vérité, répond la perfide. Vous le savez depuis long-tems ; Viomade, jaloux peut-être de votre cœur.... Oh ! madame, n'accusez point Viomade, si vous voulez que j'en croye vos discours... Eh bien ! reprit fièrement Egésippe, n'en parlons plus, j'y consens ; mais souffrez, je vous prie, que je parte à l'instant même, et que je n'attende point l'ordre odieux : aujourd'hui, je pars libre et sans honte ; demain, chassée par un peuple en fureur... Adieu, ô roi ! dit-elle, en s'abandonnant de nouveau au désespoir ; adieu, je vais porter au fond de ma patrie le trait qui m'a blessée, et implorer une mort prochaine, qui seule peut mettre un terme à mes regrets ; puissiez-vous, heureux loin d'Egésippe... De grace, cessez de tels discours, s'écria Childéric ; est-ce bien vous qui voulez me quitter ? est-ce à moi qu'un peuple insolent viendroit enlever celle que j'aime ? ne suis-je donc plus son roi ?—Viomade l'a promis, lui-même vous cherche pour vous l'annoncer.—Ah ! s'il l'osoit...—Il l'osera.—Non, non, je ne puis le croire. Egésippe, ô belle Egésippe ! calmez-vous et demeurez : mon bras saura vous défendre ; acceptez mon trône ; daignez y monter ; venez régner sur des rebelles, qui tomberont à vos pieds ; venez assurer mon bonheur. Allons répondre à ces clameurs en allumant les flambeaux d'hyménée, en plaçant ma couronne sur votre front. Egésippe parut attendrie ; elle se laissa aller un moment à une profonde méditation, et regardant le roi, elle lui dit : mes chars sont prêts, ma suite m'attend ; ce moment va décider de mon sort. Ou je reste, et je suis à vous, ou je pars à l'instant même et pour toujours ; mais j'exige que Viomade me soit livré, et je reste à ce prix. O ciel ! s'écria le roi en s'éloignant d'Egésippe, livrer Viomade, l'ami de mon père, mon libérateur ! jamais, jamais, dût m'accabler l'amour de toutes ses rigueurs : et il cacha son visage dans ses mains. Il dit qu'il m'aime, il prétend qu'il m'aime, et il me refuse, s'écrie Egésippe, c'en est assez, adieu, adieu, séparons-nous. Elle se lève ; Childéric ne la retient pas, il souffre, il gémit, mais il ne dit rien ; Egésippe frémit : Tu hésites, barbare ! s'écrie-t-elle, en tombant à ses genoux, tu veux ma mort ! Ah ! me crois-tu moins de courage et d'amour qu'à Talaïs ? Childéric ne sait plus ce qu'il veut, ce qu'elle exige, ce qu'il éprouve. O ciel ! disoit-il, inspirez-moi : comment les sauver tous deux ? Eh bien ! reprit Egésippe, je veux encore te prouver que je t'aime ; le roi la relevoit avec empressement ; elle résiste et demeure à ses pieds : laisse-moi, dit elle, t'implorer contre l'ennemi qui nous désunit, contre celui qui me dispute ton cœur, qui promet aux Francs mon départ, irrite le peuple, et veut ma mort : accorde-moi seulement son exil et je suis à toi ; mais je ne puis combattre sans cesse sa haine, ni réprimer la mienne ; car, je te l'avoue, je hais Viomade ; cède au nom de l'amour, vois mes pleurs, cède, dit-elle, en se levant, en l'entourant de ses beaux bras, cède une fois, pour régner toujours. En disant ces mots, elle presse sur son cœur cet amant jeune et sensible ; ses yeux se confondent avec les siens, elle attend la vie ou la mort. Qui résisteroit à sa beauté, à sa séduction, à ses caresses, à ses larmes ? Childéric est vaincu, et Valérius est chargé de porter à Viomade l'ordre de son exil. Mais le roi peut se repentir, il faut l'enivrer de bonheur, charmer sa raison, écarter toute idée étrangère à l'amour. Egésippe lui peint sa joie, sa vive reconnoissance : je suis aimée autant que j'aime, disoit-elle, rien n'égale mon bonheur et mon amour. Alors, s'apercevant du désordre de sa parure, elle le répare avec lenteur ; les mains guerrières du roi rattachent, avec une heureuse maladresse, ses voiles légers, ses longues tresses qui lui échappent cent fois ; il craint de blesser mille charmes qu'il touche à peine, sourit en admirant son ouvrage, et se livre à cette innocente joie de l'amour qui espère encore : ces légères faveurs le contentent ; il attend de l'hymen un dernier bienfait ; ils en fixent le jour ; ils en projettent les fêtes ; il faut que tous les cœurs soient heureux de sa félicité. Cette journée et une partie de la nuit se sont écoulés ; une des femmes d'Egésippe entre, et lui parle bas ; elle sourit, avertit le roi qu'il est l'heure de se retirer. Il reprend le chemin de son palais, entouré de ses gardes, et encore enivré de son bonheur et de ses espérances.

LIVRE ONZIÈME

SOMMAIRE DU LIVRE ONZIÈME

Viomade s'est éloigné. Le roi sent déjà des remords, et va réparer ses injustices. Le jour choisi pour la révolte est arrivé. Egidius la commande à la tête des Romains et des Francs. Egésippe doit livrer le roi. Ulric avertit son maître. Les braves se joignent à lui et entraînent Childéric dans la forêt des Ardennes. Ils sont attaqués ; le roi blessé s'enfonce dans les bois, suivi d'Eginard. Childéric s'évanouit, il est transporté dans le temple des Druides, et couché dans un lieu sombre. Une main inconnue le sert. Les Druides pansent sa blessure, elle est guérie. L'inconnu se découvre ; c'est Viomade ; il instruit le roi des événemens qui l'intéressent, et de ses projets. Childéric les approuve, et se rend en Thuringe, où il doit attendre le signal de son retour.

Viomade avoit reçu avec douleur l'ordre de son bannissement ; il avoit reconnu également la haine et l'amour, et s'affligeoit pour son prince, dont il pressentoit le danger. Sûr de son cœur, il demande à être conduit vers lui, et Valérius s'y oppose ; le brave insiste encore ; Valérius le menace de le faire saisir par ses gardes. Viomade sait qu'il ne sera que trop défendu, et craignant d'exciter une émeute dangereuse, il se décide à partir, mais il demande Ulric. Le romain voudroit éviter cette entrevue ; cependant il n'ose la refuser ; il sait, qu'haï du peuple, un mot peut le perdre ; il mande Ulric ; les deux amis parlent bas ; Valérius ne les quitte pas, mais ne peut les entendre ; ils s'embrassent et se séparent. Rends-moi tes armes, dit alors l'agent méprisable d'Egidius. Jamais, répondit Viomade, je ne les rendis aux Romains ; si tu les veux, sers-toi des tiennes pour m'y contraindre. Viomade jura sur l'honneur de quitter la ville à l'instant même, et de n'y jamais rentrer sans l'ordre du roi. Valérius l'accompagna jusqu'aux portes, les lui vit franchir, et rentra au château d'Egésippe, à qui il fit savoir, par ses femmes, qu'elle étoit délivrée de son ennemi. Bientôt le bruit de cet injuste exil se répandit ; on excita le peuple à le venger ; l'ingratitude du roi fut généralement détestée. Egidius, de son côté, rassembloit ses troupes, et tous les Francs n'attendoient qu'un signal pour se réunir à elles. Malgré son amour et son bonheur, malgré ses enivrantes espérances, Childéric n'a pu revoir, sans un généreux soupir, la couche déserte de Viomade ; ses torts légers ne sont qu'une ombre à tant de vertus, de nobles actions, de sacrifices. Le roi se rappele tout ; il croit voir Mérovée ; il croit entendre la voix de Gelimer. Depuis que l'amour l'a séduit, ces souvenirs lui échappent, ils renaissent en foule, suivis de la honte et du repentir. Est-ce moi, se disoit-il, moi, l'élève du sage Gelimer, qui résistai à l'amour vrai et généreux de Talaïs ; moi qui préférai une grotte sauvage et des déserts, au trône, à la fortune, et sacrifiai tous les biens à l'amitié ; est-ce moi qui maintenant languis sans gloire aux pieds d'une femme, et viens de lui sacrifier l'ami de mon père, son défenseur et le mien ? Qui donc a su empoisonner mon ame ? Les conseils de Viomade étoient sévères ; ceux de Gelimer l'etoient-ils moins ? l'ai-je sacrifié à la tendre Talaïs ? Suis-je donc devenu insensible à la reconnoissance, sourd aux leçons de la sagesse, rebelle aux avis de la prudence ? Que pense de moi ce peuple à qui je dois le bonheur et l'exemple ? qu'ai-je fait pour lui ? quelles lois sages ai-je su rendre ? quelle victoire ai-je remportée ? Pourquoi Beauvais ne m'ouvre-t-il point ses portes ? pourquoi Soissons renferme-t-il encore nos ennemis ? pourquoi un seul romain respire-t-il dans les Gaules ? Est-ce ainsi que je veux paroître dans l'histoire, à la suite de mes pères, et au milieu de mes glorieux successeurs, pour qui mon nom sera un outrage, et mon règne un exemple odieux ? O mon père ! ô Gelimer ! vos ombres sacrées m'apparoissent, et ne peuvent reconnoître en moi ce héros que sembloit promettre mon enfance téméraire, et ma jeunesse valeureuse. Apaisez-vous, mânes irritées des héros, mon repentir m'éclaire, j'en suivrai les mouvemens heureux. Demain je rappelle Viomade, et bientôt, marchant contre Egidius, j'irai reconquérir ma gloire et ces instans donnés à l'amour. Rempli de ces idées qui le consolent, le roi s'endort ; il se lève pour exécuter d'aussi belles résolutions, et s'enferme dans son appartement pour révoquer l'ordre d'exil contre Viomade, retirer le projet d'impôt, et pourvoir aux besoins de l'état. Valérius, qui avoit exécuté la condamnation injuste prononcée contre le brave, est chargé d'aller le chercher. Le roi mande Mainfroy et lui expose son plan d'attaque contre les Romains ; ce jour alloit être un jour de gloire. Egésippe, instruite par Valérius, presse son parti ; elle lui promet de lui livrer le prince à l'entrée de la nuit ; tout est prêt, on n'attend plus que la fin du jour, elle s'approche. Egésippe écrit au roi une lettre passionnée, elle le conjure de venir promptement rassurer son ame, qu'un instant d'absence désespère. Childéric redoute sa vue, il se sent trop foible auprès de tant d'attraits, il se refuse encore au bonheur, et cependant il est agité. Ulric paroît, ses cheveux blancs sont en désordre, et sa mâle physionomie est décomposée. O ciel ! dit-il au roi, que faut-il que je vous annonce ? et en parlant, des pleurs de rage coulent de ses yeux. Courageux Ulric, dit le monarque, expliquez-vous. O jour affreux ! reprit le brave, jour de honte pour les Francs ! vous êtes trahi, détrôné ; Egidius est roi, et la perfide Egésippe vous attend, pour livrer aux Romains un illustre captif ! Il vous reste peu de momens pour échapper ; fuyez, ô roi ! daignez me suivre, je sais où conduire vos pas. Fuir ! dit le monarque, fuir ! en suis-je réduit à ce triste abaissement ? n'ai-je donc plus d'armée ? ne me reste-t-il plus d'amis ? Il vous reste, reprit Ulric, vos braves et mes fils ; mais que pouvons-nous contre deux armées réunies ? Une téméraire audace n'est pas plus permise qu'une honteuse crainte ; le courage aime la prudence, croyez-en mon âge, mes cheveux blancs, sur-tout ma fidélité. O mon roi ! dit-il en se jetant à ses genoux, daignez faire dire à la perfide, qui vous attend pour vous sacrifier, que vous allez bientôt vous rendre chez elle ; ordonnez votre char et vos gardes, trompez les yeux et suivez-moi. Eginard entra tout-à-coup accompagné de ses deux frères ; tous répètent au monarque les mêmes paroles. Amblar, Arthaut, Recimer, se jetèrent à ses pieds, en lui renouvelant le serment de mourir pour lui ; et Childéric, ému des marques de leur zèle, défère à leurs avis, plus par reconnoissance que par crainte ; mais il ne croit pas devoir exposer ses jours, ni d'aussi dévoués amis. Le roi, armé comme eux, suit Ulric, qui les conduit hors de la ville par des détours : ils approchoient déjà de la forêt des Ardennes, quand ils furent atteints d'une grêle de flèches, dont une grande partie, heureusement mal dirigée dans l'obscurité, se perdit dans les airs. Cependant Childéric est blessé, ainsi que Mainfroy. Le roi, qui craignit alors de tomber au pouvoir des ennemis, s'enfonça rapidement dans la forêt ; Eginard le suivit ; le reste de la troupe s'égara dans l'obscurité. Childéric marcha long-tems au hasard, et toujours accompagné d'Eginard ; mais la douleur, et le sang qui coule de sa blessure, l'affoiblissent ; il est forcé de s'arrêter sous un chêne, et bientôt il s'évanouit. Eginard, dont les yeux se sont habitués à l'obscurité, distingue les objets ; la nuit est belle, les étoiles brillent au firmament, et jettent un demi-jour à travers le feuillage ; il en profite pour examiner la blessure du roi, pour arrêter le sang, pour reconnoître les lieux. Il voit, avec une grande joie, que la partie de la forêt dans laquelle ils sont parvenus, est la partie consacrée, et que dans cet asile saint et redouté, Childéric n'a rien à craindre de ses ennemis ; la coignée a respecté ces arbres touffus qui couronnent la terre, et forment par-tout des berceaux, que les rayons du soleil même ne peuvent percer ; il y règne une fraîcheur et une obscurité perpétuelles ; les sylvains, les nymphes, Pan et les autres divinités champêtres, fuyent cette partie du bois destinée aux mystères ; on ne voit de tous côtés que des autels, sur lesquels des victimes avoient été égorgées ; les arbres étoient teints de leur sang ; nul oiseau ne se perchoit sur leurs branches, nul animal ne pénétroit dans cette enceinte, les vents mêmes craignoient d'en troubler la paix ; la foudre n'osoit y tomber ; l'ombre de ces chênes, qu'aucun zéphir n'agitoit, portoit dans tous les cœurs une sainte épouvante ; des troncs bruts et informes représentoient le dieu Pan ; la mousse verdâtre dont ils étoient couverts, inspiroit la tristesse, l'horreur et l'étonnement qui semblent empreints sur leurs écorces. On diroit qu'ils veulent annoncer aux téméraires qui osent s'approcher, que ces lieux sont consacrés à un dieu terrible, dont les Druides mêmes sont effrayés, et qu'ils craignent d'entrevoir. C'est au milieu de cette sombre retraite qu'est bâti le temple des Druides : ce temple est octogone et à deux étages ; les murs épais sont revêtus au-dehors de pierres de taille, et au-dedans de petites pierres déliées et incrustées de marbre, avec des compartimens en mosaïque ; le pavé est de marbre, le toit de plomb. Plusieurs autels ornent l'étage supérieur, ils sont de pierres solides et de toutes formes, quarrés, ronds, triangulaires, longs ou ovales, et portent l'empreinte des dieux auxquels ils sont consacrés ; plusieurs sont décorés de statues de pierre ou même de marbre. L'étage supérieur a huit fenêtres pratiquées dans des niches ; l'étage inférieur sert de logement aux Druides. On communique d'un étage à l'autre, par un escalier de pierre. A côté de la porte d'entrée, est celle d'un souterrain qui conduit au fleuve. C'est là que les prêtres renferment leurs trésors, et célèbrent certains mystères ; au-dessus de la porte on voit, sur une large pierre, quatre prêtresses représentées ; deux sont vêtues comme les gauloises, et ornées de ceintures et de bracelets ; les deux autres sont nues, deux serpens s'enlacent autour de leurs jambes, s'élèvent jusqu'à leurs seins, et leurs sucent les mamelles.[1]

C'est dans cet asile révéré du vulgaire, que le roi évanoui est transporté ; le sang qu'il a perdu l'a tellement affoibli, qu'il reste plusieurs heures sans connoissance ; lorsqu'il reprend ses sens, il se trouve couché sur un lit ; sa blessure est pansée, et une profonde obscurité règne autour de lui ; sa foiblesse est encore si grande, qu'il veut en vain se soulever et entr'ouvrir ses rideaux : le morne silence de ces lieux n'est troublé que par un soupir qui pénètre le cœur du monarque. Qu'entends-je ! dit-il, où suis-je ? Bientôt on s'approche ; une main tremblante porte une coupe à ses lèvres, tandis qu'un bras adroit soulève son corps et le soutient ; il boit le breuvage qui lui est offert ; la main timide se retire. O vous ! qui daignez me secourir, dit le roi, d'où naît ce mystère ? On se tait, le prince imite ce silence ; calmé par le breuvage, il s'endort profondément. Le soleil a déjà fini son cours, quand il sort d'un si doux sommeil ; mais le souvenir de ses malheurs, ses fautes et son repentir, étoient là, prêts à saisir sa première pensée. Hélas ! qu'il est pénible le réveil de l'infortuné ! il est seul avec sa douleur, les distractions du jour ne s'agitent point encore autour de lui, et ses maux, qu'il avoit presque oubliés, renaissent tous à-la-fois dans son ame ; mais Childéric n'avoit point attendu ses revers pour reconnoître sa faute, pour vouloir la réparer ; cette idée le console, en l'anoblissant à ses yeux. Il n'accusoit point Egésippe pour se justifier, il sentoit qu'elle ne l'avoit égaré que parce qu'il s'étoit laissé séduire ; il s'avouoit tous ses torts ; mais celui dont il étoit le plus honteux, le plus désolé, étoit celui de son ingratitude ; Viomade occupoit seul sa pensée. Si le bruit de ma chûte est parvenu jusqu'à lui, disoit le roi, il s'afflige encore, et plaint l'ingrat qu'il aime

---

[1] Ces descriptions sont exactes.

toujours. Ses réflexions furent interrompues par l'arrivée de plusieurs personnes ; une d'elles tient deux flambeaux ; les rideaux du lit sont entr'ouverts, et Childéric voit s'approcher deux Druides ; leurs traits vénérables conservent l'auguste caractère que leur imprime une vie chaste et religieuse ; des sentimens élevés et purs répandent sur leur physionomie une douce noblesse qui pénètre l'ame. Les généreux Druides défendirent au roi de parler, examinèrent sa blessure et la pansèrent soigneusement ; ils déclarèrent qu'elle étoit très profonde, que la plus légère émotion la rendroit mortelle. Un long soupir se fit entendre derrière les rideaux, et troubla le roi. Les Druides, après lui avoir recommandé la résignation, la soumission à la volonté des dieux, le calme et le silence, se retirèrent, et laissèrent le prince dans l'obscurité : ainsi s'écoulèrent plusieurs jours. Les Druides venoient à des heures fixes panser le roi ; il recevoit toujours ses breuvages nourriciers et salutaires de la main discrète, dont il ne pouvoit définir ni concevoir la mystérieuse bienfaisance ; le reste du jour et des nuits se passoit dans le silence et l'obscurité ; les plus douloureuses pensées agitoient le monarque, et retardoient sa guérison. Cependant l'amour malheureux ne lui faisoit point éprouver ses tourmens ; trahi, trompé, il avoit cessé d'aimer ; une ame aussi belle ne peut aimer quand elle méprise ; il faut à la vertu qui règne dans son cœur, il faut à sa franchise, à sa confiance, un choix digne d'elles ; il a cru l'avoir rencontré, il adoroit leur perfection ; détrompé, son amour s'est évanoui avec l'erreur qui l'avoit fait naître.

La jeunesse, les soins et le tems apportèrent à la blessure du roi un soulagement considérable. Malgré sa tristesse, l'inquiétude qu'il éprouvoit, le désir de savoir des nouvelles des siens, le besoin surtout d'entendre parler de Viomade, de s'instruire de sa destinée ; enfin, malgré l'ennui dont il étoit dévoré, il sentoit ses forces renaître. Les Druides lui annoncèrent que le danger avoit été grand, mais qu'heureusement il étoit passé, et que le sang qu'il avoit perdu, les chagrins auxquels il s'abandonnoit, étoient les seules causes de la foiblesse qu'il éprouvoit encore. Un cri de joie se fit entendre, le prince tressaillit. Les Druides et les flambeaux se retirèrent ; il les vit partir sans regret ; son cœur étoit agité, il vouloit réfléchir, il espéroit connoître enfin ce généreux inconnu si touché de ses souffrances, et si heureux de leur guérison. Je ne puis, dit le roi, recevoir plus long-tems vos soins, bienfaiteur dont le nom me sera à jamais cher, sans connoître celui à qui je dois tant de secours et tant d'intérêt. Hélas ! vous ne me répondez point... vous savez qui je suis, vous savez que je fus un ingrat. A ces mots, le roi se sentit saisi d'une vive douleur ; il entendit soupirer son mystérieux ami, mais n'osa plus lui demander ce qu'il s'obstinoit à taire ; peut-être ce silence étoit-il une règle établie dans ces lieux, car il ne doute pas qu'il n'ait été transporté chez les Druides révérés, et dont les lois austères inspirent le respect et la crainte ; fatigué par tant de pensées, le roi s'endormit, et les idées qui l'avoient si fort agité, se prolongèrent dans ses songes ; il croyoit entendre encore les soupirs de l'inconnu, l'expression de sa joie ; bientôt il aperçut Mérovée qui lui demandoit compte de ses actions ; il lui demandoit encore où étoit sa couronne, son sceptre et son épée ; tremblant, il fuyoit l'ombre irritée, et se retrouvoit dans sa grotte ; il voyoit Talaïs, elle le conduisoit sur le rocher, et lui disoit : Ce n'est qu'ainsi qu'on aime ; enfin, il s'égaroit dans un long désert ; là, il aperçoit Viomade, pâle et défiguré ; il portoit les tristes livrées de la misère, demandoit aux dieux un asile. Ce songe affreux déchire le cœur de Childéric, il se réveille en nommant Viomade ; une sueur abondante coule de son front, la fièvre hâte et précipite les mouvemens inégaux de son pouls. Au nom qu'il a prononcé, l'étranger s'est approché, et a pris une de ses mains. O vous ! dit le prince avec la plus grande agitation ; ô vous ! qui compâtissez à mes peines ; vous, qui avez des larmes pour mes douleurs, de la joie pour ma santé, prenez pitié de mon inquiétude et de mes alarmes ; vous le savez, je suis Childéric, et je fus ingrat ; l'amour, la jeunesse m'ont entraîné ; je ne cherche point d'excuse, hélas ! l'ingratitude n'en a point ! mais soyez touché de mon repentir, calmez, s'il se peut, mes chagrins ; vous connoissez sans doute Viomade, le bruit de sa vertu aura volé jusqu'à vous ; hélas ! vous savez aussi de quel prix j'ai payé ses longs services ; une si pure amitié..... mais que ma douleur vous attendrisse ; oubliez la faute, ne voyez que le remords, et daignez m'apprendre où mes cruautés l'auront conduit, s'il a survécu à mes injustices, s'il a trouvé l'honorable asile dû à une ame si belle ; si j'apprenois qu'il n'a point souffert, mon repentir adouci, me laisseroit plus de repos ; mais l'image de sa détresse me poursuit jusque dans mon sommeil : au nom de vos soins généreux, ah ! parlez-moi de mon ami.... Et toi, mon cher Viomade, ne te reverrai-je plus ? ne te ferai-je pas lire dans ce cœur séduit, plus que criminel, et qui t'aima toujours ? Que ne puis-je encore me jeter dans tes bras ! que n'es-tu témoin de mes larmes !.... Arrêtez ! cher prince, arrêtez ! s'écrie une voie entrecoupée par des sanglots ; arrêtez ! reconnoissez votre fidèle Viomade, qui succombe à son attendrissement et à sa joie. O mon ami ! Tous deux se taisent, sans cesser de s'entendre et de se répondre ; leurs premières paroles se ressentirent de leur mutuelle agitation. Doux silence ! heureux désordre ! trouble charmant ! plus persuasifs, plus touchans que l'éloquence ! Ah ! disoit le prince, comment n'ai-je pas reconnu Viomade à ses bienfaits, à sa sensibilité ? qui sait aimer comme lui ? mais, pourquoi ce mystère ? pourquoi me cacher mon ami ?—Vos jours en danger défendoient toute émotion ; les Druides craignoient....—Ils craignoient ma joie, ils avoient raison ; je sens que plutôt, elle eût été destructive ; à peine encore puis-je aujourd'hui la supporter.—Calmez-vous ; demain, nous reprendrons cet entretien, il devient dangereux pour vous.— Un mot seulement : Sais-tu le sort de nos braves ?—Egarés dans la forêt pendant l'obscurité, ils se réunirent dès que le jour parut, et sont à Tournay ; mais reposez-vous, j'ose l'exiger. Childéric se soumit, il sentoit qu'il en étoit tems ; ses forces épuisées commençoient à lui manquer. Viomade lui présenta un breuvage qui le ranima ; il dormit quelques heures : son ami s'offrit à son réveil ; l'amitié en écarta les peines, ou ne lui en laissa qu'un souvenir adouci par elle, et embelli par l'espérance. Le roi, se sentant beaucoup plus calme, désira apprendre comment Viomade et lui se trouvoient réunis : le brave consentit à le lui raconter après la visite des Druides ; il ouvrit une fenêtre qui donnoit dans la forêt, mais déjà l'hiver en avoit jauni l'ombrage, et la feuille desséchée tomboit sous les efforts des vents ; quelques chênes verts, quelques sapins, de noirs cyprès, conservoient seuls leur triste, mais constante verdure. Les Druides ayant jugé que le prince pouvoit être transporté sur un lit de repos près de la fenêtre, il jouit de ce spectacle mélancolique, et écouta long-tems le bruit des vents et le frémissement du feuillage. Viomade vint s'asseoir auprès de lui, et ne put fixer sans attendrissement ce beau visage décoloré, cette figure charmante sur laquelle régnoit une si douce tristesse, une si touchante pâleur. Childéric lui tendit la main, il la pressa dans les siennes.... ; des pleurs baignèrent sa paupière ; mais, triomphant de sa foiblesse, Viomade prit une attitude plus ferme, et parla ainsi : Vous m'ordonnez de vous expliquer par quels événemens nous nous trouvons dans ces lieux, je vais vous obéir. Vous devez savoir, ou du moins pressentir que vous habitez le temple dont le célèbre Diticas est le grand-prêtre. En quittant Tournay, je me décidai à venir le joindre : une tendre amitié nous unit dès l'enfance ; il chérissoit Mérovée, dont la piété étoit vive et éclairée ; il vous aimoit, je connoissois vos dangers, je comptois sur son pouvoir, je me décidai à l'intercéder et à l'attacher à votre sort ; cela me parut facile, puisque déjà vous lui étiez cher : cependant je me proposois de l'alarmer lui-même sur la perte de sa puissance ; mais j'avois besoin d'être instruit de votre destinée ; j'étois sûr de tous vos braves ; je demandai Ulric comme le plus prudent ; Valérius n'osa me refuser. Nous convînmes rapidement d'un rendez-vous dans la forêt ; là, j'appris l'audace d'Egidius ; je chargeai Ulric de vous conduire ici ; j'en obtins la permission de Diticas, qui avoit été touché des malheurs dont vous étiez menacé ; il m'avoit offert tous ses secours. Instruit toujours fidèlement, constamment occupé de votre sort, tremblant pour vos jours, j'allois au-devant de votre arrivée, lorsque je vous trouvai évanoui et blessé dans les bras d'Eginard : nous vous transportâmes jusqu'ici ; on profita de votre évanouissement pour sonder votre blessure ; elle étoit profonde, et le sang que vous aviez perdu vous causoit une si grande foiblesse, que l'on craignit pour vos jours ; le silence et le calme furent ordonnés... Vous savez le reste. Ainsi donc, lui dit le roi, tandis que je te repoussois loin de ta patrie, occupé de moi, tremblant pour moi seul, oubliant mes torts sans nombre... Prince, interrompit Viomade, un brave ne compte que ses devoirs. Un roi, reprit Childéric, ne doit pas les oublier. Cette pensée plongea le jeune monarque dans la plus profonde tristesse, il soupira douloureusement. Viomade essaya de le distraire. O mon roi ! lui disoit-il, ce sont nos fautes qui nous éclairent ; de l'erreur du passé, naît la prudence de l'avenir ; que d'années vous restent pour en effacer quelques instans ! Le remords épure le cœur, il est sa seconde innocence, mais un noble espoir ne doit jamais l'abandonner ; le malheur mûrit promptement et intéresse toujours ; l'expérience des autres est perdue pour nous, et nous ne recevons que de nos propres revers des leçons sévères, mais utiles : quelle longue et brillante carrière s'ouvre devant vous ! En peu de tems, vous avez cueilli les fruits d'une profonde sagesse, appris de grandes vérités, vous leur devrez une gloire pure et éclatante, un règne brillant et heureux. Egidius ose aujourd'hui s'asseoir insolemment sur votre trône, mais ce règne injuste ne sera pas long ; les Francs rougiront d'obéir aux Romains ; ils rougiront de leur avoir rendu les Gaules, conquises au prix du sang de leurs frères et du leur. J'apprends déjà qu'il existe par-tout une violente persécution ; tout ce qui vous est fidèle est disgracié, privé de son rang, de ses biens, la plupart déclarés serfs. Les chefs sont tous remplacés par des Romains, tous les postes leur sont confiés, et l'ancien fisc de

Rome est rétabli : on n'ose murmurer encore, et l'instant n'est pas venu ; il faut laisser aux Francs le tems de sentir leur faute. Ce temple vous offre une sûre retraite jusqu'à votre guérison ; Diticas vous a ménagé un honorable asile pour l'époque à laquelle vous pourrez quitter ces lieux. Bazin, roi de Thuringe, vous appelle à sa cour ; vous y serez traité en souverain. Ces peuples, venus comme nous de la Germanie, sous les noms de Cattes, de Varnes et d'Hérules, ont fondé ce royaume encore naissant : gouvernés par les mêmes lois, suivant la même religion que nous, un même sang, pour ainsi dire, coule dans nos veines, un même sentiment doit nous animer, et vous devez compter sur l'hospitalité qui vous est offerte. Bazin seroit sans doute un grand roi, si quelques actions sanguinaires ne servoient d'ombre à ses vertus ; guerrier farouche, tout tremble également devant lui, ennemis et sujets ; mais votre cause est celle des rois, son intérêt est de vous défendre ; vous choisirez parmi vos braves celui que vous daignerez préférer ; il aura l'avantage de vous suivre, il restera aux autres le bonheur de vous servir. Après votre départ, je me rendrai près d'eux à Tournay ; là, j'apprendrai des circonstances les meilleurs moyens à employer pour vous rendre à notre amour. Viomade se tait, et Childéric manque d'expressions pour peindre sa reconnoissance.

Le jour s'écoula dans ce doux entretien. Childéric apprit sans émotion qu'Egésippe étoit reine, qu'Egidius avoit reçu sa foi : il sut qu'Ulric, blessé en l'accompagnant à la forêt, étoit rétabli, mais persécuté par le nouveau roi. Il nomma dès-lors l'aimable Eginard pour l'accompagner ; Viomade se chargea de l'en instruire.

Les forces du monarque commençoient à se rétablir, l'hiver étoit presque écoulé ; plusieurs fois admis au temple, le roi avoit assisté aux sacrifices des Druides ; la prière, ce mouvement sacré du cœur, avoit élevé et fortifié son ame, et l'espérance, premier bienfait des dieux, l'avoit pénétré :

souvent admis aux sages entretiens de Diticas, il avoit reconnu la saine morale de Gelimer, et adressé des regrets à ce vertueux ami.

Mais les vents retournés derrière les montagnes, sembloient rendre le repos à la terre, un air plus doux se faisoit sentir, et les buissons se paroient déjà d'une naissante verdure : c'étoit l'époque fixée pour le départ de Childéric. Viomade en pressoit l'instant pour le servir plus utilement ailleurs. Diticas lui ayant offert une armure digne de son rang, lui ouvrit le trésor sacré, et le conjura d'en disposer, lui promit la protection des dieux, lui jura un zèle infatigable : Viomade ne promit rien. Eginard, fier et heureux du choix de son maître, fut admis dans le temple. Un sacrifice précéda le départ du roi ; Eginard, chargé de ses ordres, le quitta pour aller les exécuter. Le lendemain, conduit par Diticas et Viomade, Childéric traversa le souterrain qui conduisoit au fleuve ; là, ils trouvèrent Eginard qui avoit amené deux chevaux superbes et richement harnachés. Il fallut se séparer, et ce fut un moment pénible pour tous. Viomade, ayant brisé une pièce d'or, en remit une moitié au roi. Quand vous recevrez la seconde, lui dit-il, hâtez-vous de vous rendre aux lieux qui vous seront indiqués, mais n'en croyez aucun autre indice. Childéric se prosterna, plein de respect et de reconnoissance, devant Diticas, embrassa tendrement son ami, et sautant légèrement sur le cheval qui lui étoit destiné, tourna vers les villes de Strasbourg, Francfort, Gotha, et arriva à Erfort, capitale de la Thuringe. Ce n'étoit pas sans une vive douleur que Childéric avoit quitté sa patrie ; l'espoir qu'il emportoit sembloit diminuer à mesure qu'il s'en éloignoit ; il ne pouvoit penser, sans un déchirement cruel, à la différence du voyage qu'il entreprenoit alors, avec celui qu'il avoit fait il y avoit deux ans, à la même époque et dans la même saison, mais avec des sentimens bien éloignés de ceux qu'il éprouve : il revenoit alors dans sa patrie, un père l'attendoit, un trône, une couronne lui étoient réservés ; il apportoit un cœur pur, exempt de foiblesse et de repentir ; la perfidie n'avoit point blessé son ame, tout sourioit encore à sa jeunesse, il respiroit le bonheur. A présent, hélas ! banni par ses propres sujets, trahi par celle qu'il aimoit si ardemment, errant, fugitif, accablé par les reproches de son cœur, il va solliciter un asile qui lui rappellera sans cesse le trône dont il est descendu ! Ces idées l'accablent. Eginard lui-même a des momens de tristesse ; il vient de quitter Grislidis, ses adieux ont été si tendres... Le premier jour du départ, Eginard fut préoccupé, le second il crut devoir distraire son maître, le troisième jour il y parvint, et fut heureux. Arrivés à Erfort, il se reposèrent un jour entier avant de se présenter à la cour où ils étoient attendus ; ce jour rendit au roi son air majestueux et doux, à Eginard toutes ses graces et le désir de plaire.

LIVRE DOUZIÈME

SOMMAIRE DU LIVRE DOUZIÈME

Bazin, roi de Thuringe, vient de perdre son fils Amalafroi. Vengeance que veut en tirer un père irrité. Arrivée de Childéric. Portrait de Bazine. Elle demande en vain la grace des Vandales ; elle s'évanouit dans les bras de Childéric. Son entretien avec le roi des Francs. Elle le quitte. Retour de Bazin dans son palais. Festin. Chants funèbres.

Bazin régnoit seul en Thuringe depuis la mort d'Humfroi, son frère aîné, avec lequel il avoit partagé d'abord l'empire ; ils habitoient alors deux palais voisins, et qu'un seul jardin séparoit. A la mort d'Humfroi, Bazin s'étoit emparé de ce trône à peine élevé, qui devoit tomber sous les coups de Thierry, fils de Clovis, et faire partie de sa puissance. Altier, sanguinaire et farouche, Bazin venoit de perdre l'aîné de ses fils, le jeune et bel Amalafroi, espoir et amour du peuple. Vainqueur des Vandales, il traitoit de la paix quand il fut lâchement assassiné : l'armée entière gémit sur une mort prématurée, et qui lui enlevoit un prince aussi brave que généreux. La douleur de Bazin fut extrême ; mais il ne borne point son deuil à des larmes, la vengeance peut seule satisfaire ses regrets terribles. En vain il lui reste encore trois fils, Hermanfroi, âgé de douze ans, Baderic et Berthier, encore enfans ; rien ne le console, ne l'appaise ; c'est du sang qu'il faut à sa douleur : tous les prisonniers faits sur les Vandales pendant la guerre, seront immolés sur la tombe d'Amalfroy, de ce prince, qui, dans le cours d'une longue carrière, n'eût pas vu couler sans pitié une goutte de ce sang qui va se répandre à grands flots. Déjà les apprêts de ces sanglantes obsèques ont frappé d'horreur les sens de Childéric ; il a aperçu le bûcher en se rendant à la cour du roi de Thuringe ; il a reculé d'effroi, et a frémi au récit que lui font les gardes qu'il a interrogés. Cependant, au bruit de son arrivée, Bazin se présente pour le recevoir, et la beauté du monarque français, sa taille superbe et son aspect enchantent déjà tous ceux qui l'entourent ; il parle, il plaît davantage encore, et tous les cœurs lui sont soumis. Arrivé dans les appartemens du roi de Thuringe, Childéric, comblé d'honneurs, répond à ces hommages avec une noble reconnoissance : on l'écoute, on l'admire, il règne sur tout ce qui l'approche ; l'aimable Eginard reçoit lui-même un favorable accueil, et partage les égards dont on accable son maître.

Mais les horribles funérailles que prépare un père irrité, ont porté la douleur dans l'ame sensible de Bazine, nièce du roi de Thuringe, et destinée, dès sa naissance, à épouser son fils. Bazine, restée au palais de son père Humfroi, et élevée par les ordres de son oncle, cache dans l'ombre sa beauté, sa grace, sa douce mélancolie, et tous les présens qu'elle a reçus de la nature ; dans une extrême jeunesse, elle a montré une ame élevée, un caractère constant et noble, un esprit juste, une imagination profonde. Bazine a deviné tout ce qu'elle est loin encore de sentir, ce qu'elle ne doit peut-être jamais connoître, et sa raison, qui avertit son cœur des privations qui l'attendent, l'a condamnée aux regrets, long-tems avant qu'elle eût l'idée du plaisir. L'amour pur, extrême, sincère et constant, ce dieu des ames tendres et fidèles, se peignoit à sa pensée comme le seul vrai bien de la vie ; la bienfaisance en étoit pour elle la consolation ; une bonne action, voilà le plaisir pour Bazine, et les larmes de joie qu'elle faisoit répandre, étoient la volupté pour son cœur. Ses traits réguliers, mais doux, son regard languissant et timide, son sourire innocent, ses graces enfantines et légères, tout en elle est pur et dans une parfaite harmonie ; la négligence et l'abandon de sa démarche, un air rêveur, un son de voix qui portoit à l'ame ses moindres discours, font de Bazine un de ces êtres charmans que l'on aime, que l'on admire, et qui ravissent pour toujours. La princesse, destinée à l'hymen d'Amalafroy, renonçoit, en l'épousant, à la délicieuse idée d'un amour mutuel ; elle éprouvoit un regret qu'elle condamnoit elle-même ; en songeant à cet hymen, elle pleuroit un bonheur mensonger, mais enchanteur. Des raisons politiques forçoient le roi de Thuringe à presser cette union ; et Bazine, à l'approche de cet instant, sentoit augmenter son indifférence ; elle se le reprochoit, elle vouloit aimer celui qu'elle estimoit, son cœur rebelle se refusoit à ses propres volontés. Appartenir sans se donner, passer sa vie sans connoître l'amour, renoncer à ses rêves charmans, sacrifier ses vagues, mais délicieuses espérances, se dérober soi-même à ce héros inconnu encore, mais qui sans doute existoit pour elle, ces pensées plongeoient la jeune princesse dans une tristesse accablante. Amalafroy plus heureux, ou plus à plaindre peut-être, aimoit avec idolâtrie ; il voyoit avec transport s'approcher l'heureuse époque de son hymen ; il se plaignoit pourtant d'une froideur dont son amour et sa délicatesse étoient alarmés : alors Bazine lui souriot avec tant de graces, qu'il se reprochoit ses plaintes : il espéroit ; mais à peine âgé de dix-huit ans, le prince est déjà moissonné ! Il n'a paru qu'un seul jour pour se faire connoître et regretter, et Bazine a donné des larmes à celui dont elle fut aimée. Cependant la vengeance terrible du roi de Thuringe révolte son cœur, tant d'innocentes victimes excitent sa pitié ; timide et modeste, Bazine craint de paroître ; destinée au trône, elle a cependant le noble sentiment de sa grandeur, qui l'élève au rang qui lui est réservé. Le jour est fixé, on nomme déjà l'instant, la princesse ne peut différer davantage ; couverte de vêtemens de deuil, voilée et suivie de la bonne Eusèbe, sa nourrice et sa gouvernante, de la séduisante Berthilie, sa meilleure amie, elle quitte son palais, traverse légèrement le jardin qui le sépare de celui du roi, et se présente à ses regards au moment où il venoit de recevoir avec tant d'honneurs Childéric et Eginard. Bazine, qui a rejeté son voile en arrière, rougit à l'aspect de deux étrangers ; mais, s'adressant à son oncle : Je viens, lui dit-elle, implorer votre clémence, et recourir à vos bontés.—Que voulez-vous, Bazine ? parlez ; que demandez-vous ?—La grâce de ces malheureux Vandales, si cruellement condamnés. A ces mots, prononcés avec une enchanteresse douceur, Bazine leva ses beaux yeux remplis d'une expression si tendre ; mais le roi, enflammé de courroux, lui répondit : Eh quoi ! c'est vous, vous, destinée à devenir l'épouse d'Amalafroy, vous qu'il aima, c'est vous qui m'osez demander la grâce de ses assassins ! vous qui, loin de suspendre ma vengeance, devriez en presser les effets ! Est-ce ainsi que vous honorez l'ombre de celui qui dut être votre époux ?—Oui, c'est ainsi qu'interprétant sa belle ame, je rends un juste hommage à ses vertus ; c'est en sauvant l'innocence, que j'obéis à ses volontés généreuses. Ah ! craignez d'irriter ses mânes augustes, loin de les apaiser ! Que ne peut-il, du sein des morts, se faire entendre et vous attendrir !... O roi ! ajouta-t-elle en se jetant aux genoux de Bazin, et élevant vers lui ses mains suppliantes, daignez écouter sans courroux la prière que je vous adresse ! sauvez ces infortunés ! l'ombre désolée de votre fils rejetera de sanglantes funérailles ; croyez-en celle qu'il aima et qui connut si bien son cœur ; cédez à la pitié : accordez-moi une grâce que je vous demande au nom d'Amalafroy ! Bazin, sans être ému par sa beauté, par ses grâces timides, par l'accent irrésistible d'une voix si touchante, et à qui son attendrissement prêtoit encore un charme plus persuasif, releva Bazine avec rudesse : C'est assez, lui dit-il ; je pardonne à votre âge cette indiscrète prière. Des gardes vinrent avertir le roi que les bûchers et les victimes étoient prêts ; il suivit les gardes. Bazine, entraînée par sa pitié, s'élança au-devant de lui, essaya de le retenir ; le roi la repoussa, et s'éloigna d'elle ; elle fit un cri, et tomba évanouie. Childéric, qui étoit près de la princesse, la reçut dans ses bras ; il la transporta sur un siége voisin ; Berthilie, Eusèbe, s'empressèrent de la secourir, tandis que Childéric, tremblant, effrayé de sa pâleur, restoit à genoux, et soutenoit sa tête ; Eginard, debout et non moins troublé que le roi, admiroit en silence cette beauté si sensible et si généreuse ; les liens de perles qui retenoient ses cheveux d'un blond argenté, s'étoient détachés, et ses longues tresses dénouées sembloient un nouveau voile qui se prêtoit de lui-même à cacher ses modestes charmes. Les soins de Berthilie ne furent pas sans succès, Bazine rouvrit ses beaux yeux. Etonnée de se trouver appuyée sur le bras d'un étranger, qui lui-même est à ses genoux, elle regarde autour d'elle, et une prompte rougeur anime l'albâtre de son teint ; elle porte sur le roi un regard reconnoissant et timide, et le prie avec instance de se relever ; mais Childéric, qui s'oublioit entièrement à ses pieds, et s'abandonnoit à une admiration qui remplissoit et absorboit toutes ses pensées, n'entendit point ces paroles ; il ne vit que sa touchante beauté : la princesse renouvela sa prière ; alors, sortant comme d'un songe, le roi lui obéit, mais il demeura près d'elle, et constamment préoccupé. Bazine sourit à Eusèbe, embrassa Berthilie, et cependant elle poussa un profond soupir, et quelques pleurs coulèrent de ses yeux ; elle pensoit aux malheureux qu'elle n'avoit pu sauver, et leur donnoit des larmes : s'occupant néanmoins des étrangers, elle remercia le roi qui l'avoit secourue, salua Eginard. Je savois, dit-elle à Childéric, que la cour de Thuringe devoit être bientôt honorée de votre illustre présence, car je vois que c'est au roi Childéric que je dois déjà des remercîmens. Je vous reconnois au portrait fidèle que l'on m'a fait souvent de vous, et si la renommée n'a pas été moins juste en me parlant de vos vertus, ma cour, qui vous reçoit, doit s'enorgueillir de son bonheur. Childéric troublé, s'inclina sans répondre. Je rougis pour nous, reprit Bazine, de ce que votre arrivée vous rendra le témoin des vengeances d'un père irrité et malheureux ; la douleur l'a égaré, et ses excès vous font sans doute horreur ; hélas ! il a perdu ce qu'il aimoit, et son injustice, sa fureur, sont peut-être excusées par la violence de son désespoir ! Oui, princesse, répondit le roi avec embarras ; je sais qu'en perdant le prince Amalafroy, Bazin perd un fils adoré, la Thuringe un héros, vous, belle princesse, un époux, un amant aimé.... Bazine baissa les yeux, et ne répondit point ; après un moment de silence, elle se leva : Je vais me retirer, dit-elle au roi, je crains le retour de Bazin. Nous nous reverrons, prince, et j'espère que vous ne me refuserez point le récit de vos aventures, et de ces faits extraordinaires qui ont marqué même votre enfance. Permettez-moi de vous présenter ma chère Eusèbe, et Berthilie, ma meilleure et plus tendre amie ; elle est fille du vertueux Théobard, chef du conseil ; nous fûmes élevées ensemble, nos cœurs s'entendirent en naissant. Childéric, à son tour, présenta aux dames l'aimable Eginard. Bazine se retira avec celles qui l'avoient accompagnée ; Childéric n'osa les suivre, mais fixé près de la fenêtre, il vit la princesse traverser les jardins ; il admiroit sa légèreté, les grâces de sa taille, tous ses mouvemens ; il cessa de la voir, mais non de l'admirer. Eginard, non moins charmé, interrogeoit la trace des pas de Bazine et de Berthilie ; il se perdoit, comme son maître, dans un double enchantement. Berthilie, ainsi que la princesse, n'a vu encore paroître que son seizième printems ; elle n'a point, comme son amie, des traits réguliers, un teint d'albâtre, des cheveux blonds, fins et déliés ; son front n'a point cette sérénité virginale, ses yeux cette mélancolie voluptueuse ; mais ses cheveux bruns clairs, et naturellement bouclés, conviennent à la fraîcheur de son teint ; sa physionomie est expressive, une gaieté innocente l'anime, sa bouche vermeille sourit avec bonté, et quelquefois avec malice ; sa taille est celle des Grâces, son caractère vrai, constant, son ame innocente et sensible, son esprit fin ; elle est vive, étourdie, sait qu'elle est jolie, aime à l'entendre dire, adore son père, et mourroit pour son amie. Ces deux charmantes fleurs, nées au même printems, et près l'une de l'autre, se sont épanouies en s'aimant, et si l'attachement de Berthilie a plus de respect et de déférence, Bazine la dédommage en se livrant à tout ce qu'elle sent d'amitié, et répare ainsi ce que le rang met entre elles de distance.

    Childéric et Eginard furent arrachés à leur douce rêverie par le bruit du retour de Bazin, entouré de sa cour. On désapprouvoit l'injuste vengeance du roi, on détestoit sa fureur ; cependant on avoit exécuté ses ordres sans résistance, on l'avoit suivi en foule au lieu du supplice, on applaudissoit tout haut à des cruautés dont on frémissoit au fond du cœur. Tel est le sort des rois ; le cri de la vérité est étouffé pour eux, à travers les clameurs de la flatterie ; trompés, ils s'abandonnent ; trahis, ils s'égarent. Bazin, fier du sang qu'il a fait couler, admire sa puissance et les effets terribles de son courroux ; il s'approche de Childéric, lui parle d'Amalafroi, de sa mort prématurée, des funérailles qu'il vient d'ordonner, d'exécuter même. Sa douleur, appaisée sans doute par sa vengeance, ne l'arrache point à l'entretien général, ni aux soins qu'il doit aux étrangers. Un festin s'apprête ; Childéric et Eginard y ont pris place ; la coupe vole toujours remplie de nouveau, et le vin animant les esprits, chacun se livre sans réflexion à sa pensée. Mais bientôt on ne parle plus que du supplice des Vandales ; leur nom, leur rang, leur âge, leur courage ou leur foiblesse, leurs cris, leurs larmes, ou leur force et leur étonnante fermeté, occupent tous les convives. Le roi de Thuringe, charmé, se mêloit à ce barbare récit. Théobard seul, silencieux et triste, jetoit sur tous un regard froid ou mécontent. Childéric l'observoit, et conçut pour lui autant d'estime que d'intérêt : Eginard, placé près de lui, sut d'abord qu'il étoit le père de Berthilie ; c'étoit un titre à ses égards. Ce n'est pas qu'Eginard ait oublié les adieux de la tendre Grislidis, il s'en souvenoit, et se promettoit d'y penser toujours. Childéric, qui ne prenoit aucune part à une conversation si peu d'accord avec son cœur, vit avec plaisir la fin du repas. On alloit quitter la table, lorsque plusieurs Bardes entrèrent, ils étoient couronnés de cyprès ; un d'eux tenoit une harpe, trois autres chantèrent ainsi la mort du jeune Amalafroi.

CHANT FUNÈBRE sur la mort d'Amalafroi.

Il n'est plus ! chantons sa valeur,
Célébrons ses vertus, sa gloire ;
Mais n'outrageons pas sa mémoire
Par une éternelle douleur.
Disons-nous : son ame sublime
Vole vers la divinité,
Et laissons le vice et le crime
Douter de l'immortalité.

Avant de t'élever aux cieux,
Esus t'éprouva sur la terre ;
De cette épreuve passagère,
Dépendoit ton sort glorieux.
Mais où finit ce joug pénible,
Commence un destin solennel :
Du fond de la tombe insensible
Tu sors pour un jour éternel.

LIVRE TREIZIÈME

SOMMAIRE DU LIVRE TREIZIÈME

Childéric ne se croit point amoureux. Eginard se promet de rester fidèle. Le roi raconte une partie de ses aventures à la princesse. A la chasse, il sauve la vie au roi de Thuringe. Il reprend son récit ; la princesse, trop émue, l'interrompt. Ils se rencontrent par hasard dans une promenade, et Childéric achève sa narration. Emotion mutuelle, aveux muets. Coquetterie de Berthilie et d'Eginard. Inquiétude qu'éprouve Berthilie.

Childéric, conduit à l'appartement qui lui est destiné, se trouve seul avec Eginard ; tous deux ont déjà nommé Bazine ; tous deux ont plus parlé encore de ses vertus que de ses charmes. Combien elle étoit touchante aux pieds du roi, et implorant sa clémence ! qu'elle étoit belle, les yeux baignés de pleurs ! Que la mélancolie sied bien à ses traits divins ! qu'Amalafroi étoit heureux ! Cette pensée arrache au prince un soupir ; mais c'est Bazine qu'il plaint : déjà elle a connu l'amour, elle en a senti les charmes, pour en éprouver les éternelles douleurs. Cependant elle n'a point laissé voir ni regret violent, ni désespoir inconsolable. Childéric espère que la belle princesse n'est pas pour toujours affligée. A seize ans, doit-elle, dans un éternel veuvage, ensevelir ses attraits et fermer son cœur à l'amour ? Mais Bazine peut-elle être inconstante ? Childéric ne le croit pas, et ne veut pas le croire.

L'heure du sommeil n'interrompt point ses pensées ; le jeune roi, cependant, n'a vu qu'une fois celle qui l'occupe ; il n'a point formé le désir de lui plaire, il est aussi loin du projet de l'aimer ; l'amour brûle, souhaite, espère, et Childéric n'éprouve point ces mouvemens impétueux ; son imagination est calme, il n'est point livré à cet orage des sens qui l'agitoit près d'Egésippe ; il a vu la bonté céleste, il adore sa belle image, mais sans trouble, sans émotion, sans délire : le prince est sans désirs comme sans espérance. Le lendemain, Childéric reçut les chefs de l'état ; mais ayant demandé l'honneur d'être admis chez la princesse, Bazin y consentit et l'accompagna lui-même. Bazine reçut les rois avec les grâces nobles qui suivoient tous ses mouvemens, et Childéric ne sut, en y réfléchissant, ce qui la rendoit plus belle de son sourire ou de ses larmes. Le roi, en se retirant, lui dit qu'il espéroit qu'à l'avenir elle reparoîtroit à sa cour ; la princesse s'inclina avec respect ; les rois la quittèrent. Pour obéir sans doute aux ordres qu'elle avoit reçus, elle parut le lendemain au palais du roi, et la charmante Berthilie entra avec elle ; toutes les dames qui composoient la cour de Thuringe, s'étoient également réunies autour de la princesse, et se mêlèrent aux amusemens qui d'ordinaire occupoient Bazin et ceux qui l'environnoient. Le jeune roi de France attira d'abord tous les regards ; mais il promenoit, sur toutes ces jeunes et belles nymphes, des yeux si indifférens, qu'aucune n'osa espérer. Eginard, dont le rang plus modeste, semble aussi plus près du plaisir ; Eginard, galant et léger, tourne toutes les têtes et blesse même plus d'un cœur. On l'invite en vain à l'inconstance, Eginard ne veut aimer que Grislidis ; cependant il ne renonce point à plaire, il ne renonce point à cette aimable coquetterie qui flatte sa vanité, amuse sa pensée, distrait son cœur ; il veut respirer toutes ces fleurs qu'il s'interdit de cueillir. Pour échapper à tant d'attraits, il les désire tous : aimable, mais frivole, léger sans perfidie, et volage par fidélité, offrant également ses vœux à chaque belle, et leur portant un inconstant hommage, il échappe au trait qui peut à peine l'effleurer, et offre à

Grislidis ces preuves de constance, dont peut-être elle eût été alarmée. Ainsi, en gardant sa tranquillité, il va troubler la paix de tant de beautés dignes d'amour, et ses jeux peut-être feront couler bien des larmes.

La chasse, cette image de la guerre, fut toujours le plaisir des héros, et étoit alors le goût dominant de la Thuringe. Les dames assistoient ordinairement à celle du cerf, du daim ou d'autres animaux timides ; elles étoient montées sur des chevaux, célèbres dans ce pays par leur force, leur docilité et leur beauté ; elles exerçoient quelquefois leur adresse à lancer leurs flèches, soit contre les lièvres, soit contre les chantres des bois. Bazine aimoit peu ces jeux cruels et s'y mêloit rarement ; mais les chasses préparées pour Childéric, seront belles, dureront plusieurs jours, et la princesse promet d'y paroître. En attendant le moment fixé par le roi de Thuringe pour ces amusemens guerriers, Childéric et Bazine se retrouvent tous les soirs, mais au milieu d'une assemblée nombreuse, et la curiosité de la princesse n'a pu encore être satisfaite. Dans une belle journée de printems, à cette heure où le soleil trop ardent, force à chercher l'ombre et la fraîcheur des bocages, Childéric, fatigué du monde importun qui l'entoure, parcouroit, avec Eginard, le jardin spacieux qui séparoit les deux palais ; malgré lui, ses regards se portoient vers les fenêtres de la princesse, et sans s'arrêter à ce beau parterre de fleurs variées, il marchoit sans réflexion, foulant aux pieds les verds tapis, l'émail des prés ; il ne sentoit point les parfums délicieux que lui apportoient les zéphirs. Eginard seul admiroit ces beaux arbres, respiroit avec délice l'air embaumé, jouissoit du chant des oiseaux ; mais tout-à-coup, mille fois plus heureux à son tour, le roi est ému, il admire, il se plaît au murmure de cette fontaine, dont l'onde plaintive s'échappe en ruisseau limpide ; il marche voluptueusement sur ces rians gazons qu'il parcouroit lentement et avec indifférence ; il s'approche avec empressement de ce bosquet d'arbres qui ombragent un banc de mousse. Il a vu

Bazine qui se repose sous ce dais de feuillage et près de la fontaine. Eusèbe et Berthilie seules sont près d'elle : à l'arrivée du roi, les dames se sont levées avec respect, et Bazine lui offre un place sur le banc de mousse, en se félicitant de sa rencontre. Childéric l'accepte avec joie ; Eginard va s'appuyer près de la fontaine ; là rien ne lui cachoit la taille charmante de Berthilie ; il aperçoit même un petit pied, un beau bras : souvent l'aimable étourdie cueille une de ces fleurs inodores dont sont parsemés les gazons, et c'est toujours du côté de la fontaine qu'elle croit apercevoir les plus belles. Le galant Eginard ne cesse de la regarder, mais il pense à Grislidis, et Berthilie lui paroît moins à craindre. La princesse ayant engagé le roi à commencer le récit qu'elle lui a déjà demandé, il céda promptement à une volonté d'autant plus puissante, qu'elle étoit doucement exprimée. Ce fut avec attendrissement qu'il parla d'abord de sa mère, avec orgueil qu'il vanta les exploits et les vertus de Mérovée ; il se sentit fier d'exposer, devant la princesse, des images chères à son cœur, et qu'elle admiroit. Ce fut avec le même sentiment qu'il lui parla de son premier combat, de cette journée, où encore enfant, il annonça un courage téméraire. Childéric vit Bazine sourire à ses premiers exploits, ils lui en devinrent plus chers. Que n'a-t-il prévu qu'un jour il auroit à lui peindre toutes ses actions, à lui expliquer toutes ses pensées ! animé par le désir glorieux d'en être applaudi, rien n'eût étonné sa valeur, rien n'en eût arrêté l'ardeur. Childéric alloit parler de son arrivée dans la grotte, mais Eusèbe avertit la princesse que l'heure de se rendre au palais approchoit ; sans doute personne ne lui sut gré de sa prévoyance, et cependant on obéit à Eusèbe ; les dames se retirèrent pour s'occuper de leur parure. Berthilie, en se levant, laissa tomber les fleurs qu'elle avoit cueillies ; Eginard les ramassa, en fit un bouquet, qu'il tenoit encore, peut être par distraction, quand on se rassembla chez Bazin. Berthilie l'aperçut, rougit, son cœur palpita ; mais que devint-elle, lorsque dans la soirée, elle le vit sur le sein de la plus jolie de ses compagnes ! Des larmes de dépit remplirent ses yeux, et le perfide qui les avoit causées eut la cruauté d'en jouir. Le lendemain, chacun se prépara pour la chasse ; les belles forêts de la Thuringe renfermoient plusieurs châteaux dans lesquels on s'arrêtoit, car ces amusemens duroient plusieurs jours. Childéric paroît, superbe et charmant, sur le coursier fougueux qu'il captive avec tant d'adresse. Bazine, plus timide que Berthilie, mais plus prudente, a plus de grâces que d'assurance ; les dames, dont elle est environnée, forment autour d'elle un grouppe charmant ; c'est Hébé au milieu de ses sœurs, aucune ne l'égale, toutes cependant sont jeunes, fraîches et belles. Eginard, séduit et incertain, porte tour-à-tour, sur chacune d'elles, des regards animés et ravis ; il ne s'occupe point de la chasse, et Childéric a déjà remporté tous les légers avantages de cette journée, avant que le fils d'Ulric n'ait pensé à attaquer ni à poursuivre l'ennemi léger qui fuit en vain devant le roi, plus agile encore que lui. Déjà ce prince a déposé aux pieds de Bazine les nombreuses victimes de son adresse. Un repas champêtre réunit et confond les chasseurs ; on vante la force, la légèreté du roi ; plusieurs défis sont offerts et acceptés ; mais Childéric, à tous les dons qu'il a reçus de la nature prodigue, joint l'exercice et le développement qu'il a acquis dans la grotte de Gelimer. A son aspect on devine ses succès ; il touche au but long-tems avant tous ceux partis avant lui ; sa flèche ne part jamais sans atteindre, tous ses rivaux en conviennent, et n'osent plus le défier. Mais on vient tout-à-coup annoncer au roi de Thuringe, qu'un *glouton*, espèce de sanglier terrible et dévastateur, échappé des forêts de Hantz, a été découvert à quelque distance, et qu'il dévore tout le gibier. Bazin, charmé d'avoir à combattre un tel ennemi, fixe au lendemain l'attaque ; les dames resteront dans la maison de chasse ; les hommes seuls s'exposeront aux dangers. Cette chasse peut cependant n'en avoir aucun : souvent cet animal, qui mange avec avidité le gibier qui s'offre devant lui, et qu'il sait surprendre avec une rare adresse, tombe alors dans une espèce de torpeur ; venu à ce point d'immobilité, on le tue sans peine : cependant les dames ne voyent point partir les chasseurs sans inquiétude ; Eginard, peu jaloux des lièvres, des faons, des daims que dévoroit le glouton, ne désiroit point sa mort, envioit encore moins l'honneur de le vaincre ; mais il suivit son maître, non sans regretter les belles qu'il laissoit seules. Elles passèrent le jour à se promener sous les arbres ; on lisoit l'inquiétude sur leurs visages ; elle augmenta à l'approche de la nuit. Agitées de mille pensées pénibles, le sommeil ne leur fit point oublier les chasseurs, et le jour étoit encore près de terminer une seconde fois son cours, lorsqu'enfin le bruit des voix, le hennissement des chevaux, annoncèrent le retour souhaité. Les dames s'avancent promptement du côté d'où part le bruit ; mais plusieurs chevaux sans cavaliers et conduits à la main, les effrayent ; elles ont reconnu ceux des rois, celui d'Eginard ; tous les cœurs sont troublés, et cependant on n'ose interroger, on craint trop d'apprendre... Un brancard frappe leurs yeux ; Bazine s'élance, et Berthilie la suit ; Bazin, blessé, paroît, porté sur le brancard ; Childéric et Eginard le suivent. Le roi de France s'approche de la princesse, et la rassure sur l'état du monarque : il est, lui dit-il, sans danger. Arrivé à la maison de chasse, le roi fut promptement couché ; on envoya à Erfort ; Théobard, accompagné de tous les secours nécessaires, arriva au bout de quelques heures ; la blessure n'étoit point dangereuse ; cependant elle demandoit de grands ménagemens, et il fut décidé que le blessé ne seroit transporté que le lendemain. Les dames étoient toutes fort impatientes de connoître la cause de cet accident ; le glouton n'existoit plus ; sa tête avoit été présentée à Bazine, qu'elle avoit effrayée : Bazin voulut raconter lui-même cet événement. Nous cherchions, dit-il, depuis long-tems le sanglier que nous voulions détruire ; il ne s'offroit point à nos regards ; plus emporté, je m'enfonçai seul dans un fourré, et je l'aperçus immobile au pied d'un arbre ; jugeant que c'étoit l'instant de le percer, croyant inutile d'attendre du secours contre un ennemi sans force, je m'approchai et lui portai un coup de ma lance ; sa peau étant extrêmement épaisse, la blessure fut légère ; je redoublai : soit que la douleur le réveillât de son engourdissement, soit que naturellement cet état dût finir alors, le terrible animal se leva furieux, et s'élança sur moi ; je me jetai derrière un arbre, qui me garantit d'abord ; mais il m'atteignit, et d'un coup de ses défenses, me renversa ; cependant je me défendis encore avec ma lance ; mais ma large blessure m'affoiblissoit, lorsque je vis tout-à-coup le roi de France paroître : s'élancer sur le monstre, lui enfoncer son épée dans le cœur et l'étendre mort à mes pieds, ne fut pour lui qu'un seul et même mouvement. Eginard, qui suivoit de près son maître, l'aida à arrêter mon sang ; il courut avertir le reste de ma chasse, qui me rejoignit, et m'a transporté ici avec les précautions nécessaires. C'est avec plaisir, ajouta Bazin, que j'avoue et que je publie, que je dois la vie au roi des Francs ; puissé-je m'en acquitter un jour, et qu'en attendant, une sainte et éternelle amitié unisse nos cœurs ! Childéric, en ce moment, reçut la main que lui présentoit le roi, et la pressa avec un geste animé et sincère. Bazine, assise près du lit, regarda Childéric avec admiration, et ce seul regard lui parut une glorieuse récompense.

L'entretien devint général ; cependant plusieurs fois Childéric avoit pu lire dans les yeux de la princesse, combien elle s'intéressoit à son sort. Eginard, fier de son roi, répétoit aux dames ce que Bazin avoit déjà raconté ; ce qu'il disoit, quoique déjà connu, prenoit dans sa bouche des grâces nouvelles ; on l'écoutoit toujours avec attention, parce qu'on l'entendoit toujours avec plaisir. Le lendemain on revint à la cour ; on marchoit lentement, tant pour jouir de la beauté du jour, du charme des bois, que pour ne pas fatiguer Bazin, lorsque Berthilie s'avisa de tourmenter son cheval, de l'exciter ; l'animal hennit, bondit et s'élance rapidement à travers les arbres ; la princesse jette un grand cri à l'aspect du danger de son amie ; mais la légère et adroite étourdie déployant autant de force que d'imprudence, arrête l'animal fougueux, et le ramène soumis et tranquille. Combien elle s'applaudit de sa ruse, en voyant Eginard pâle et effrayé voler à sa rencontre ! Cependant elle n'osa jouir de ce triomphe en apercevant le trouble de la princesse, et elle se le reprocha sincèrement. Tout le reste de la soirée, Berthilie ne s'occupa que de son amie, et oublia entièrement Eginard, qui, par caprice ou par amour-propre, en fut piqué ; il négligea pour elle toutes celles dont il paroissoit charmé, et ne vit plus que l'objet qu'il sembloit jusqu'à cet instant vouloir éviter.

Bazin souffroit encore, et sa blessure, loin de se guérir, étoit plus douloureuse, quoique sans danger. On cherchoit à l'amuser, à le distraire ; Bazine avoit chaque jour pour lui de nouveaux soins, de nouveaux égards. Heureuse de lui prouver son attachement et sa reconnoissance, elle ne le quittoit que lorsque sa présence pouvoit devenir importune ; elle trouvoit sans cesse Childéric auprès de son oncle, et sa vue chaque jour la charmoit davantage. Elle croyoit enfin à ce rêve délicieux de son imagination, et songeant au héros qu'elle s'étoit créé, à ce héros de sa pensée et de son cœur, elle se disoit, en jetant un regard sur Childéric.... *le voilà*. Bazine n'a point reçu le trait d'amour avec cette rapidité, présage de l'inconstance ; c'est lentement et par degrés qu'il a pénétré son cœur. Ce jeune roi, si majestueux, si beau, est proscrit et sans asile, privé de sa grandeur, descendu de son trône, et persécuté par la fortune, mais vengé par la nature. Ses malheurs touchent plus le cœur de la princesse, que sa puissance ne l'eût éblouie ; elle ne croit encore que le plaindre : Bazine ne s'est pas encore dit, *je l'aime*. Ce mot une fois prononcé, Bazine ne vivra plus que d'amour. Sa pudeur et sa raison éloignent encore cet instant que Childéric ne cherche point à faire naître ; il sait trop qu'il ne peut offrir à la beauté qu'il admire, que le partage d'une infortune méritée ; généreux, il ne désire point être aimé, et ne se montre que respectueux : s'il exprime un sentiment plus tendre, c'est lorsqu'entraîné, il n'a pu se vaincre ; honteux de sa foiblesse, il la surmonte promptement. Plus ses sentimens sont délicats, soumis, timides, plus ils peignent l'amour tel que Bazine croit qu'il doit être, et son silence en dit plus au cœur de la princesse, que les discours les plus éloquens. Echappés un moment à la foule qui les sépare, réunis de nouveau près de la fontaine, Childéric a repris son récit. C'étoit dans un de ces beaux jours où le printems vient s'unir à l'été, et déploie toute sa pompe avant de lui céder l'empire ; par-tout il étaloit ses riches tapis, les feuillages étoient plus épais, les fleurs plus belles et la nature plus animée : la contrainte qu'ont éprouvée les deux amans qu'un même banc de mousse rassemble dans une douce liberté, ajoute au plaisir qu'ils ont à se revoir. Eusèbe et Berthilie sont toujours près de la princesse ; Childéric s'assied à ses pieds, Eginard s'appuie négligemment sur la fontaine, et Berthilie le regarde quelquefois à la dérobée, mais elle ne cueillera plus de fleurs ; elle se souvient encore de ce qu'elles sont devenues la dernière fois, et elle n'a pu retenir un soupir en reconnoissant les causes innocentes de son dépit.

Mais Childéric parle de son arrivée dans la grotte, de ses plaisirs, de Gelimer, de Talaïs. A ce nom, Childéric s'est troublé, et son trouble n'a point échappé à la princesse qu'il inquiète ; ce n'étoit pas que Childéric se sentît coupable, ce n'est pas qu'il se fût livré au sentiment que Bazine croit lire dans son embarras, mais il n'ose peindre, à la chaste beauté qui l'écoute, l'amour tel que l'éprouva Talaïs. La princesse repousse en vain le mouvement jaloux qu'elle éprouve ; son cœur palpite ; elle est inattentive et rêveuse. Effrayée de son émotion, elle n'ose plus fixer sur le roi des yeux qui peut-être trahiroient son secret ; mais ne pouvant vaincre son trouble, elle donne l'ordre de se séparer ; Childéric obéit, et la princesse agitée, rentre dans son palais. Il faisoit encore grand jour ; on pouvoit jouir encore long-tems de la fraîcheur des ombrages ; Bazine trouva son appartement triste ; Berthilie assura qu'il y faisoit une chaleur étouffante ; la princesse prit sa broderie et l'abandonna ; elle devint rêveuse, et Berthilie ne fut point aimable. La soirée parut longue ; Berthilie revint de bonne heure rejoindre ce tendre père, qu'elle consoloit de la perte d'une épouse chérie.

Bazine, destinée au trône, avoit été élevée avec plus de soin que l'on n'en donnoit d'ordinaire à l'éducation des femmes. Belle sans coquetterie, princesse sans orgueil, elle réunissoit encore tous les talens qui ajoutent à la beauté, et que possédoient rarement alors les personnes de son rang ; elle dansoit bien, savoit écrire, et chantoit avec expression les airs simples de ce tems, qu'elle accompagnoit des accords d'une lyre à cinq cordes. Berthilie avoit une voix légère, elle mêloit souvent ses accens aux accens plus purs et plus doux de la voix de Bazine. Le roi de Thuringe se plaisoit à les écouter, et pendant sa maladie, il les invita souvent à le distraire de ses souffrances, par le plaisir de les entendre. Bazine y consentit toujours. Parmi les romances qu'elles chantèrent, la suivante s'est conservée : la princesse, après avoir pris la lyre, commença le premier couplet, Berthilie le second, et Bazine reprit le troisième.

Bazine.

Non, non, je ne veux point connoître
Ce fol enfant, qu'on nomme amour ;
Du cœur dont il se rend le maître,
La douce paix fuit sans retour ;
Dans ce dangereux esclavage
Le soupçon détruit le bonheur,
Et ce doute qui nous outrage,
D'un tendre amant fait le malheur.

Berthilie.

Quoi ! votre ame à l'amour rebelle,
Prétend ne jamais s'enflammer ?
C'est pour plaire que l'on est belle,
Et doit-on plaire sans aimer ?

Le soupçon même a quelques charmes :
Heureux qui sait nous l'inspirer !
Il est doux de causer nos larmes,
Et plus doux de nous rassurer.

    Bazine.

En aimant, que d'inquiétude !
Sans son amant plus de repos,
Loin de lui, tout est solitude,
Il fait notre joie ou nos maux.
On ne jouit qu'en sa présence,
On ne croit rien que ses discours.
O mon heureuse indifférence !
Puissé-je te chanter toujours !

    Berthilie.

Douce image de la tendresse,
Venez dissiper sa froideur ;
Amour, de ta brûlante ivresse,
Fais-lui connoître le bonheur.
L'univers éprouve ta flamme,
Et par toi seul, pour être heureux,
Tout renaît, jouit, prend une ame,
Et sent le charme d'être deux.

    La princesse, pressée de nouveau par Bazin, chanta seule la romance suivante :

LE PRINTEMS,

    Romance.

Tout renaît, les fleurs, la verdure,
Tout nous annonce le plaisir,
Et chaque souffle du zéphir,

Semble un soupir de la nature.
Seule au milieu d'un si beau jour,
Dois-je languir sans espérance,
Quand il me reste encore l'amour,
La douce amitié, l'innocence ?

La feuille mobile et légère
Périra sous les noirs hivers ;
Les vents déchaînés dans les airs,
Détruiront la fleur passagère,
Chaque saison, à son retour,
Détruit ou donne l'espérance ;
Tout varie, excepté l'amour,
La douce amitié, l'innocence.

L'air embaumé de ce bocage,
Ces verds gazons, ce beau ruisseau,
Qui, dans le cristal de son eau,
Réfléchit le ciel et l'ombrage,
Tout dans ce champêtre séjour,
M'invite encore à l'espérance ;
Tout me dit, conserve l'amour,
La douce amitié, l'innocence.

Childéric écoutoit avec ravissement les sons mélodieux de cette voix qui pénétroit son cœur ; un modeste embarras embellissoit encore la princesse, et sa timidité étoit une grâce de plus. Childéric aimoit avec passion les airs simples et les paroles plus simples encore qu'elle chantoit. Alors les poëtes ne célébroient que la gloire et l'amour, leurs chants n'étoient point un travail, une étude ; mais un épanchement ou un souvenir. L'objet de ces vers, plus sentis que bien exprimés, en recueilloit seul toute la gloire, le nom du poëte étoit oublié. Il a fallu sans doute que l'amour-propre et le désir de la célébrité changeassent bien les hommes, puisqu'ils sont parvenus à faire parler leur esprit sans le secours de leur cœur, et à emprunter de leur imagination seule et le sentiment qu'ils expriment, et la beauté qu'ils peignent. Si Bazine en chantant, s'est embellie de sa timidité, Berthilie, inquiète du succès de sa voix, a promené ses regards autour d'elle ; ce regard, rapide et prompt, a cependant atteint Eginard comme un trait brûlant, il en est effrayé, et l'image de Grislidis s'offre à sa pensée,... il en a reçu des cheveux, un anneau, il a promis ! et dans ce tems un serment fait à la beauté étoit sacré, on rougissoit de le trahir.... Le fidèle Eginard, chaque fois que le regard le blesse, porte à ses lèvres l'anneau chéri..... Ce talisman d'amour calme son cœur, et il reprend son air léger, indifférent même. Berthilie le voit, et soupire ; jeune, simple encore, elle a cru jouer avec l'amour, et ce jeu est devenu, sans qu'elle s'en doutât, le destin de toute sa vie.

Le roi des Francs avoit repris son récit, il avoit parlé de Viomade, ses discours étoient remplis de feu et d'éloquence. Sa physionomie brilloit d'une si tendre expression, que Bazine n'avoit pu, sans rougir, fixer des yeux qui seroient trop dangereux pour elle s'ils parloient d'amour : elle fit cette réflexion légèrement ; mais Childéric, dans cet instant, réfléchissoit lui-même, et ne fut pas moins troublé que la princesse. Que va-t-il lui dire ? Jusqu'à ce moment il n'a paru que sous ces beaux dehors qui ont illustré ses premières années. Il a vu naître à son récit, des sentimens qui font son bonheur ; il a reçu des éloges qui font sa gloire. Hélas ! que lui reste-t-il à raconter ? Faut-il se dégrader lui-même auprès de cet objet de son culte, de son idolatrie ! Doit-il lui parler d'Egésippe ? osera-t-il lui avouer avec quel délire il a désiré une beauté qui n'étoit point Bazine ; qu'il lui a sacrifié ses peuples, son ami, le soin de sa gloire ? Que pensera de lui cette ame pure et sensible qui ne croit point à l'inconstance ? Cependant il ne la trompera pas ; il se croit aimé ; il a su d'elle qu'Amalafroi n'avoit pas touché son ame ; qu'elle est encore sans amour... Peut-être un jour il pourra disposer d'une couronne, et il va lui-même détruire l'espoir dont il ose jouir en secret ! Non, non, il se taira ; il fuira Bazine s'il le faut, mais il ne lui dira point : *je fus ingrat et j'ai aimé*.

Mais, tandis qu'abandonné à ses pensées, Childéric se tait, la princesse étonnée de son silence, baisse les yeux et soupire ; elle n'ose demander au roi quel sentiment l'agite ; cependant elle est inquiète. Berthilie, qui s'étoit aperçue de leur mutuel embarras, imagina un léger prétexte pour interrompre leur entretien. La princesse tremblante, alarmée, lui sut gré de l'avoir rendue à elle-même.

Bazine ne s'est point trompée sur ses premières émotions, mais cependant elles l'étonnent ; elle avoit deviné l'amour, mais l'amour dans son cœur est encore plus pur, plus céleste, plus puissant que dans son imagination ; Bazine croyoit connoître son ame, cependant elle y découvre chaque jour de doux secrets qui l'agitent, la tourmentent et lui plaisent. Elle jouit du bonheur d'aimer sans oser encore s'y livrer, et la tendre résistance qu'elle apporte elle-même au sentiment qui l'entraîne, est un charme de plus qui la ravit. Bazine aime enfin, elle en jouit sans oser à peine se l'avouer, et ce moment est enchanteur pour elle. Sa pensée ne s'égarera plus dans de vagues souhaits, dans de chimériques espérances ; elle n'attendra plus dans la solitude d'un cœur sans objet qui l'occupe, un héros dont elle n'a qu'une idée furtive ; tout est délice pour elle, parce que tout devient amour ; aimer est toute sa vie ; elle seule connoît encore le trouble heureux qui l'enivre si délicieusement ; elle le dérobe, le renferme au fond de son cœur ; elle craindroit de le laisser deviner. Cependant Berthilie la pénètre, mais elle se tait ; elle a aussi son secret, et l'instant des doux aveux n'est pas encore venu.

Childéric, accablé de ses souvenirs, fuyoit de bonne foi l'occasion de reprendre son récit ; voir Bazine au palais, l'admirer, s'enivrer de sa présence, suffisoit à son cœur, trop délicat pour n'être pas sincère, trop grand pour chercher de vaines excuses, trop vrai même pour en trouver : décidé à se taire, à se contenter du bonheur de passer près d'elle une partie de sa vie, le roi ne cherchoit plus ces momens si chers à l'amour et qu'il avoit tant souhaités. Bazine craignoit presqu'autant de se trouver près de lui ; elle trembloit, rougissoit à son approche ; elle sentoit son secret errer sur ses lèvres, elle se défioit de ses regards : tous deux s'évitoient donc également. Bazine, loin de s'en plaindre, admiroit la réserve de son amant ; elle sentoit qu'elle étoit aimée ; les yeux du roi, son embarras, ce respect soumis que l'amour seul peut faire naître, son propre cœur qui l'avertissoit, tout disoit à l'heureuse princesse qu'elle étoit payée de retour.

L'été mûrissoit les blonds épis, le soleil embrâsoit les airs, et les roses mourantes penchoient leurs tiges desséchées ; les nuits, presqu'aussi brûlantes que les jours, ne calmoient point la chaleur ; le sommeil fuyoit les mortels : mais un orage, suivi d'une douce pluie, avoit rafraîchi les fleurs, le feuillage et les gazons. Bazine, que l'orage a agitée, et que ses inquiètes pensées tourmentent encore, lorsque toute la nature est calmée ; Bazine, qu'un trouble plus doux que le repos, ravit au sommeil, se lève avec l'aurore, et admire l'amante de Céphale ; les gouttes de la pluie, encore suspendues aux fleurs, aux brins d'herbes, se changent en perles, en saphirs, en émeraudes. Les premiers rayons du jour brillent sur cette humide vapeur, et l'écharpe d'Iris s'étend sur toute la nature. Les premiers chants des oiseaux ne troubloient qu'avec douceur la tranquillité des airs ; une si belle aurore promettoit une riante matinée : la princesse désire en jouir, et s'égarer sous les voûtes de feuillage qu'elle aperçoit dans une prairie que borde l'Elbe, fier de ses eaux ; une longue chaîne de montagnes borne l'horizon. C'étoit en cet endroit que Bazine vouloit aller respirer l'air pur et balsamique des prés et des bocages ; mais elle ne peut jouir d'aucun plaisir s'il n'est partagé, et elle envoie promptement chercher Berthilie, qui demeuroit avec son père dans le palais du roi de Thuringe ; elle vint promptement, demiéveillée, demi-parée, et applaudit au projet de la princesse : la vertueuse et bonne Eusèbe, qui ne quittoit jamais sa chère élève, fut aussi de la promenade, et suivit de loin ces nymphes légères, qui, courant sur les fleurs sans les fouler, n'y laissoient que la trace passagère qu'y eûssent imprimée les zéphirs. Berthilie avoit retrouvé toute sa gaieté ; Bazine jouissoit mieux de sa douce mélancolie, et toutes deux s'abandonnoient à leurs pensées, admiroient le spectacle de ces beaux lieux, que le jour en se levant leur faisoit mieux distinguer. Eusèbe, prudente, point curieuse et discrète, jouissoit en silence de la pure joie des aimables amies, et l'on parvint ainsi au petit bois, but de leur course matinale. Ce bois, l'une des belles promenades d'Erfort, étoit divisé en superbes allées et semé d'un gazon que la fraîcheur de l'ombre rendoit toujours verd ; les eaux d'une cascade naturelle, mais que l'art avoit embellie, serpentoient en ruisseau bordé de fleurs, et son doux murmure ajoutoit, par son bruit monotone, à la mélancolie, au charme de ces lieux. Bazine quitta son voile, et s'assit sur l'herbe ; Berthilie se reposa à ses côtés, et la prévoyante Eusèbe plaça devant elles une petite corbeille de fruits. Bazine la remercia, et lui présenta les meilleurs ; Eusèbe auroit bien voulu ne pas les recevoir, mais comment refuser Bazine ? Après ce léger repas, Berthilie, qui aimoit passionnément les fleurs, s'enfonça dans le bois pour en cueillir ; Bazine bientôt l'entendit jeter un cri, se leva promptement pour aller à son secours : mais que devint-elle en apercevant Childéric, suivi d'Eginard, que Berthilie conduisoit vers elle. A leur aspect si inattendu, Bazine rougit et demeura interdite ; un doux sourire succéda à l'étonnement ; on oublia que l'on vouloit s'éviter ; on ne songea pas même à se demander la cause d'une rencontre si imprévue, on se contenta d'en jouir. Bazine cependant alloit proposer de retourner au palais, quand elle se rappela heureusement que le récit du prince n'étoit pas achevé ; elle fut ravie d'avoir trouvé un si bon emploi du tems, un prétexte si naturel pour ne pas quitter encore le bocage charmant où elle jouissoit d'un si vrai bonheur. Décidée, elle fut se rasseoir au bord du ruisseau ; Eusèbe étoit près d'elle, Childéric à ses pieds, et placé de manière qu'il la voyoit devant ses yeux, et dans le ruisseau limpide qui répétoit encore sa douce image. Eginard osa s'asseoir près de Berthilie ; il l'aida à faire une guirlande et un bouquet, et souvent, en présentant la fleur qu'attendoit Berthilie, sa main trop prompte ou seulement maladroite, rencontroit une main charmante qui se retiroit trop vite, pour qu'Eginard ne se doutât pas que cette main étoit sensible.

Le jeune roi, enchanté de son bonheur, restoit muet aux pieds de Bazine. Depuis si long-tems il ne l'a vue que... tous les jours, mais au milieu d'une cour nombreuse ; elle est là sans parure, et dans un séjour paisible et discret. Ce bois, sa fraîcheur, cette eau même qui lui retrace les traits qu'il adore, les doux zéphirs, le parfum des violettes, un dieu plus doux encore, et qui règne sur toute la nature comme dans son cœur, écartent de lui toute autre pensée que celle de son bonheur. Le vent agitoit les boucles de sa blonde chevelure ; le désordre de son cœur donnoit à ses traits une expression enchanteresse ; jamais Bazine ne l'avoit vu si beau, jamais il ne l'avoit trouvé si belle ; tous deux oubliant l'univers, s'oubliant eux-mêmes, demeurèrent en silence. Bazine, rougissant du muet aveu qu'elle venoit de faire, reprit pourtant plus d'empire sur elle-même, et d'un seul mot arracha le roi au rêve de félicité qui remplissoit toute son ame ; elle demande, elle exige le fatal récit. Déjà les belles couleurs que le plaisir répandoit sur la figure animée du roi, se sont effacées ; il baisse les yeux et soupire. Vous exigez, princesse, dit-il avec émotion, que je vous retrace une partie de ma vie, qu'il m'eût été trop doux de taire et d'oublier : je dois vous obéir, et peut-être m'en punirez-vous, quoique déjà je sois sans doute bien malheureux, puisque je suis coupable, et puisqu'il faut vous le dire ;... peut-être allez-vous me haïr ! Le roi prononça ces mots d'un air si triste, d'un ton si tendre, que Bazine en fut touchée. Parlez, prince, lui dit-elle avec douceur, je vous jugerai peut-être moins sévèrement que vous-même. Childéric fixa un moment ses yeux sur la princesse, et ce regard suppliant sembloit solliciter sa grace ; elle étoit au fond du cœur de Bazine ; il alloit déchirer ce tendre cœur, mais non le forcer à changer. Bazine se livre un moment au dangereux plaisir d'écouter les regards éloquens du roi ; mais trop émue, elle baissa ses yeux si ravissans, soit qu'ils se laissâssent voir, soit que ses longues paupières en voilâssent la beauté ! C'est d'Egésippe cependant qu'il faut entretenir la princesse ; il faut lui avouer que ce cœur n'est pas pur comme le sien, n'est pas sans souvenirs, n'est pas enfin digne d'elle. Comment lui peindre un amour que lui-même aujourd'hui a peine à concevoir ! Bazine pâlit en écoutant, et ne peut retenir ses larmes. Childéric voit sa douleur, elle le tue. Oh ! que n'ose-t-il s'interrompre, tomber à ses pieds et lui dire : O Bazine ! je ne brûlois que des feux du désir ; cet amour impétueux n'étoit que l'orage des sens ; aujourd'hui j'aime du fond de l'ame, et de toutes les puissances de mon cœur ; l'amour que j'éprouve a reçu ses traits de l'objet même qui me l'inspire. Tel seroit le discours que tiendroit le roi, si ses revers ne lui défendoient de se déclarer. Résistant au trouble qui le dévore, il continua son récit, et fit l'aveu des premières fautes de son règne ; il ne parla pas sans regret de son injustice envers Ulric, et montrant alors Eginard, à qui il tendit la main : Vous voyez, dit-il, comme les braves se vengent. Eginard prit la main de son maître et la posa sur son cœur ; Childéric lui tendit les bras. Ce mouvement de sensibilité émut la princesse et Berthilie. Elles proposèrent au prince de laisser cet entretien qui les agitoit tous si vivement ; il s'y refusa. Non ! reprit-il, achevons cette tâche douloureuse ; si vous me pardonnez, je me croirai absous de tout l'univers ; si vous méprisez un roi malheureux, du moins je ne devrai plus à votre seule ignorance une estime non méritée. Enfin, il a prononcé cet aveu qui lui coûte tant d'efforts, et son repentir et son désespoir l'ont élevé dans le cœur de la princesse bien au-dessus de ses fautes. Childéric ne se plaignit point des revers qui suivirent de si près ses erreurs : mais avec quel chaleur il parla de son séjour chez les Druides, des soins mystérieux qu'il y reçut, de sa joie en retrouvant son cher Viomade, ce Viomade toujours fidèle, quoique persécuté, toujours sensible, enfin, toujours Viomade ! Childéric alors tira de son sein la moitié de la pièce d'or qu'il a reçue du brave ; il fait part à la princesse de ses espérances, et de ce que doit lui annoncer l'autre moitié qu'il attend. Dans ce moment, où il se flatte de reprendre bientôt le chemin de ses états, de reconquérir sa couronne, un désir plus fort que la raison et la prudence saisit son cœur ; toute son ame est dans ses yeux ; une idée qu'il n'ose expliquer, une espérance qu'il n'ose exprimer, se peignent d'elles-mêmes sur son visage ; Bazine l'entend, et semble ne s'occuper que de la pièce d'or qu'elle tient. Mais le roi revenant à lui-même, lui dit avec tristesse : Vous m'avez ordonné de vous faire connoître mon enfance, ma jeunesse, mes égaremens, mes malheurs ; maintenant, prononcez mon arrêt, bannissez loin de vous un coupable prêt à vous obéir. Voyez-vous donc tant de courroux dans mes regards, lui dit Bazine ? et ces pleurs, dont je n'ai pu me défendre, annoncent-elles un cœur insensible à vos remords ? me croyez-vous donc moins généreuse que Viomade ? Mais, ajoute la princesse d'une voix tremblante et en pâlissant, vous voilà maintenant à l'abri des passions ; une aussi fatale expérience en garantira votre ame ; et après avoir aimé si vivement, vous n'aimerez plus. Ces derniers mots expirèrent sur ses lèvres. Ne plus aimer ! s'écria le roi, ne plus aimer ! ah Bazine ! Mais, trop heureux sans doute si je n'aimois plus ! Est-ce à moi, infortuné proscrit, à oser encore prétendre au bonheur ! Si j'aimois, l'honneur ne m'ordonneroit-il pas de le taire, ne m'interdiroit-il pas de téméraires vœux ? Ah ! que je puisse reconquérir mon trône, m'y montrer avec gloire, et vous saurez tous si j'aime. Sa bouche ne prononça que ces mots, mais ses yeux en disoient bien davantage ; l'indifférence auroit pu les interpréter, l'amour sut les entendre et leur répondre. Bazine exprima son bonheur par un silence non moins expressif ; tous deux s'interrogent d'un regard, et sont heureux d'un sourire ; aveux muets et charmans, doux et premier bienfait de l'amour, vous comblez les désirs des amans sincères, vous êtes la volupté du cœur !

Mais les heures, qui semblent s'arrêter pour Childéric et Bazine, s'envolent rapidement pour le reste du monde, et Eusèbe voit, à la hauteur du soleil, que le jour est avancé ; elle craint que l'absence trop longue de la princesse et celle du roi des Francs, n'offense Bazin ; elle ose interrompre de si chers instans. Bazine, toujours bonne et sensible, loin de blâmer Eusèbe de sa triste prévoyance, l'en remercia tendrement, et l'on reprit le chemin de la plaine. Il faisoit une chaleur insupportable, dont personne ne se plaignit, et dont peut-être Eusèbe seule s'aperçut. Eginard n'avoit jamais trouvé Berthilie si fraîche et si jolie ; mais il n'a pas encore sacrifié Grislidis. N'allons pas plus vîte en infidélité qu'Eginard, et laissons-lui au moins tout le mérite de la résistance. Le soir la cour étoit réunie au palais, mais Bazine ne parut point ; Berthilie seule admiroit sur la physionomie du jeune roi les traces de bonheur et d'amour que la rencontre du matin y avoit laissées ; elle ne voyoit pas avec moins de plaisir l'air distrait et rêveur d'Eginard : toutes les dames s'aperçurent du changement qui s'étoit fait en eux, elles n'osèrent interroger le roi ; mais elles badinèrent Eginard, qui, honteux d'une défaite dont il ne convenoit pas encore avec lui-même, surmonta sa foiblesse, et se livra de bonne grâce à toutes les belles : malgré lui, il étoit inquiet de ce que penseroit Berthilie de son air léger et si différent de celui qu'elle devoit attendre en ce jour ;... elle en avoit été vivement blessée, mais elle l'imita. Le roi de Thuringe s'étoit retiré ; Théobard l'avoit suivi, et étoit venu de sa part prier Childéric de se rendre au conseil ; leur absence donnant plus de liberté à ceux qui restèrent, la gaieté devint plus vive ; du badinage on en vint aux chansons ; Berthilie, charmée de se venger d'Eginard, consentit volontiers à se faire entendre, et reprenant sa malice, son air étourdi, son maintien agaçant, son regard plein de finesse et de coquetterie, elle chanta ainsi :

CHANSON

Sous l'air de l'étourderie,
Cachant ma philosophie,
Sur la scène qui varie
Je sais fixer le bonheur ;
Et la raison embellie
Des graces de la folie,
Fait le charme de ma vie,
Et le repos de mon cœur.

On peut, sans être jolie,
Plaire un moment, faire envie ;
A seize ans se voir suivie,
Aussi j'ai mille amoureux.
De leur tendre perfidie,
Par ma gaieté garantie,
Je rirai toute ma vie
De leurs soupirs, de leurs feux.

Sans trop de supercherie,
Un peu de coquetterie,
Animant la jalousie,
Peut m'amuser un instant ;
Mais je quitte la partie,
Si plus tendre fantaisie
De mon heureuse folie
Vouloit faire un sentiment.

Eginard se piqua des paroles, et surtout du regard, du sourire de celle qui venoit de chanter ; il ne vouloit pas aimer, mais il prétendoit plaire, et peut-être même il aimoit. Il avoit espéré qu'elle chanteroit une romance, qui exprimeroit son inquiétude, sa jalousie, sa crainte ; ce ton badin le blessa, l'outra même ; il se promit de ne jamais aimer Berthilie, chercha à se venger, et crut y parvenir en chantant à son tour son indifférence.

L'INDIFFÉRENCE

Depuis que l'indifférence
De mon cœur bannit l'amour,
Si je sens fuir la souffrance,
Le bonheur fuit à son tour ;
Sans regret, sans espérance,
Renaît et finit le jour.

Sans désir, sans rêverie,
J'admire ici le printems ;
Mon ame n'est plus ravie,
Mon cœur n'a plus de tourmens.
Amour, ranime ma vie,
Rends-moi mon cœur et mes sens.

Rends-moi ces momens d'ivresse,
Mon espoir et mes malheurs ;
Rends-moi, d'une autre maîtresse,
Les caprices, les rigueurs.
Dieu charmant de la tendresse !
Rends-moi tout jusqu'à mes pleurs.

Sans doute les dames alloient plaindre Eginard d'une aussi triste indifférence, peut-être même entreprendre de l'en guérir, mais l'arrivée de Théobard mit fin à ces jeux ; il dit à Eginard que son maître l'attendoit dans son appartement, engagea les dames à se retirer, et pressa Berthilie de le suivre. Etonnée, inquiète, elle se précipite sur les pas de ce père tendrement aimé : tout annonçoit une nouvelle extraordinaire ; elle alarme la sensible fille de Théobard ; son père qui la soutient, la sent trembler et la presse contre son cœur ; ce tendre mouvement ajoute encore à son effroi.

LIVRE QUATORZIÈME

SOMMAIRE DU LIVRE QUATORZIÈME

Bazine se livre à ses heureuses pensées. Berthilie les interrompt pour lui annoncer que Trasimond, à la tête d'une armée nombreuse, est entré dans la Thuringe, et que Childéric commande les troupes. Elle le croit déjà vainqueur. Eginard lui présente une bague de la part du roi ; elle lui envoie un baudrier brodé par elle. Berthilie pleure et donne un bouquet à Eginard. Childéric revient après avoir vaincu l'ennemi et accordé la paix. Eginard apporte ces glorieuses nouvelles à la princesse. Berthilie est heureuse. Eginard ne se défend plus qu'avec peine de l'amour qu'il éprouve malgré lui. Une fête magnifique se prépare. Bazine y paroît éclatante de beauté ; le roi de Thuringe en est frappé pour la première fois.

Bazine n'a point quitté son palais ; heureuse de plaire et d'aimer, seule avec son cœur et sa tendresse, elle jouit de ce bonheur qui fut toujours le charme de sa pensée : son ame avoit besoin d'amour ; mais il falloit à sa délicatesse un choix dont elle pût s'applaudir, à son rang un égal, à sa flamme généreuse et pure un amant non moins pur, non moins généreux ; il falloit que des traits nobles et majestueux annonçâssent dans son amant l'heureux vainqueur de Bazine ; il falloit encore que ces traits, réguliers et fiers, fussent adoucis par la bonté, et sûssent exprimer l'amour. Des revers étoient des titres qui touchoient l'ame de la princesse ; la douceur de consoler étoit pour elle un charme de plus ; elle eût aimé Childéric sur le trône, mais elle partageroit avec transport son infortune, et le suivroit dans quelque désert qu'il fût contraint d'habiter. La couronne n'étoit plus rien pour elle sans son amant ; les obstacles, l'absence, le tems, les dangers, toute la puissance du monde ne pouvoient rien contre cet amour extrême ; il a tracé la destinée entière de Bazine ; elle ne jouit plus que du sentiment qu'elle éprouve et de celui qu'elle inspire, tout autre objet a cessé d'exister pour elle. Livrée à toutes ces pensées, elle a vu s'écouler la soirée, une partie même de la nuit, quand elle entend un léger bruit, et croit reconnoître la voix de son amie ; la princesse s'étoit couchée depuis quelques heures, mais elle n'avoit pu trouver le sommeil ; et, surprise d'entendre Berthilie au milieu de la nuit, elle appela ses femmes, et donna ordre qu'on la fît entrer. Les amans croient l'univers occupé de leur flamme, tout les effraie sur leur bonheur, et déjà Bazine va nommer Childéric ; mais voyant couler les pleurs de Berthilie, elle pressent qu'un autre objet les excite, et elle se tait. Son amie ne voulant pas prolonger son inquiétude, lui raconte que Trasimond, roi des Vandales, voulant venger ses sujets si cruellement sacrifiés aux mânes d'Amalafroy, s'est joint à Théodoric, roi des Ostrogoths, et est entré en Thuringe à la tête d'une puissante armée ; qu'ils exercent d'affreux ravages, et font de si rapides progrès, que l'effroi est général. Bazin, à qui sa blessure ne permet pas encore de combattre, a assemblé son conseil ; Childéric, qui s'y est rendu, a offert ses services, ils ont été acceptés avec une vive reconnoissance ; une voix générale lui a confié le commandement de l'armée ; tous les ordres sont donnés, dans quelques heures il partira. Théobard, chargé des préparatifs, a déjà quitté sa fille ; elle-même lui a présenté ses armes, et ses pleurs les ont baignées. Bazine apprend avec joie que Childéric combat pour elle ; déjà sûre de la victoire, elle ne craint plus les ennemis ; son amant sera vainqueur : le doute est une injure, elle ne croit pas qu'on puisse le former ; mais il partira sans la voir, elle en soupire ; le jour va paroître, et c'est l'heure fixée pour le départ.

Eusèbe annonce un message de la part du roi ; Bazine se lève promptement. Eginard est introduit : plusieurs flambeaux éclairent la chambre ; Eginard remet à Bazine des tablettes, elles renferment les adieux du roi ; un anneau, dont une pierre gravée fait l'inestimable prix ; cette pierre représente Childéric couronné, et tenant pour sceptre un javelot ; on lit autour de cet anneau : *Childerici regis*. Tandis que Bazine lit les adieux et y répond, le guerrier est près de Berthilie : la fierté noble qui soutient Bazine est loin de raffermir le cœur de la fille de Théobard ; elle craint les armes, redoute la guerre ; et les attraits d'une gloire si pénible l'effraient, loin de la séduire. Berthilie ne voit que les dangers et l'absence, elle verse des larmes, et nomme son père en regardant Eginard : un bouquet s'échappe de son sein, il est baigné de pleurs ; le jeune guerrier ose lui demander ce premier bienfait ; il va partir, il est si tendre, Berthilie si désolée, que l'idée d'un refus ne lui vient pas ; elle présente les fleurs flétries ; Eginard pose un genou en terre, porte le bouquet à ses lèvres, le place sur son cœur, se lève promptement, et paroît brillant de joie et enflammé d'un nouveau courage. Dans ce moment, Bazine lui remit ses tablettes et un riche baudrier brodé par elle, destiné au roi, et le congédia. Seule avec son amie, elle se sentit moins de fermeté, mais elle se le reprocha ; jamais la Thuringe ne lui parut plus en sûreté que depuis que Childéric va la défendre ; jamais les troupes n'auront été plus victorieuses ; un tel héros doit enflammer tous les cœurs, exalter toutes les ames ; la fortune n'oseroit le trahir, il commande aux destins même. Ce qu'avoit prévu l'exaltation de l'amour fut dépassé par le courage. Childéric, voulant épargner les Thuringiens, et sachant que les armées combinées étoient plus nombreuses que la sienne, eut recours à la feinte ; il évita le combat, eut l'air de fuir, afin d'être poursuivi, et attira l'armée dans un défilé entouré de bois, où il plaça une partie de ses troupes : en un instant les ennemis furent cernés. Effrayés du nombre qu'ils ne pouvoient connoître, puisque de nouveaux renforts sortoient à chaque instant des forêts, ils se virent enfermés de tous côtés. Childéric pouvoit faire prisonniers les deux rois, il leur en épargna la honte, et se contenta de sa gloire, à laquelle une si grande modération ajouta encore. Ses ennemis vaincus ne purent refuser leur admiration à ce trait noble et généreux ; ils demandèrent la paix, et offrirent, pour gage de leur sincérité, et pour resserrer à jamais les liens d'amitié qu'ils alloient former avec Bazin, de donner en mariage, à Hermanfroy, Amalabergue, fille de Trasimond, et de la trop belle et trop célèbre Amalafrède, sœur du roi Théodoric. Childéric ayant envoyé rendre compte de ses triomphes au roi de Thuringe, ainsi que des propositions de paix, celui-ci les accepta sur-le-champ. Amalabergue, encore enfant, fut remise aux vainqueurs, et conduite à la cour de Bazin, où elle resta jusqu'à son mariage, qui se fit au bout de quelques années. Childéric ramena l'armée triomphante ; le peuple vola à sa rencontre : on l'admiroit, il gagnoit tous les cœurs ; mais, loin de s'enorgueillir, il reportoit aux généraux et à l'armée tout le mérite de la victoire. Bazin le reçut en libérateur de ses états : une foule immense l'entoura, mais Childéric n'envioit point l'hommage de ce peuple, ni la pompe des fêtes ; un seul regard a plus de prix pour son cœur que ces honneurs importuns. Que ne peut-il s'y dérober ! que ne peut-il échapper à la gloire pour connoître et sentir un instant de bonheur ! Mais Bazin le retient près de lui au milieu de ses généraux, et le seul objet que désire son cœur, que souhaite son impatience, le seul qui puisse embellir sa victoire, ne paroît point. Bazine, éperdue de joie, de bonheur et d'amour, n'ose quitter sa retraite ; là, sans témoins qui puissent contraindre son cœur, elle presse dans ses bras l'heureuse Berthilie ; mais elle n'ira point à travers cette foule indifférente ou curieuse, déguiser sa pensée, modérer ses transports, et défendre à ses regards même de s'exprimer. Childéric triomphant ! Childéric de retour ! que de biens à-la-fois la ravissent ! Elle attendra que, libre des lois qui asservissent la grandeur, il puisse venir à ses pieds déposer ses armes, et lire dans ses yeux un triomphe plus doux. Mais

Childéric, impatient de l'absence de la princesse, inquiet même, ordonne à Eginard de se rendre près d'elle, et de lui porter tous les détails de sa victoire. Chargé d'un ordre d'autant plus doux qu'il espère trouver Berthilie près de la princesse, Eginard parvient promptement au palais. Berthilie, en l'apercevant, veut se lever, mais ses forces lui manquent ; elle retombe sur son siége, et une mortelle pâleur se répand sur tous ses traits ; elle peut à peine respirer ; Eginard qui voit son trouble, oublie un moment ce qu'il venoit dire ; mais les roses ayant promptement reparu sur le visage charmant de Berthilie, il se remit lui-même, et offrit à la princesse, attentive et émue, les hommages de ce grand roi qui les obtenoit tous. Eginard n'oublia aucun des détails glorieux d'une aussi importante victoire. Bazine, tour-à-tour flattée, attendrie, jouit de tout ce qui élève son amant. Berthilie ne compte que le retour, ne connoît point d'ennemis, ne désire qu'une conquête ; sa patrie est toute entière dans son père, la princesse et son amant. Théobard n'est pas encore arrivé ; il accompagne la jeune Amalabergue, mais il n'a pas été moins heureux que ne le désire sa tendre fille. Eginard avoit déposé aux pieds de Bazine, l'épée triomphante du roi, lui-même lui parloit à genoux, et Berthilie étoit assise près de la princesse. Eginard, dans sa précipitation, n'a peut-être pas bien choisi la place, car un indifférent même supposeroit qu'il est aux pieds de Berthilie, que même c'est elle qu'il a regardée en parlant à la princesse ; mais le sentiment n'observe point ; Bazine ne s'en douta pas, son amie ne fit aucune réflexion, et la princesse, oubliant Eginard, ne s'occupa bientôt plus que de Childéric et s'abandonna à sa rêverie. Berthilie, moins distraite, releva le guerrier, et respectant les pensées auxquelles se livroit son amie, elle s'approcha d'une fenêtre ouverte qui donnoit sur une terrasse ornée de fleurs ; elle regarda Eginard, il osa la suivre ; leur entretien fut timide ; mais après tant de dangers, un jeune héros est devenu bien cher ; on a tremblé pour ses jours, on a si souvent pleuré, qu'il est juste qu'à son tour il console. Berthilie a tant de fois gémi.... sur son père, il est sauvé, elle est heureuse ! Ah ! s'il pouvoit, content de l'aimer, borner à elle seule tout son bonheur, ne plus exposer des jours.... qui sont les siens, une vie qui est la sienne.... Eginard assure que pour lui il n'a eu rien à craindre, qu'il avoit là, sur son cœur, une défense certaine.... et il tire de son sein le bouquet, gage de ses adieux. Berthilie rougit de joie et de pudeur, devint tremblante, baissa les yeux, et sentit qu'il étoit tems de rejoindre la princesse... Cependant elle n'obéit pas sans regret à cette loi sévère, et soupira en voyant s'éloigner celui qu'elle n'avoit quitté qu'alarmée du plaisir que lui causoit sa présence. Eginard a rejoint son maître ; il sait qu'une fête magnifique se prépare, que Bazine a reçu l'ordre du roi, son oncle, d'en venir faire les honneurs, et Childéric voit avec plaisir les somptueux apprêts qui lui annoncent enfin celle qu'il adore. Des flambeaux éclairent les salles, on entend déjà le bruit des instrumens, lorsque Bazine paroît. Childéric ne l'a jamais vue que sous ses habits de deuil, ou dans la parure négligée qui sied si bien à sa fraîcheur ; mais c'est en reine qu'elle se présente à ses yeux, qui, éblouis de tant de charmes, cherchent et retrouvent avec délices, les grâces modestes que tant d'éclat semble relever encore. Etrangère à la richesse qui la décore, Bazine cache en vain la sérénité de son noble front sous le bandeau de rubis ; en vain ses cheveux, rattachés par de magnifiques nœuds de diamans, ne peuvent plus flotter avec grâce sur le beau sein renfermé dans le vêtement de pourpre et d'or ; si les yeux étonnés méconnoissent un moment que c'est Bazine, le cœur dit bientôt que c'est elle ; superbe et cependant charmante, la princesse s'approche du roi de Thuringe, qu'elle félicite sur le succès de ses armes, adresse à Childéric des paroles non moins flatteuses, mais qu'un doux regard et une rougeur plus douce encore accompagnent ; elle ne fut pas moins gracieuse pour tous les généraux ; pas un trait de courage ou de clémence ne fut oublié par elle. Ah ! princesse, lui dit le plus ancien chef de l'armée, *vous voulez donc nous faire tuer tous* ! La fête fut brillante, et tous les cœurs s'ouvrirent au plaisir ; Bazine dansa avec cette inimitable perfection attachée à chacun de ses mouvemens ; Childéric, si jeune, si agile, ne fut pas moins admiré ; Berthilie sembla voltiger, Eginard la poursuivre et la dépasser. Le jour termina les plaisirs.

Théobard arriva bientôt, conduisant la petite Amalabergue avec plusieurs femmes de sa suite. Le soin de la recevoir, et les fêtes qu'occasionnèrent son arrivée, occupant le roi de Thuringe, Childéric et Bazine s'étoient trouvés seuls plusieurs fois. Au bonheur de s'aimer, ils avoient enfin ajouté celui de se le dire ; mais Childéric attend des nouvelles de Viomade, et ce n'est qu'après les avoir reçues, et au moment de retourner dans ses états, qu'il demandera la main de la princesse ; jusques-là, heureux de se voir, et mille fois heureux, ils s'aimeront en silence : tel est leur projet ; c'est de lui qu'ils s'entretiennent, c'est à lui qu'ils pensent, et c'est en lui qu'ils espèrent. Que ne peuvent-ils passer ainsi toute leur vie !.. Mais Bazin va troubler des jours si beaux, un bonheur si pur, et punir la princesse de cette rare beauté, dont, jusque-là, il n'avoit point éprouvé l'empire.

LIVRE QUINZIÈME

SOMMAIRE DU LIVRE QUINZIÈME

Portrait du roi de Thuringe : il est amoureux. Portrait de Théobard, chef du conseil. Bazin assemble son conseil, et lui expose les raisons politiques qui lui font souhaiter la main de Bazine ; il est approuvé. La princesse reçoit l'ordre de se rendre le lendemain au conseil ; elle obéit avec effroi. Le roi lui offre le trône qu'elle refuse avec modestie. Bazin lui donne quelques jours pour se préparer à l'hymen qu'il va ordonner : elle se retire et confie sa douleur à Eusèbe ; mais elle est prisonnière dans son palais. Berthilie lui annonce qu'elle n'en sortira que pour marcher au temple. Ces nouvelles se répandent. Childéric ne peut contenir son indiscrète douleur. Bazin ordonne une fête ; la princesse est contrainte d'y paroître ; l'espoir d'y voir Childéric la soutient ; elle est pâle et mourante. Bazin, jaloux, épie les amans, surprend leur secret, et prépare sa vengeance ; il reconduit Bazine vers son palais, la confie à Théobard, rentre dans la salle des jeux, et jouit de l'inquiétude de Childéric jusqu'au moment où Théobard reparoît ; alors il donne le signal qui termine la fête. Théobard a conduit Bazine et Eusèbe dans la roche sombre : elles y sont enfermées. Désespoir d'Eusèbe ; elle raconte à la princesse l'histoire de la roche sombre, et celle de la mort d'Humfroi son père.

Bazin avoit près de soixante ans, une santé robuste, un extérieur noble, un regard farouche, le cœur altier, et jusqu'alors insensible à l'amour ; l'orgueil de commander l'avoit privé du charme d'obtenir ; jamais il n'avoit rien sollicité, rien attendu, rien espéré ; il régnoit au sein même des plaisirs, qui s'en effarouchoient et fuyoient loin de lui, ne lui laissant que le dégoût.

Ces faveurs involontaires n'avoient offert à ses sens que d'imparfaites jouissances ; son cœur, resté froid, n'avoit jamais palpité ; son épouse, toujours soumise et tremblante, n'avoit connu de l'hymen que les devoirs ; elle étoit morte en donnant le jour à Berthier, et n'avoit point regretté la vie. Bazine, née sous les yeux du roi, et sortant à peine de l'enfance, n'avoit point encore touché son cœur ; mais cette belle et tendre fleur commençoit à s'épanouir ; chaque jour lui donnoit une grâce ou une perfection nouvelle, et Bazin, étonné de tant de charmes qu'il n'avoit point même devinés, s'enflamma tout-à-coup d'impétueux désirs inconnus encore à son ame. A peine en a-t-il senti l'ardeur dévorante, qu'impatient il assemble son conseil ; là, il rappelle à ceux qui le composent combien il leur avoit toujours semblé nécessaire au repos du peuple et à l'intérêt de ses fils, de confondre ses droits avec ceux que Bazine conservoit au trône, comme fille unique de son frère aîné, dont la mort mystérieuse avoit seule fait passer la couronne sur sa tête ; c'étoit le motif qui avoit décidé le mariage de la princesse avec Amalafroi ; le second fils de Bazin étoit trop jeune, et d'ailleurs il étoit promis à Amalabergue. Bazine, soit qu'elle s'alliât à un prince étranger, soit qu'elle se fît un parti dans la Thuringe, pouvoit un jour revendiquer ses droits, chasser ses fils ou diviser le royaume, et le livrer à toutes les horreurs d'une guerre intérieure. Son union seule avec le roi pouvoit éviter de tels maux, et il la proposa comme essentielle à la paix et au bonheur de tous. Le conseil approuva un projet si politique et si heureux en apparence. Bazine étoit adorée, on regrettoit encore son père, dont l'inflexible et sanguinaire successeur n'avoit pu faire oublier le règne trop court. Théobard reçut l'ordre de prévenir la princesse qu'elle devoit se rendre au conseil le lendemain, mais sans lui expliquer les intentions du monarque. Théobard, ministre et ami de son roi, n'a jamais approuvé ses injustices, lui seul n'a jamais tremblé devant lui, lui seul a opposé la vérité à la puissance. Bazin respecte son caractère inaltérable, sa vertueuse témérité ; il s'en étonnoit quelquefois, mais lui résistoit en l'admirant, et le préféroit même en secret à ses lâches flatteurs ; il avoit en lui seul une confiance sans bornes. Théobard, incapable de le trahir, mettoit à le servir un zèle infatigable, et étoit à-la-fois son juge le plus sévère, son plus intrépide défenseur ; l'estime de tous justifioit celle du monarque. Cet homme courageux et sensible avoit servi le père de Bazine ; il portoit à la princesse un attachement bien naturel ; l'hymen projetté la replaçoit sur son trône, et donnoit aux Thuringiens une reine aussi douce que belle, et dont les vertus et les charmes captivant le roi, ôteroient sans doute à son caractère cette violence qui ternissoit son règne ; ces idées mettoient le comble au bonheur de Théobard ; il voyoit déjà Bazine sur le trône et le peuple heureux ; il ne sentoit donc que les avantages de cet hymen, sans prévoir combien, au contraire, il alloit entraîner de malheurs. C'est ainsi bien souvent que le monde décide en aveugle et distribue le blâme ou l'éloge, sans savoir ce qui a déterminé son choix.

Tandis que ces événemens se préparoient, l'objet qu'ils intéressoient étoit bien loin de les imaginer. Bazine, sans envier à son oncle le rang qu'il alloit lui offrir, satisfaite d'un seul hommage, oubliant toute autre grandeur, n'apprit qu'avec trouble qu'elle devoit paroître au conseil. Un rien inquiète l'amour, un rien alarme le bonheur. La princesse frémit d'un danger qu'elle ne peut ni concevoir, ni définir ; elle sent qu'elle est heureuse, que tout changement va devenir un malheur ; mais elle ne peut s'attendre à celui qui la menace, et pour éviter à ceux qu'elle aime le partage de ses craintes, elle les renferme dans son cœur, et attend, en tremblant, l'heure qui va confirmer ou détruire ses alarmes. Suivie seulement d'Eusèbe, Bazine quitte son palais, et entraînée par cette puissance magique qui anime seule la vie, elle s'approche de la fontaine, revoit le bocage et le gazon, témoins discrets de ces entretiens chéris dont le souvenir fait couler ses larmes. Bazine semble dire un éternel adieu à ces champêtres abris ; elle soupire et les quitte, comme avertie par son cœur qu'elle ne doit jamais les revoir. Surmontant une douleur qu'elle même accuse de foiblesse, Bazine se rend au palais ; elle y est reçue avec des honneurs qui, jusque-là, ne lui furent pas accordés ; elle s'étonne, et marche jusqu'au conseil, suivie d'une garde nombreuse. Bazin, en l'apercevant, descend de son trône, s'avance au-devant d'elle, la conduit en silence, et la place à ses côtés ; le cœur de la princesse palpite avec violence, sa main tremble dans celle du roi ; elle s'assied et baisse les yeux. Bazin admire un moment son maintien noble et timide, ses grâces, sa délicatesse, et l'embarras qui semble encore l'embellir ; enfin, d'une voix qu'adoucit l'amour : Bazine, lui dit-il, mon peuple, mon conseil et mon cœur vous appellent au trône ; acceptez ma main et régnez... A peine ces paroles ont-elles été prononcées, qu'une mortelle pâleur couvre le front de la princesse ; mais rappelant tout-à-coup ce caractère élevé, cette ame qu'elle a reçue de la nature, et à qui l'amour imprime un nouveau courage : Grand roi, dit-elle, vos bontés pour moi commencèrent avec ma vie ; je n'ai connu que vous pour souverain, pour bienfaiteur et pour père ; je vous aime de ce filial amour, qui, mêlé de respect et de reconnoissance, de soumission et de crainte, n'admet point d'autres sentimens ; accoutumée à trembler devant vous, je ne puis voir en votre auguste personne qu'un père et qu'un roi. Je sens combien votre choix m'honore ; mais, confondue parmi vos sujettes, je me contente d'obéir à vos lois, et borne mes vœux à ma paisible destinée. Bazine se tait, et voit sans effroi le courroux se peindre sur le front du roi ; elle attend avec sécurité sa réponse, en conservant cet air doux et tranquille qui désarme. Cependant le monarque, après un moment de silence : Je conçois, lui dit-il, que l'offre inattendue que je vous ai faite, ait effrayé votre jeunesse, accoutumée à la dépendance ; l'éclat de ma grandeur vous étonne, vous n'osez l'envisager, et la majesté qui m'environne trouble votre innocente timidité ; rassurez-vous, ne voyez plus que mes bontés et mes empressemens. Allez réfléchir en liberté sur l'heureux sort que je vous destine ; dans dix jours je vous conduis aux autels. A ces mots, Bazin se lève, et ramène la princesse vers la porte d'entrée : là, elle retrouve la garde qui l'avoit accompagnée. Elle retourne dans son palais au milieu d'un nombreux cortége ; vingt femmes nouvelles, des gardes à toutes les portes, tout enfin, lui rappelle ce qu'elle vient d'entendre, et déjà lassée de sa grandeur, elle cherche l'asile solitaire où elle pourra échapper à des soins qui l'importunent : elle est seule enfin, et se retrace avec effroi l'offre ou plutôt l'arrêt terrible qu'elle vient d'entendre. L'amour lui défend de l'accepter... l'amour lui fait craindre un refus... ce roi puissant et cruel l'entendroit-il sans se venger sur son rival ? Bazine seroit-elle la cause des dangers auxquels son amant succomberoit sans doute ? Mais n'est-il donc aucun moyen d'échapper à sa destinée terrible, sans que Childéric soit victime de lâches fureurs ? ne peut-il s'y soustraire en s'éloignant ? ne peut-il retrouver un autre asile ? Ah ! s'il étoit absent, si Bazine cessoit de craindre pour lui, qu'elle auroit de courage pour elle-même ! Elle le verra du moins, elle exigera qu'il parte, elle l'obtiendra sans doute... Plus rassurée par cette espérance, elle demande Eusèbe, et lui annonce ce qui s'est passé au conseil... Jamais, répond avec horreur la bonne nourrice... ah ! jamais ! et elle paroît tourmentée d'une pensée profonde, d'un secret important. Bazine, préoccupée, ne s'aperçoit pas de son trouble ; la nuit vint, mais le sommeil ne la suivit pas ; la princesse voyoit se perdre en un instant les flatteurs projets de l'amour, qui, se confiant dans l'avenir, attend tout de lui et de la constance ; ces rêves charmans d'une félicité lointaine, s'évanouissoient, et ce héros vivement souhaité par son imagination, plus vivement aimé par son cœur, alloit s'éloigner d'elle et peut-être renoncer à elle pour jamais ! La veille encore elle étoit heureuse et rendoit grâce à l'amour ; aujourd'hui elle s'abandonne à sa douleur ; le jour fut sans distraction pour elle, comme la nuit avoit été sans repos. Berthilie, désirée et attendue, vint enfin lui porter les douces consolations de l'amitié. Que leur réunion fut tendre ! Appuyées sur le sein l'une de l'autre, étroitement enlacées, leurs larmes se mêlèrent, leurs soupirs se confondirent, et leurs caresses adoucirent un moment des peines également senties. Berthilie donne des conseils prudens... elle cesse d'être légère, vive, étourdie, quand il s'agit de son amie ; elle craint, et elle a raison de craindre : quelques mots échappés à Théobard, la défense bien cruelle, mais bien absolue, de se rapprocher d'Eginard, l'air sombre du roi, les préparatifs de son hymen, la douleur indiscrète que Childéric ne peut maîtriser, tout alarme la tendre fille de Théobard, et tout a bien droit de l'alarmer. Elle annonce à la princesse qu'elle ne pourra quitter son palais sans en avoir reçu l'ordre, que prisonnière, elle ne peut y recevoir que le roi, Théobard et elle seule. Comment revoir Childéric, lui faire part de ses inquiétudes, lui exprimer ses désirs ?.. Berthilie, elle-même, n'a obtenu de venir la joindre qu'en recevant la défense de la quitter ; Eusèbe ne peut pas plus s'éloigner qu'elle. Bazin a des soupçons... Bazin est amoureux, et l'amour lui apprend à sentir la jalousie... S'inquiéter, espérer malgré tant de maux, aimer encore plus celui pour qui on les éprouve, détester celui qui les cause, former cent projets, les rejeter, y revenir, s'affliger, espérer encore, ainsi se passèrent plusieurs jours. Le terme fatal approchoit, il redouble la douleur et les alarmes des deux amies.

Tandis qu'elles gémissent dans une égale détresse, Childéric, au désespoir, ne sait ce que l'amour attend de lui, ce qu'en exige la prudence. Que peut-il hasarder ? que doit-il entreprendre ? Où est son sceptre ? où sont ses armes ?

qu'a-t-il à opposer à son rival ? que lui reste-t-il même à offrir à la beauté ?.. Doit-il lui enlever un trône, incertain de le lui rendre ? le désirer même n'est-il pas un crime, n'est-ce pas une offense, n'est-ce pas sacrifier à son amour l'objet divin qui le lui inspire ?.. Ah ! le bonheur fuit sans cesse devant lui, et lorsqu'il est près de l'atteindre, il lui échappe toujours !.. Telles sont les pensées qui agitent le jeune roi... Viomade même semble l'abandonner ; les hommes, la fortune et l'amour, tout trompe ses vœux et son espérance.

Mais le roi de Thuringe ne peut vivre si long-tems loin de Bazine ; jamais encore il n'avoit connu le charme de la résistance, le tourment délicieux des désirs ; ce trouble le ravit et l'étonne ; son cœur, tout rempli, d'une douce image, remercie tout bas la sévère Bazine des plaisirs inconnus qu'il éprouve, de ceux qu'il espère. Cependant il veut éblouir ses yeux d'un fastueux hommage, il veut lui plaire, il veut l'étonner du spectacle de son pouvoir. Une fête où l'amour s'unit à la magnificence, est préparée ; Bazine l'apprend et frémit... Cependant elle reverra Childéric, et dans le tumulte, ils pourront se rejoindre, s'entendre et fixer leur sort. Eginard reverra Berthilie ; il y pense, il a senti son absence, elle a affligé l'aimable inconstant... Son maître est si malheureux, et Berthilie peut lui être si utile... ! Eginard ne veut plus s'occuper que d'elle, ils uniront leurs soins et leurs cœurs... Eginard aime trop Childéric pour ne pas chercher la seule Berthilie.... Sans doute, il se promet même de n'aimer qu'elle et de l'aimer toujours... oui, toujours ! il l'a prononcé ce mot effrayant, et il étoit loin d'elle ; il s'avoue même que s'il est flatteur de plaire, il est peut-être plus doux d'aimer ; que le cœur gagne à réunir le souvenir de la veille au plaisir du jour, à l'espoir du lendemain ; et souriant à des projets si nouveaux, il s'écrioit : *O l'heureux changement !* C'est dans les vastes jardins que la fête est préparée ; des flambeaux, placés avec art, forment un jour éclatant, qui ravit à la nuit tout son empire ; des festons de fleurs, suspendus aux arbres, soutiennent les chiffres unis du roi et de l'infortunée dont ils annoncent le malheur. Ornée par d'importunes mains, auxquelles elles s'abandonne tristement, elle laisse à leurs soins l'art facile de l'embellir ; cependant, les inquiétudes, les douleurs, les larmes ont effacé les roses brillantes de son teint ; une pâleur plus touchante peut-être les remplace, et jamais, dans tout l'éclat de sa fraîcheur, elle n'a paru plus digne d'amour ; ses yeux, chargés d'une tendre mélancolie, et encore humides de pleurs, attendrissent l'ame ; on la prendroit pour une statue d'albâtre, représentant l'innocence qui implore le secours des dieux. Elle s'avance, et les cœurs volent au-devant d'elle. Childéric l'aperçoit ; il est ému, agité, au désespoir ; l'orgueilleux Bazin s'empare de la main tremblante de la princesse, il la place lui-même sur un trône de fleurs ; les jeux commencent, et les Bardes chantent la beauté de Bazine, la gloire du roi et l'union fatale, dont la seule pensée donne la mort à l'infortunée qui en est victime. Les instrumens se font entendre ; les danses vont commencer ; c'est l'instant que l'amour espère, et qu'attendoit secrètement la jalousie... Ah ! des yeux moins clairvoyans que les siens se seroient aperçus du trouble qui saisit Childéric et Bazine en s'approchant l'un de l'autre, de leur bonheur, en se pressant la main, de leurs regards, lorsque séparés par les autres danseurs, ils se cherchoient, s'apercevoient, voloient l'un vers l'autre, et s'enlaçoient de leurs bras ; ces mouvemens pleins de grâce et d'amour n'échappent point au jaloux observateur, qu'ils irritent ; il veut pourtant s'assurer d'un malheur qu'il ne fait encore que craindre, et qu'il peut attribuer au plaisir ou à la jeunesse ; mais il prépare déjà sa vengeance. Bazin disparoît ; sa vue ne contraint plus des amans qui peut-être ne pourront plus renouer cet entretien trop important pour le différer ; ils laissent la danse, et vont s'asseoir à quelque distance des jeux, sous un dais de feuillage et de fleurs : là, trop loin pour être entendus, et seulement accompagnés d'Eusèbe, ils se confient leurs douleurs ; mais Bazine n'a point accepté la main du roi, elle ne l'acceptera jamais ; rien n'effraie son ame, hors les dangers de son amant ; qu'il s'éloigne, et elle saura se conserver pour lui. Childéric est bien loin de consentir à un tel sacrifice. Quoi ! lui roi détrôné, sans asile et presque sans espérance, étendroit sur elle ses malheurs ! Il combat avec force une telle résolution, il conjure la princesse d'accepter la main du roi, et refuse de partir... Eh ! quoi, lui disoit Bazine, vous voulez que ce cœur tout plein de vous aille jurer à un autre un sentiment dont vous seul l'avez pénétré ; qu'infidèle en pensée, Bazine prononce, aux pieds des autels, un serment trahi d'avance ! Ah ! prince, pouvez-vous seulement en concevoir le désir perfide ? pouvez-vous me condamner au parjure et au malheur ? oubliez-vous que je vous aime de cet amour qui a décidé de ma vie ? Princesse, reprenoit ce généreux amant, il est dans le rang qui vous attend, une jouissance qui remplira bientôt toute votre ame ; celle qui peut tout a tant de bien à faire, que la sensible Bazine trouvera, sur le trône, des jouissances dignes d'elle : en voyant un infortuné, vous vous rappellerez Childéric ; en secourant sa douleur, vous calmerez la vôtre, et vous vous direz : puisse une main consolatrice adoucir aussi la tienne, prince malheureux ! Tous deux versoient des larmes, chacun vouloit mourir ; Childéric jura de ne point s'éloigner que Bazine ne fût reine : elle prioit, ordonnoit en vain, lorsque Théobard vint l'arracher à ce douloureux et tendre combat, pour la ramener à la fête où Bazin l'appeloit. On voyoit encore la trace de ses pleurs, elle ne chercha point à les cacher ; bientôt l'infortunée les répandra sans témoins. Bazin a tout entendu, appuyé contre les arbres qui le déroboient aux amans ; il n'a plus de doute ; son amour a tous les projets de la haine, mais la haine n'a pas éteint son amour. Qu'elle est belle ! se disoit-il, mais que son cœur est ingrat ! Obtenons, de la crainte et du malheur, ce qu'elle refuse à mes soins ; punissons qui me brave ; n'hésitons pas à m'en séparer. Bazin, rapproché de la princesse, et observant sa pâleur, son abattement, lui dit avec une feinte douceur : Reine, car vous l'êtes déjà pour mon peuple et pour moi, ces jeux vous lassent ; cessez de vous contraindre ; retirez-vous ; venez, que je vous ramène jusqu'à ce palais que vous quitterez bientôt : et en disant ces mots, il entraînoit l'infortunée. Ces momens, disoit-elle, sont peu faits pour une explication, cependant je vous conjure de m'écouter.—Je vous entendrai, Bazine, soyez-en certaine ; mais voici Théobard qui va vous reconduire ; souffrez que je vous confie à lui, et veuillez le suivre. A ces mots, le roi s'éloigna ; Bazine étonnée, inquiète, se trouva entourée d'une suite nombreuse, et entrainée pour ainsi dire dans son palais ; les portes en étoient gardées ; on la laissa seule avec Eusèbe. Ma chère nourrice, lui dit la princesse, on trame quelque chose contre nous ; qu'allons-nous devenir ? que prétend le roi ? à quoi suis-je destinée ? Eusèbe, plus effrayée encore, se taisoit. On apercevoit des fenêtres l'éclat de la fête ; on entendoit les chants, on distinguoit le bruit des instrumens ; Bazine contemploit ces témoignages d'allégresse, et son cœur abattu en étoit douloureusement affecté. Childéric est là, se disoit-elle ; le plaisir semble s'agiter autour de lui, et la mort s'y cache peut-être ! O dieux ! ne permettez pas le crime ; prenez seulement mes jours. Bazine ne sait ce qu'elle redoute, et la tristesse saisit son ame ; de sinistres et vagues pensées l'oppressent ; elle se jette dans les bras d'Eusèbe et l'arrose de ses larmes. Des pas précipités se sont fait entendre ; les appartemens s'ouvrent tout à coup, et Théobard paroît. Bazine attend ce qu'il vient lui annoncer ; Eusèbe a jeté un cri d'effroi. Princesse, dit Théobard avec attendrissement et respect, je viens, par ordre du roi ; vous voudrez bien sans doute me suivre dans les lieux où j'ai ordre de vous conduire, et être sans crainte avec Théobard : alors il pressa Eusèbe de rassembler promptement tout ce dont elles pourroient avoir besoin toutes les deux, dans le séjour éloigné où il alloit les mener lui-même, et ordonna à quatre muets dont il étoit suivi, de se charger de ce qu'Eusèbe voudroit emporter : mais le trouble de la nourrice est si grand, qu'elle entend à peine ce que Théobard lui dit ; tout échappe à sa main tremblante ; en vain elle s'efforce d'obéir, et Bazine, qui veut la rassurer, fait elle-même tous les apprêts dont sa nourrice n'est plus capable. Mon voyage sera-t-il long ? dit la princesse. Il ne tiendra qu'à vous de l'abréger, et si vous daignez en croire un sujet fidèle.... C'est assez, Théobard : mais étoit-ce à vous de remplir un si rigoureux devoir ? Hélas ! reprit-il avec la plus vive émotion, falloit-il vous livrer, princesse, à des mains perfides ou cruelles ? Je vous entends, Théobard ; pardonnez un injuste reproche. Bazine prit sa lyre, dont elle prévit qu'elle auroit souvent besoin, et ayant rassemblé à la hâte ses vêtemens, annonça que l'on pouvoit partir ; les muets se chargèrent de tout ce que la princesse résolut d'emporter. Elle sortit, et donna le bras à Eusèbe qui pouvoit à peine se soutenir ; un char les attendoit ; elles y montèrent ; Théobard le conduisit, les muets le suivirent sur des chevaux ; ils s'éloignèrent rapidement. La nuit étoit belle, quoique sombre ; le char parcouroit les magnifiques allées qui entouroient le jardin, et les feux qui éclairoient les lieux de la fête, frappèrent de nouveau la triste Bazine. C'est là qu'elle laisse Childéric ; c'est là, qu'entouré de plaisirs qui l'abusent, il attend et espère son retour, tandis qu'une main barbare les sépare ! O cher prince ! se disoit elle, peut-être vous croyez-vous encore heureux, et votre amante est déjà frappée ! Et toi, chère Berthilie, demain quelle sera ta douleur ! A ces pensées cruelles, la princesse répand des pleurs, et ceux qui coulent en abondance des yeux d'Eusèbe, retombent encore sur son cœur. Quoi, disoit-elle, dois-je donc ainsi rendre malheureux tout ce qui s'intéresse à mon sort ? dois-je donc coûter des larmes à tout ce qui m'aime ? Après une marche rapide et assez longue, on entra dans un bois ; les muets allumèrent des flambeaux pour le traverser ; il étoit épais, et sans aucune route tracée. A ce spectacle, le désespoir d'Eusèbe est à son comble ; Bazine la caresse et la rassure, mais elle gémit douloureusement. Après deux heures de marche, on sortit du bois : à son extrémité s'élève une chaîne de montagnes informes et de rochers amoncelés, qui offrent aux yeux leurs masses gigantesques, effrayantes et bizarres ; les flambeaux qui jettent sur ces tristes lieux leur lumière vacillante, ont confirmé les craintes d'Eusèbe. Barbares ! dit-elle, où conduisez-vous l'illustre fille d'Humfroi. O ciel ! ô princesse infortunée ! c'est à la roche sombre que l'on va nous renfermer. Ah ! Théobard, s'écrioit Eusèbe, sauvez votre reine, la mienne, celle de toute la Thuringe, ou que les justes dieux vous punissent ! Hélas ! il étoit ému, mais il sentoit la nécessité d'obéir ; Bazine restoit confiée à ses soins, et il savoit bien qu'alors sa vie au moins seroit en sûreté. Un mot d'ailleurs pouvoit la délivrer ; elle montoit sur son trône, et assuroit une longue paix à son royaume. Théobard espéroit que le séjour de l'affreuse caverne la décideroit promptement à un hymen nécessaire, et qu'elle renonceroit à un amour qu'il regardoit comme une erreur de son âge. Ils avançoient, livrés chacun à leur pensée ; mais la route, semée de pierres, de cailloux, d'éclats de rochers, est devenue impraticable ; il faut abandonner le char, et marcher sur ces pierres, qui blessent les pieds délicats de la princesse ; Théobard la soutient, tandis qu'elle-même soutient Eusèbe désolée. Enfin ils arrivent tous auprès de ces roches énormes ; une d'elle est creusée ; les muets passent les premiers ; Théobard, qui prend les flambeaux, guide Bazine et Eusèbe dans un souterrain étroit ; une trappe de fer est levée ; ils entrent alors dans une vaste caverne, où les muets ont d'avance placé des siéges et des lits. Il étoit tems d'arriver, Eusèbe ne pouvoit plus se soutenir ; elle jeta un cri en entrant : Oui, c'est ici, dit-elle, et elle tombe évanouie. La princesse, aidée de Théobard, la place sur un siége et lui donne tous les secours qu'elle peut trouver autour d'elle ; Eusèbe reprit ses sens, et demeura silencieuse et désespérée ; les muets transportèrent ce qu'ils avoient placé dans le char ; par ordre de la princesse, ils allumèrent des flambeaux. Théobard supplia respectueusement Bazine de demander tout ce qui pourroit adoucir sa captivité, osa l'inviter à en sortir promptement, et à rendre à sa cour sa présence désirée. Il lui promit de revenir la nuit suivante, et s'éloigna promptement, sachant avec quelle impatience son roi attendoit son retour. Bazine, restée seule avec Eusèbe, entendit se refermer la trappe de fer ; un silence terrible règne alors au fond de la roche ; le bruit seul d'un torrent, habitant furieux de ce sauvage séjour, en trouble la sombre tranquillité. Eusèbe, baignée de larmes, ose à peine lever les yeux, et les détourne avec horreur d'une longue chaîne de fer scellée dans le roc, et que la princesse n'avoit point d'abord aperçue ; la bonne nourrice se tait et réfléchit ; sa physionomie altérée, son regard sinistre annoncent une ame profondément blessée. Bazine s'apercevant de sa désolation, l'embrasse tendrement. Ma chère amie, lui dit-elle, avec cette douceur et ce charme inconcevable qui a tant d'empire sur les cœurs, ta peine ajoute à mes maux : si tu m'aimes, prends pitié de toi-même et de ton enfant. Ne murmurons pas, chère Eusèbe, nos jours appartiennent aux dieux, c'est à eux qu'il faut les abandonner. Un mot, une caresse, un sourire de sa chère élève, faisoient le bonheur d'Eusèbe ; sa douleur ne tint pas contre un langage si doux ; elle essuya ses pleurs, et parut plus tranquille. Ah ! ma princesse, dit-elle tristement, le ciel sait que ce n'est pas pour moi que je gémis : puissé-je rester ici toute ma vie et vous en voir échapper ; mais, hélas ! il n'en existe aucun moyen, et Bazin est seul maître de votre destinée. Cette retraite affreuse n'est connue que d'un seul Druide, le vieil Hirman, retiré dans la forêt de Thuringe, du roi, de Théobard et des muets. O malheureuse ! l'entrée en est entièrement cachée par plusieurs pierres énormes que l'on ne peut enlever qu'avec de grands efforts ; le souterrain se ferme par une trappe de fer que l'on n'ouvre qu'à l'aide d'un secret que personne ne pourroit trouver ; ici, dans le haut de cette caverne, est pratiquée avec art une ouverture qui donne de l'air et du jour : mais afin d'éviter les vents, les pluies, elle est faite de manière que la roche avançant en saillie, cache le ciel et prive ces lieux, déjà horribles, des rayons du soleil ; cette ouverture ne s'aperçoit point au dehors, et donne sur le torrent dont vous n'entendez que foiblement le murmure, parce que dans ce moment ses eaux sont peu abondantes ; mais lorsque grossi par les pluies et les orages, il gagne le pied de la roche que nous habitons, il la heurte avec fracas, et remplit ces lieux d'un bruit sinistre et terrible ; personne alors n'oseroit approcher, et nul mortel sans doute ne croiroit que ces roches fussent habitées. O ma princesse ! qui protégera votre jeunesse opprimée ? qui osera vous secourir, vous défendre ? cette chaîne surtout me désespère : ô ma fille ! si on osoit... A ces mots, Eusèbe retomba dans sa profonde tristesse. M'enchaîner, ma bonne nourrice ; ne le craignez pas, jamais Théobard n'y consentiroit ; moins je puis m'échapper de cette prison, moins j'ai à redouter une barbarie inutile. D'ailleurs, nous pourrions aisément détacher cette chaîne du roc où elle est fixée, et la jeter dans le torrent par cette ouverture élevée ; mais que pourrions-nous attendre ? Les dames portoient alors des poignards à leur ceinture ; Bazine se promettoit d'essayer la pointe aiguë du sien sur le roc, et d'en détacher l'objet des craintes d'Eusèbe : surprise de ce que la nourrice pût aussi bien décrire des lieux ignorés, elle lui demanda comment elle avoit pu en acquérir une aussi parfaite connoissance. Eusèbe pâlit, hésita, pria la princesse de lui épargner un récit qui dans cet instant lui seroit trop pénible ; Bazine n'insista pas, consentit même à se coucher, mais put à peine s'endormir. Eusèbe, non moins agitée, ne goûta qu'un repos interrompu. Le jour éclairoit depuis long-tems ces tristes lieux, quand les captives se levèrent ; toutes les deux offrirent au ciel leurs vœux et leur soumission ; le repas fut préparé par Eusèbe ; Bazine sourit en l'invitant à manger ; mais la pauvre nourrice ne peut s'accoutumer à ce séjour, bien moins encore à y voir renfermée la fille d'Humfroi. Des pleurs baignent sans cesse ses yeux ; elle ne mange point ; Bazine s'efforçoit de la distraire, elle avoit pris sa lyre, elle avoit chanté des airs qui plaisoient tous à Eusèbe. Elle avoit plusieurs fois examiné la bague chérie qui représentoit son amant ; mais voyant retomber Eusèbe dans son silence douloureux : Chère amie, lui dit-elle, si tu veux m'obliger, tu me feras à l'instant même le récit des évènemens qui déjà sans doute t'amenèrent dans ces lieux ; ne me refuse pas plus long-tems. Un désir de Bazine étoit toujours une loi pour la sensible nourrice ; elle se recueillit un moment comme pour surmonter son attendrissement. Rien, dit-elle à la princesse, ne me défend de vous parler aujourd'hui ; je le dois même, et les motifs qui m'ont forcée au silence m'ordonnent à présent de vous confier le secret que j'ai si long-tems renfermé dans mon sein. Mais ne vous livrez point à la douleur, je vais vous dévoiler de grands crimes ; je voulois différer encore dans la crainte que ces lieux ne vous devinssent trop odieux ; mais vous l'ordonnez, et je dois obéir.

HISTOIRE DE LA ROCHE SOMBRE

Vous n'ignorez pas que nos pères descendus de la la Pannonie, s'emparèrent de ce beau pays qui faisoit partie des Gaules ; long-tems repoussés, puis vainqueurs, ils s'établirent enfin en conquérans, et se choisirent des chefs. Leurs mésintelligences entraînant les oppressions et la guerre, le peuple, lassé d'être victime de leurs passions, se choisit un roi ; ce roi fut votre illustre père. Trop attaché à son frère, l'odieux Bazin, il l'associa à son empire, lui confia le commandement des armées, lui fit élever un palais, non moins beau que le sien même, dont il étoit voisin ; enfin il lui donna toutes les marques d'une grande tendresse. Bazin feignoit d'y répondre ; mais l'ardente soif de régner le dévoroit, et il voyoit avec envie la puissance qu'un tendre frère aimoit à partager avec lui. Humfroi, juste et généreux, aimé de son peuple, en paix avec ses voisins, eût été le plus heureux des rois, sans l'inquiétude où le plongeoit sans cesse la santé de son épouse qu'il aimoit avec passion. Un mal secret minoit depuis long-tems sa vie ; Humfroi, désespéré, offroit aux dieux de pompeux sacrifices ; l'encens fumoit sur tous les autels, et le peuple entier prioit pour sa reine ; elle devint grosse, et cette révolution devoit lui être favorable, ou terminer ses jours ; Humfroi redoubloit ses hommages aux dieux. Les Gaulois, dont nous suivons la religion, adoroient des divinités champêtres, surtout celles qui présidoient aux rochers et aux torrens. Ces asiles de la crainte les remplissoient d'une religieuse terreur ; ils aimoient à s'y abandonner, et leurs ames, alors fortement agitées, adoroient ces dieux qu'ils redoutoient. Parmi ces temples formés par la nature elle-même, et habités par ces divinités farouches, on comptoit la caverne qui nous renferme. Radegonde, votre mère, conjura le roi d'y offrir pour elle un sacrifice secret. Bazin, présent à cette prière, forma sur le champ le plan odieux qu'il n'a que trop facilement exécuté. Quelques jours après cet entretien de la reine, les deux frères étant à la chasse, Bazin s'approcha d'Humfroi, et l'engagea à le suivre et à abandonner un moment les chasseurs. Inquiet comme toi, mon cher frère, lui dit-il, sur les jours précieux de Radegonde, j'ai fait préparer le sacrifice qu'elle demande ; viens avec moi, nous rejoindrons ensuite la chasse. Humfroi, sensible à cette offre de son frère chéri, le suivit. Mon mari étoit attaché au service particulier de votre père, et il n'en étoit pas éloigné, lorsqu'il les vit quitter les autres chasseurs ; il crut devoir accompagner son maître ; mais n'en ayant pas reçu l'ordre, il se tint à quelque distance, et vit les deux frères descendre de cheval et entrer ensemble dans *la roche sombre* ; il savoit qu'Humfroi devoit y offrir un sacrifice, il se retira par respect, et vint rejoindre la chasse. Au bout de quelques heures, Bazin, qui s'étoit mêlé aux chasseurs, reprit le chemin de son palais, et témoigna la plus profonde tristesse : son frère Humfroi, disoit-il, avoit tout-à-coup disparu, le cheval seul étoit de retour : on fit promptement des recherches dans la forêt, elles furent inutiles, et chacun forma ses conjectures, son plan, son histoire. Ces bruits accablèrent de douleur mon cher Taber ; il se rappela le moment où son maître s'étoit éloigné des siens, la route qu'il avoit prise ; et résolu de s'assurer de son sort, et de vérifier ce qu'il soupçonnoit, il se rendit dans ces mêmes lieux ; mais il n'aperçut aucune ouverture à ces roches si semblables entr'elles, et après une recherche inutile, désespéré de son mauvais succès, il se hâta d'aller trouver le grand prêtre

Hirman, et de lui confier ses pensées et ses indices. Hirman frémit à l'idée d'un fratricide, et ayant parlé à trois Druides qu'il admit à le suivre, il se rendit à la roche sombre, emportant tous les apprêts d'un sacrifice, en cas qu'ils fussent surpris. Ils ôtèrent d'abord les pierres qui fermoient la roche, et en déguisoient si bien l'entrée, que Taber n'avoit pu la deviner ; ils ouvrirent ensuite la trappe de fer, dont Hirman connoissoit le secret, et ils entrèrent dans la caverne, suivis de Taber, qui parcouroit rapidement ces lieux, certain d'y trouver les traces d'un meurtre. De quel effroi furent-ils saisis ! peignez-vous ce qu'ils éprouvèrent tous, en voyant leur roi encore vivant, mais pâle, mourant et attaché, hélas ! à cette chaîne, à cette chaîne, objet de mon respect et de ma crainte ! La faim, la soif, mille douleurs dévoroient le roi ; il s'évanouit en reconnoissant Hirman et Taber ; ils lui donnèrent de prompts secours, l'enveloppèrent du manteau de mon époux, lui firent avaler quelques gouttes des liqueurs qu'ils avoient apportées pour le sacrifice, et transportèrent le malheureux Humfroi jusques dans leur temple. Hirman, très-versé dans les sciences, étoit surtout fort habile en médecine ; il employa toutes les ressources de son art pour rendre la santé à Humfroi : mais il s'aperçut que le monarque étoit empoisonné, et que l'effet du poison pouvoit seulement être tempéré, qu'enfin sa mort étoit prochaine. Il en avertit le roi, qui dès lors le pria de tenir secrète toute cette aventure horrible ; ensuite il chargea Taber de se rapprocher du palais, et de venir la nuit suivante lui apporter des nouvelles de Radegonde. Taber obéit et vint me trouver ; j'étois au service de la reine depuis mon enfance, c'étoit elle qui avoit fait mon mariage, et je nourrissois ma fille Elénire. Au récit de Taber, je sentis mon sang se glacer dans mes veines ; cependant je l'engageai à cacher ces affreux évènemens à votre sensible mère ; elle étoit à la fin de sa grossesse, et si languissante, qu'une révolution aussi violente auroit pu lui coûter la vie. Taber, la nuit suivante, devoit retourner au temple ; je lui dis que l'on cachoit à la reine tout ce qui regardoit Humfroi ; qu'on lui avoit persuadé que la chasse le retenoit encore pour quelques jours. Bazin s'étoit emparé du gouvernement, prêt à remettre, disoit-il, le sceptre à son frère dès qu'il paroîtroit ; mais, se flattant sans doute que la nouvelle inattendue de sa mort le délivreroit encore de Radegonde, et du fruit que portoit son sein, et dont les droits légitimes l'effrayoient, il alla, pendant que je parlois à Taber, instruire brusquement la reine de la perte de son époux, qu'il supposa avoir été dévoré par un sanglier. A cette nouvelle, Radegonde jeta de grands cris, et s'évanouit, mais les douleurs de l'enfantement la rappelèrent à la vie ; j'étois revenue près d'elle avec les femmes et tous les secours nécessaires. Bazin, feignant la plus vive douleur, ne voulut point quitter la chambre ; il assuroit que l'enfant qui alloit naître ne pouvoit vivre, et je me préparois à ne pas le quitter des yeux, persuadée que son intention étoit de l'étouffer. Vous naquîtes bientôt ; aux premiers sons de votre petite voix à-la-fois douce et forte, je le vis pâlir. Mais à peine sût-il que c'étoit une fille à qui la reine venoit de donner le jour, qu'il changea entièrement de physionomie, il embrasse la reine, et après vous avoir caressée et appelée sa fille, il se retira pour assembler promptement le conseil : là, il déclara votre naissance, ajouta que, pour assurer vos droits au trône, et satisfaire à sa tendresse envers son frère, il vous adoptoit pour sa fille, vous nommoit de son nom, et vous destinoit à Amalafroi, son fils, âgé de deux ans. Ces marques de son amour pour Humfroi enchantèrent tous les cœurs ; la Thuringe entière y applaudit avec transport ; votre mère, malgré sa douleur et sa foiblesse, s'en félicita, et vouoit une tendre reconnoissance au barbare qui causoit son malheur et sa mort. La reine m'aimoit tendrement, et m'avoit fait promettre de vous nourrir ; ma fille étoit assez forte pour se passer de mon lait ; dès que vous naquîtes, je la confiai à ma mère ; je vous présentai le sein sur le lit même de Radegonde ; vous le prîtes aussitôt, et votre mère en sourit : mais elle se sentoit si foible, qu'elle ne pouvoit se flatter de vivre long-tems ; elle ne le désiroit point ; privée de son époux, tranquille sur vos jours, elle attendoit avec calme l'instant qui devoit finir ses maux. En effet, peu de momens après, elle s'affoiblit de plus en plus, me remit pour vous tout ce qu'elle possédoit de plus précieux, me fit jurer de ne vous quitter jamais, et expira dans mes bras sans aucune marque de souffrance. Bazin, à cette nouvelle, donna de grands témoignages de douleur. Je rejoignis un moment Taber, que j'instruisis de tous ces détails ; il partit dès qu'il fit nuit, et arriva au temple où Humfroi l'attendoit impatiemment. A son récit, votre père s'écria : Chère Radegonde ! nous ne serons pas long-tems séparés. En effet, ses douleurs ne lui laissoient aucun espoir ; et dès lors il désira avec ardeur que le crime de son frère demeurât à jamais inconnu. Il fit sentir à Hirman, ainsi qu'à Taber, que son frère sans doute sauroit bientôt qu'il étoit sauvé ; que tant qu'il le croiroit vivant, il se feroit un otage de sa fille, dont les jours lui deviendroient nécessaires ; tandis que s'il étoit sûr de sa mort, il vous feroit mourir peut-être pour anéantir vos droits au trône. Cette pensée étoit juste, Hirman l'approuva, et toute cette funeste histoire fut soigneusement cachée. La mort de votre père n'arriva pas aussitôt qu'on l'avoit craint d'abord ; il vécut plusieurs mois, mais dans des souffrances continuelles, causées par l'effet du poison, dont tout l'art d'Hirman ne parvint qu'à retarder l'effet et à calmer les douleurs. Ce bon roi, ce tendre père brûloit du désir de vous voir ; il l'exprima à Taber, qui m'en fit part ; cette démarche étoit difficile. Bazin, qui feignoit pour vous la plus grande tendresse, m'envoyoit chercher chaque jour ; j'étois contrainte et observée, je ne pouvois m'échapper. Taber seul alloit porter de vos nouvelles ; ce qu'il disoit de vous ajoutoit encore au désir qu'éprouvoit Humfroi. J'eus enfin le bonheur de le satisfaire. Bazin, que l'idée de son crime poursuivoit, désirant sans doute en enlever les traces, ordonna une chasse du côté de la roche, et se hasarda seul pour l'examiner. Surpris de la trouver ouverte, il osa avancer dans le souterrain, la trappe étoit restée levée ; il ne trouva point sa victime, et ne put voir sans effroi les apprêts d'un sacrifice non consommé, qu'avoit apportés et abandonnés

Hirman. A ce spectacle, Bazin crut son frère sauvé, son crime découvert ; il accusa Hirman, se promit une éclatante vengeance, et sortit en furieux de cet asile divin, dont il avoit fait l'antre du crime ; cependant il lui restoit l'espoir qu'au moins votre père étoit mort avant le sacrifice. Pour s'en assurer, il résolut de voir le sage Hirman, et rejoignit la chasse, pâle, rêveur, agité. Le lendemain, il fit demander au vénérable Druide un entretien secret ; Hirman lui fit réponse qu'il ne le verroit qu'à la *roche sombre*. Bazin, qui crut entendre le reproche et la menace dans ce peu de mots, entra dans une si violente colère, qu'il ne put en maîtriser les transports. Cette rage inutile s'exhala en mouvemens impétueux qui enflammèrent son esprit, et en peu d'heures il tomba dans un délire frénétique ; une fièvre ardente le dévoroit ; il appeloit Humfroi, Hirman, Radegonde, et se rouloit par terre comme un insensé. Ceux qui avoient les premières places autour de lui, éloignèrent tous les témoins qui pouvoient publier ses paroles dangereuses ; j'eus défense de vous porter au palais, sous prétexte que la maladie du roi étoit contagieuse : me trouvant libre alors, j'en profitai, et je dis à Taber de m'amener un char au bout des allées ; le soir venu, je vous enveloppai soigneusement, et vous portant dans mes bras, j'allai joindre Taber qui m'attendoit. Je montai sur le char, vous tenant sur mon sein ; le mouvement vous ayant endormie, je vous portai ainsi jusqu'à votre père, qui vous reçut avec transport ; il osoit à peine vous caresser de peur de vous réveiller, mais au bout de quelques minutes vous ouvrîtes les yeux, et vous le regardâtes ; ce moment, à ce qu'il nous répéta plusieurs fois, fut le plus doux de sa vie ; ce regard l'avoit charmé ; il vous couvrit de ses baisers et de ses pleurs. Nous passâmes ainsi toute la nuit ; votre père remercia les dieux qui lui accordoient encore tant de jouissances ; il me témoigna une reconnoissance au-dessus de mes services, et vit venir le jour avec regret : mais Taber pensa que je pouvois rester jusqu'à la nuit suivante. Il retourna dans votre palais, afin de répondre en cas que je fusse demandée ; votre père vous garda constamment dans ses bras, et ce fut alors qu'il me raconta comment son barbare frère l'avoit attiré dans la roche.

Vous savez, me dit-il, que Radegonde désiroit que j'offrisse pour elle un sacrifice aux divinités champêtres. Bazin, feignant de satisfaire ce désir, m'engagea, pendant une chasse, à me rendre au temple sauvage, où, disoit-il, on n'attendoit plus que moi ; je le suivis avec la plus sensible reconnoissance ; il entra le premier ; j'aperçus plusieurs druides, et je déposai mes armes selon l'usage. Dès que l'on me vit désarmé, les faux druides, que je reconnus alors pour les muets chargés ordinairement des exécutions, se jetèrent sur moi, m'attachèrent à la chaîne de fer destinée à retenir les victimes offertes en sacrifice.... J'appelai mon frère à mon secours ; il avoit fui le cruel ! On me laissa des vivres, et, en un moment, je me vis enchaîné dans une horrible caverne.... J'entendis se fermer avec fracas une trappe ; je me trouvai seul et abandonné à mon horrible destinée ; l'image de Radegonde, prête à me rendre père, s'offrit à ma pensée et m'attendrit ; je sentois que ma perte entraîneroit la sienne ; l'ingratitude d'un frère tendrement aimé m'affligeoit plus encore que sa cruauté ne m'effrayoit ; la mort avoit pour moi moins d'horreur que la haine de Bazin : mais l'impossibilité de changer rien à mon sort me rendit tranquille. J'offris mes jours aux dieux ; j'osai descendre dans mon cœur, en sonder tous les replis, en interroger tous les sentimens ; satisfait d'eux, en paix avec moi-même, je n'attendis plus qu'une mort douloureuse, mais qui m'ouvroit une autre vie. J'invoquai les dieux pour Radegonde, pour le fruit de notre amour ; je leur recommandai mon peuple ; je pardonnai à Bazin, et repoussant les alimens qui eussent retardé le sacrifice de ma vie que je venois de faire, je m'endormis profondément. Un doux songe m'offrit Radegonde, mère d'une fille déjà belle, et déjà la vive image de la reine. Je m'éveillai tranquille, soumis, adorant les dieux, et plein de calme. Les heures s'écouloient ; la faim, dont je ressentois les vives atteintes, croissoit avec elles ; bientôt les momens devinrent des supplices : tourmenté du plus horrible besoin, je lui résistai long-tems ; je détournois la vue des alimens que je m'étois promis de ne pas toucher ; mais la nature l'emporta ; je dévorai cette dangereuse nourriture, qui par une juste punition du ciel, auquel je m'étois donné, auquel je venois de chercher à me dérober, porta dans mes entrailles la souffrance et la mort. Si plus dévoué, plus fidèle à mes sermens, j'eusse repoussé avec constance des secours perfides, récompensé de ma force, de ma vertu, je serois aujourd'hui sur mon trône, je jouirois du bonheur d'être père et de l'amour de mon peuple heureux. Voilà, chère Eusèbe, ajouta-t-il, comme les justes dieux me punissent : apprenez à ma fille à respecter leur volonté, à leur immoler sans regret cette vie que nous tenons d'eux, et citez-lui mon exemple, si les évènemens vous forcent à lui révéler ma funeste histoire. Mais, Eusèbe, n'oubliez jamais que j'en exige le secret, tant que mon frère respectera les jours et les droits de ma chère Bazine, tant qu'il ne changera rien au projet de l'unir à Amalafroi. J'approuve cette union ; elle assure à ma fille un trône paisible ; mais si cet hymen étoit rompu, alors parlez, et ordonnez de ma part à ma fille de consulter le sage Hirman sur les moyens à employer pour revendiquer son trône. Je le répète, tant que ses droits seront respectés, tant qu'elle sera traitée en héritière de la couronne de son père, épargnez son cœur, et dérobez-lui les crimes d'un frère auquel j'ai pardonné, auquel je pardonne encore au nom de Bazine.

Tels furent, princesse, les ordres que je reçus de votre père ; je les ai observés fidèlement, soit en gardant le silence, soit en vous parlant aujourd'hui. Votre hymen avec votre oncle vous plaçoit encore au rang de reine de Thuringe ; mais je ne pouvois voir sans effroi cette alliance, et votre main devenir la proie de l'assassin de votre père : cependant, n'osant déterminer mon devoir dans une circonstance que le roi n'avoit pu prévoir, je fis chercher Taber à la maison de chasse où il commande, et je l'envoyai consulter Hirman. Il m'a ordonné de vous faire connoître toute cette affreuse histoire, et j'obéis : mais il me reste à terminer le récit de la mort du roi. Je le quittai la seconde nuit et vous ramenai dans votre palais. Grâce à la maladie de Bazin et à l'adresse de Taber, mon absence fut ignorée ; je retournai même plusieurs fois au temple. Un jour, je venois de vous y conduire, et de vous déposer dans les bras de votre père ; vous lui sourîtes, c'étoit votre premier sourire, il lui causa une joie inexprimable ; vous aviez alors près de deux mois ; je le trouvai extrêmement pâle et affoibli. Eusèbe, me dit-il, je ne vous reverrai plus, et ce premier sourire de Bazine sera le dernier dont mes yeux paternels auront joui. N'oubliez pas tout ce que je vous ai recommandé : si jamais vous êtes forcée de parler de ma mort à ma fille, remettez-lui ces tablettes, cette bague gravée, et qui porte l'empreinte du nom et des traits de sa mère. Il me présenta alors ces dons précieux ; je prononçai le serment de vous consacrer ma vie ; Taber m'imita ; le roi vous pressa contre son cœur, vous embrassa avec tendresse, et ne pouvoit vous quitter ; il sentoit, hélas ! qu'il ne vous reverroit plus ; mais la prudence exigeoit mon retour ; je m'arrachai à regret d'auprès de lui. La maladie de Bazin étoit moins violente ; son délire ne duroit plus que quelques instans ; il demanda même à vous voir, vous caressa, m'accabla de riches présens, et enfin il se rétablit. Mais hélas ! le vertueux Humfroi n'existoit plus. Vous parûtes chaque jour plus chère à son barbare successeur ; vous grandissiez sans connoître les malheurs qui avoient précédé votre naissance. Amalafroi me sembloit digne de vous ; je jouissois de votre bonheur en pleurant secrètement les auteurs de vos jours, lorsque la mort prématurée du fils aimable et vertueux du plus cruel des rois, a changé votre destinée et mes devoirs. Recevez cette bague et ces tablettes, dit alors Eusèbe, en les présentant à Bazine, qui pendant son récit, attentive et muette, avoit donné un libre cours à ses larmes. L'arrivée de Théobard la força de les essuyer ; Bazine n'avoit point un faux orgueil, mais elle ne vouloit pas que l'on se méprît sur ses sentimens, ni que l'on attribua à la foiblesse l'hommage offert à la tendresse et à la nature.

LIVRE SEIZIÈME

SOMMAIRE DU LIVRE SEIZIÈME

Douleur de Childéric. Berthilie découvre l'enlèvement de la princesse ; elle espère tout d'Eginard, qui ne compte que sur elle. Songe de Bazine. La chaîne. Eginard obtient de Berthilie un rendez-vous nocturne ; ce qu'il entend, son entretien avec Berthilie, l'espoir qu'il conçoit. Il le partage avec son maître. Nouveau rendez-vous projeté. Eginard l'exécute, découvre la roche sombre, et trouve Bazine. Il vole en instruire Childéric, et bientôt après Berthilie. Deux étrangers paroissent chez son maître ; ce sont Ulric, son père, et son frère Valamir. Ils apportent au roi le vœu de son peuple, et le signal promis par Viomade. Récit d'Ulric. Combats qu'éprouve le roi. Il ira cette nuit même à la roche sombre ; en attendant, il se rend au conseil, et fait part au roi de Thuringe de son bonheur. Bazin feint une fausse joie. Théobard qu'elle inquiète se promet de le deviner.

Tandis que la princesse, entraînée par les ordres du roi, avançoit vers la roche qui devoit ensevelir tant de charmes ; tandis qu'elle se soumettoit courageusement à son sort, ou qu'elle écoutoit avec attendrissement le récit d'Eusèbe, Childéric l'a vue disparoître de cette fête, où elle lui avoit semblé aussi sensible que belle ; il a vu naître le jour destiné pour l'hymen funeste, et cependant tous les apprêts en sont suspendus. Bazin se tait, mais l'inquiétude secrète qui le dévore se décèle malgré lui. Eginard s'informe des motifs qui ont retardé la cérémonie ; personne ne lui répond, et Berthilie, qui a reçu la défense de se rendre auprès de la princesse, en conçoit trop d'ombrage pour obéir ; elle n'attend que la nuit pour braver ce roi qui fait tout trembler : et sans rien craindre de sa vengeance, malgré son inquiétude, elle sourit en pensant au plaisir de le tromper. A peine les voiles du soir déroboient-ils aux regards la démarche téméraire de l'amitié, que Berthilie s'avance légèrement vers le palais ; les gardes n'en défendent plus l'entrée ; elle s'en étonne, et s'approchant d'une petite porte, dont par bonheur elle a la clef, elle ouvre, s'élance par des détours qui lui sont connus, et parvient aux appartemens, éclairée d'une petite lampe qu'elle a apportée. Ils sont déserts, et le désordre qui y règne encore annonce un départ précipité. O ciel ! qu'est-elle devenue ? où l'a donc conduite ce roi barbare ? quelle est sa destinée ? qui pourra en instruire son amie ? comment la secourir ? que va devenir Childéric qui la croit renfermée dans son palais ? comment le prévenir ? C'étoit l'instant de penser à Eginard ; elle y pensa.... mais elle a craint d'exposer son père adoré aux soupçons, au courroux du roi ; elle a défendu à son amant de se rapprocher d'elle ; et comment servir ceux qu'ils aiment, s'ils ne peuvent ni se réunir, ni se parler ? La désolée fille de Théobard quitte ces lieux déserts et douloureux, regagne son appartement et s'afflige ; que peut-elle espérer ? que peut même entreprendre Childéric ? La douleur est peinte sur ce beau visage, dont l'expression douce et mélancolique attendrit tout, excepté le rival qui en jouit. Seul, dans une cour soumise à son ennemi, ses pas sont épiés, ses discours répétés, ses moindres démarches observées. Tandis que Berthilie se livre à ses pénibles pensées, Childéric ne se désespère pas moins qu'elle, quoiqu'il ignore une partie de ses malheurs. Ah ! que le silence de Viomade lui semble affreux, qu'il l'effraye maintenant ! Si du moins, assuré de sa puissance, il osoit parler en roi et en amant préféré : qu'il est humilié de sa dépendance ! Qu'est devenu le tems où il donnoit des lois ; où, à la tête d'une puissante armée toujours triomphante, il eût fait trembler Bazin lui-même ? Ce roi a-t-il donc oublié que lui seul lui a sauvé la vie, que son bras l'a délivré des Vandales et des Ostrogoths ? Ne doit-il donc rien à son amitié, à sa vaillance ? Ah ! l'amour, l'amour n'obéit qu'à ses caprices, et ne reconnoît aucune loi ; mais Bazine l'aime, son choix est tout ; elle rejette la main et le trône qui lui sont offerts : n'est-elle donc pas maîtresse de son cœur ?.... Childéric, indigné de céder en silence à son rival, réprime avec peine les mouvemens de son amour, de sa fierté, de son courage.

Mais Théobard se trouvoit presqu'aussi malheureux que ces illustres victimes du courroux et de l'amour de son roi. Il ne pouvoit voir sans honte et même sans remords, la fille d'Humfroi dans une si odieuse captivité. Il avoit aperçu sur cette figure charmante, des traces de pleurs, il n'avoit pu résister à ces preuves de sa souffrance. Entraîné par sa sensibilité, il s'étoit jeté aux pieds de la princesse, et l'avoit conjurée, les larmes aux yeux, de céder à sa destinée, de ne pas s'exposer à des malheurs plus grands encore. Bazine, touchée des marques d'un attachement aussi pur, lui en témoigna sa reconnoissance, mais l'assura, avec autant de fermeté que de douceur, que rien ne pourroit la déterminer à l'hymen odieux qui lui étoit offert ; elle le pria de ne lui en parler jamais, l'exigea même, et le vertueux chef du conseil alloit se retirer au désespoir, lorsque Bazine le conjura, avec cet air et ces grâces auxquels on ne pouvoit rien refuser, de remettre à Berthilie des tablettes sur lesquelles elle écrivit, devant lui, quelques lignes. Je connois vos devoirs, lui dit-elle, et les dangers auxquels vous seriez exposés ; je n'écrirai rien qui indique mon funeste sort, mais accordez-moi la permission de la rassurer. Théobard eût sacrifié sa vie pour la princesse ; il ne vouloit trahir ni le secret confié par son roi, ni le serment d'obéissance qu'il avoit prononcé ; cependant il s'en rapporta à la princesse, et se chargea de remettre les tablettes à Berthilie. Bazine écrivit, et le chef du conseil s'éloigna, emportant le précieux écrit, et pénétré de respect, d'amour, d'attendrissement pour celle qu'il regardoit comme sa reine.

Le départ de Théobard laissoit à Bazine la liberté de lire les dernières volontés de son auguste père ; elle se livra toute entière à cette douce et tendre occupation. Humfroi, dans cet écrit, lui retraçoit rapidement ses malheurs, les services d'Eusèbe, qu'il la conjuroit d'aimer tendrement, et finissoit par lui ordonner, en cas que ces tablettes lui fussent remises, de n'entreprendre aucune démarche, de n'accepter aucun époux, sans consulter le pieux, le sage Hirman, s'il vivoit encore ; s'il n'existoit plus, on devoit trouver sur le tombeau d'Humfroi un écrit d'Hirman, qui indiqueroit à la princesse ce qu'elle auroit à entreprendre. Bazine, après avoir lu plusieurs fois l'écrit révéré, après avoir examiné et couvert de ses baisers et de ses larmes la belle image de Radegonde, passa la bague à son doigt, auprès de celle qui représentoit son amant, et se jetant dans les bras d'Eusèbe, qu'elle accabla de ses caresses : O ma chère nourrice ! lui dit-elle, je ne connoissois pas encore la moitié de tes bienfaits. Eusèbe, suffoquée par ses larmes, ne put répondre, et toutes deux enlacées dans les bras l'une de l'autre, demeurèrent en silence. Mais les flambeaux qui commençoient à s'éteindre, annonçoient qu'ils brûloient depuis long-tems, et que la nuit étoit fort avancée. Eusèbe, inquiète pour la santé de sa chère enfant, la supplia de se coucher ; Bazine ne voulut pas l'affliger par un refus, et sûre de ne point dormir, elle céda aux instances de sa nourrice. La fatigue l'emporta sur l'agitation de ses esprits ; elle s'endormit vers le matin, et un songe la conduisit aux autels d'hyménée ; Bazin en prononçoit l'irrévocable serment, lorsque l'ombre d'Humfroi, s'élevant entre eux, les sépara. Bazine, éveillée par le trouble qu'excitoit dans son cœur cette auguste apparition, vit que le jour éclairoit déjà toute sa caverne, et elle promena ses regards dans ces lieux qu'avoit habités son père ; combien ils sont devenus chers et sacrés pour elle ! Bazine respiroit l'air qu'il avoit lui-même respiré. Bientôt levée, ainsi qu'Eusèbe, que réveilloit un mouvement, un soupir de celle qui occupoit toute son ame et toute sa pensée, Bazine s'approcha de la chaîne, et chercha la place où son père, prosterné, s'étoit offert aux dieux pour son épouse et pour son enfant ; elle s'y précipita à son tour, jura d'accomplir ses volontés, de chérir Eusèbe, d'obéir à Hirman, avoua qu'elle aimoit Childéric, que lui seul avoit son amour, que lui seul pouvoit faire son bonheur, mais elle promit qu'Hirman seul disposeroit de sa main. Alors se relevant, et touchant avec respect cette chaîne dont le poids accabla son père, elle cherche à reconnoître les anneaux qui ont pressés ses bras, elle y attache les siens ; il lui semble que ces fers ont conservé quelques parties de lui-même ; elle croit les recueillir et s'en pénétrer, sa bouche se pose avec ardeur sur les traces que son cœur devine. Oh ! disoit-elle, chaîne plus précieuse pour moi que mes éclatantes parures, jamais je ne me séparerai de toi ; si les dieux me conservent la vie, me rendent ma liberté et me placent au rang des reines, chaque jour, me dépouillant des marques de l'orgueil de la grandeur, je viendrai, me courbant humblement devant toi, me rappeler ce qu'a souffert mon vertueux père... Bazine, pressée par les fers douloureux qu'elle arrose de ses larmes, parut à Eusèbe digne de l'amour et de l'admiration de l'univers ; elle invoqua les dieux pour le bonheur de cette fille de ses soins et de son cœur : et la prière de la vertueuse Eusèbe parvint au trône de l'éternel.

C'est dans cette occupation pieuse, animée, que la belle et tendre captive passoit ses jours. Théobard venoit, de deux nuits l'une, lui apporter des provisions, prendre ses ordres, et adoucir, autant que sa sévère obéissance le lui permettoit, une captivité qui l'affligeoit plus que celle qui en étoit la victime ; il avoit placé les tablettes de la princesse dans un lieu où il étoit sûr qu'elles seroient trouvées par Berthilie ; en effet, l'aimable fille les avoit découvertes, et brûloit de les communiquer à Childéric, à qui elles paroissoient être adressées comme à elle. Voici ce qu'elles contenoient : « Mes jours sont en sûreté, mais je suis loin de vous ; c'est vous que j'aime plus que ma vie ». Berthilie cherchoit l'occasion favorable pour s'approcher du prince ou d'Eginard ; elle avoit placé dans ses cheveux la guirlande de fleurs, signal dont ils étoient convenus pour s'annoncer une nouvelle importante, et s'étoit rendue près de Bazin. Son amant a vu le signal ; il a lui-même cent choses à communiquer à Berthilie ; mais ce n'est pas au milieu de mille témoins, et sous les yeux soupçonneux du roi, qu'il peut avoir un aussi long entretien. Il n'est qu'un seul moyen de se voir librement et sans danger : peut-être effrayera-t-il Berthilie. Ah ! que peut-elle avoir à craindre d'un amant si soumis et si tendre ? n'est-elle pas en sûreté sous la garde de l'amour et de l'honneur ?.. Il est jeune et amoureux ce guerrier charmant, mais il respecte l'innocence. Décidé à tout obtenir de la confiante tendresse de son amante, mettant dans ses yeux tout ce qu'il a d'amour et de franchise, il s'approche d'elle, et lui dit avec précipitation : Et moi aussi j'ai à vous confier les secrets les plus importans ; la vie, peut-être, de ceux à qui nous sommes dévoués, en dépend. Ces lieux sont peu propres à une aussi longue explication ; laissez demain votre fenêtre ouverte ; j'attendrai que l'on ne puisse m'apercevoir : ne craignez rien, ajouta-t-il, en levant ses regards vers les cieux, posant une main sur son cœur et l'autre sur son épée. Alors il s'éloigna promptement, pour ôter à sa timide amie l'embarras de lui répondre. Berthilie, émue et tremblante, resta immobile. Qu'ose-t-il me demander, se disoit-elle ? Non, sans doute, je n'ouvrirai point cette fenêtre ; il est vrai que de la terrasse on peut parvenir à ce cabinet où je brode et où personne ne m'interrompt ; il est vrai qu'il est essentiel, indispensable même... Mais la nuit, car ce sera la nuit, et cette idée fait rougir la modeste fille. Cependant a-t-elle besoin que les rayons du jour l'éclairent pour être pure et respectée ? Il est si vertueux, celui qu'elle aime ! Toutes ces pensées la troublent. Eginard, qui voit ses combats, l'en estime et l'en aime davantage ; elle évite ses regards, et pourtant elle les rencontre et détourne promptement les siens ; l'amant délicat entend ce murmure de la pudeur alarmée ; il cherche à la rassurer ; son air noble et soumis, sa contenance modeste et fière, tout dit à Berthilie de cesser de le craindre ; elle ose l'espérer, elle fixe sur lui des yeux tendres et supplians ; un geste expressif, un serment prononcé du fond de l'ame, lui répondent, elle se calme, et un torrent de délices inonde le sensible cœur du jeune guerrier. On se sépare, mais la nuit n'apporte à Berthilie ni repos, ni conseils ; tous les dangers d'un rendez-vous nocturne s'offrent confusément à sa pensée. Hélas ! il faut pourtant qu'elle entretienne Eginard, et elle ne peut choisir ni le lieu ni l'heure. Quel embarras ! elle se lève, court à ce petit cabinet qui donne sur la terrasse ; il est vrai qu'en montant sur cette pierre, et soutenu par cet arbre, on parvient en un instant, et sans danger, à cette fenêtre : voilà du moins de quoi se rassurer, et Berthilie retourne dans son lit ; son embarras, son incertitude l'y suivent ; l'heure de rejoindre son père la surprend dans ses agitations pénibles ; à sa vue, tout son courage l'abandonne ; jamais elle n'a caché à Théobard ni ses actions, ni ses moindres pensées ; elle l'embrasse, rougit ; ses pleurs vont la trahir ; mais on le demande promptement, et il quitte sa fille sans s'être aperçu de son trouble. Voilà de nouveau l'amitié, l'amour, la prudence, la nécessité qui tourmentent, en sens contraire, le jeune cœur qui les renferme ; les heures s'écoulent dans ces pénibles irrésolutions. Cependant Berthilie, rassurée par l'éclat du jour, a ouvert sa fenêtre. Sans doute, si elle eût attendu la nuit, jamais sa modeste main n'eût osé... Elle se retire, et fuit ces lieux qui l'agitent de trop de craintes ; pendant qu'elle s'inquiète, s'applaudit, s'accuse, veut retourner sur ses pas refermer cette fenêtre qui la charme et la désole, l'heureux Eginard se plaint du jour, il accuse de lenteur la déesse qu'il implore ; qu'elle s'empare lentement des cieux au gré de l'impatient guerrier ! qu'il souffre dans cette mortelle attente ! Enfin elle approche cette nuit désirée ; déjà elle paroît silencieusement assise sur son char d'ébène ; elle traîne languissamment à sa suite le sommeil, les songes, la paix, la volupté, la mollesse, les douces faveurs, les heureux larcins, et l'amour, en traversant les airs, sourit à son aimable cortége.

Déjà parvenu avec adresse dans ce temple qu'il révère, Eginard, osant à peine respirer, compte les instans, et soupire après l'heure fortunée si chère à son espérance. Sa jeune tête s'étourdit, s'enflamme, l'attente l'agite, le désole, et son cœur palpite avec violence. Un bruit éloigné l'émeut ; il ne reconnoît à ce fracas qui l'épouvante, ni la timidité, ni l'amour.... Dieu ! s'il étoit surpris !... Ce n'est pas la mort qu'il craint, c'est d'exposer son amie, c'est surtout de perdre cette heure charmante dont il est si enivré. Des portes s'ouvrent ; il entend marcher dans une chambre voisine : doit-il franchir cette fenêtre ? doit-il s'éloigner de ce lieu qui lui est si cher ? Deux voix s'élèvent et se confondent ; il a reconnu celle du roi, celle de Théobard ; ils ont nommé Bazine... il écoute... qu'a-t-il entendu ?.. Le chef du conseil déplore le sort de la princesse, presse le roi de lui rendre la liberté ; il lui peint ses grâces se flétrissant dans sa retraite ténébreuse ; sa douce fermeté, sa patience, sa résignation. Bazin, qu'irritent ces vertus qui semblent braver ses cruautés, s'abandonne à sa fureur. L'amour seul, dit-il, peut lui inspirer un courage au-dessus de son âge et de son sexe ; cette idée le tue, et il jure de nouveau que Bazine ne sortira de la roche sombre que pour marcher au temple. Théobard lui observe qu'avec un aussi grand caractère, une ame si élevée, si fière, les moyens violens sont mal sûrs ; que Bazine rougiroit de leur céder, qu'elle se fait un devoir même de leur résister... Eh bien ! dit le roi, retourne à la roche sombre la nuit prochaine ; dis à l'ingrate que cette roche abandonnée ne peut être connue, qu'aucun mortel ne sauroit y parvenir, qu'elle ne peut espérer aucun secours, que si elle persiste plus long-tems, je te défendrai, à toi-même, d'y pénétrer ; enfin, annonce à la rebelle que les jours de Childéric sont dans mes mains. Que dites-vous, interrompit Théobard ? les jours d'un roi qui s'est confié à vous, qui vous a sauvé la vie !—Ceux d'un rival.—Du vainqueur des Vandales !—D'un rival, te dis-je, et c'en est assez ! Je connois ton cœur, tes vertus ; je te pardonne un zèle indiscret, mais toujours sincère : adieu ; vas trouver demain cet objet de haine et d'amour, et reviens ; ta réponse sera plus importante qu'elle ne le croit elle-même. A ces mots, Bazin s'éloigna, Théobard sortit quelques momens après. Tout ce qu'a entendu Eginard le glace d'épouvante ; les jours de son maître sont menacés. A cette seule idée, il va franchir la fenêtre, et voler le lui annoncer : mais Bazine, captive dans la roche sombre, demande aussi les soins d'Eginard, et Berthilie, sans doute, connoît cette prison inaccessible. Qu'alloit-il faire ? Que son zèle étoit imprudent, inconsidéré ! il va donc attendre avec une impatience !.. ah ! bien vive et bien naturelle !.. Que d'instans s'écoulent, et qu'ils sont longs ! Le murmure du vent, un léger bruit, tout lui apporte une heureuse espérance ; cent fois trompé, il s'abuse encore. Que son sang parcourt rapidement ses veines ! il croit la nuit près de finir ; elle commence à peine, et il redoute déjà l'aurore. Quel feu l'agite !.. il brûle, languit et se consume... Mais un pas léger comme le murmure du zéphir, agite foiblement ces lieux ; une main furtive entr'ouvre doucement plusieurs portes ; ce bruit charmant approche ; l'oreille attentive d'un amant peut seule l'entendre ; l'air se remplit tout-à-coup du parfum des roses, il annonce Berthilie. Eginard respire avec délice cet air embaumé d'amour ; quelle ivresse il porte à son cœur et à ses sens ! Cependant Berthilie s'arrête, la pudeur ralentit encore sa marche déjà si timide ; elle n'ose avancer. Eginard, à genoux, l'appelle à voix basse ; elle chancelle, et peut à peine respirer. Viens à moi, lui disoit-il, viens, ô ma bien-aimée ! que crains-tu ? Ah ! je ne suis point un ravisseur ; n'es-tu pas maîtresse de ton sort et du mien ? Ton innocence n'est-elle pas pour moi ta plus belle parure, mon trésor comme le tien ? O rose du matin, et non encore épanouie ! approche, ne redoute pas celui qui t'aime ; je jure, sur mon épée, de te respecter autant que je t'adore. Ces mots rassurèrent l'innocente créature ; elle avança d'un pas lent, et pouvant à peine se soutenir, elle tomba sur un siége à demi-évanouie. Eginard étoit à ses genoux, aussi ému, aussi tremblant qu'elle-même ; il demeura long-tems muet et ravi de son bonheur. Passant ses bras autour de la taille charmante de sa douce amie, il l'attiroit foiblement à lui, il respiroit son haleine parfumée : il étoit heureux, et tous deux jouissoient de cette félicité qui ne coûte ni pleurs à l'innocence, ni remords à celui qui ose la séduire. Une si belle nuit devoit s'écouler rapidement, et néanmoins ceux à qui elle étoit si chère, en offroient le partage à l'amitié. Sans cesser de sentir leur bonheur, ils ne s'occupent que des illustres amans, dont ils plaignent les infortunes ; mais Berthilie rassure Eginard sur les jours de Childéric. Théobard en répond, puisqu'il sait qu'ils sont menacés ; sa vertu veille. Que Berthilie aime à louer ainsi son père, à faire passer dans le cœur de son amant une partie de l'admiration et de la tendresse qu'elle a pour lui ! Amans purs et délicats, qui dans le premier de vos rendez-vous, songez à l'amitié, et parlez ainsi d'un père, ah ! que vous méritez d'être heureux ! vous l'êtes en effet, rien n'altère votre bonheur. Berthilie ignore où est la roche sombre ; jamais elle n'en entendit parler ; mais elle se promet d'interroger Théobard dès le lendemain ; elle se jettera à ses pieds, aura recours aux larmes ; enfin, n'épargnera rien pour tout découvrir : la nuit suivante, dans le même lieu, à la même heure, Eginard viendra prendre ses instructions. Déjà l'aurore doroit l'horison, il fallut promptement se séparer. Eginard demande le bouquet de rose qui lui avoit annoncé sa bien-aimée, il le reçut, baisa avec transport la main qui le lui donnoit, et soupira... Pourquoi ce soupir, jeune amant ? ah ! jouissez sans regret de vos sacrifices. Encore un dernier effort, et il est dans le jardin ; mais les portes du palais sont encore fermées, il s'enfonce dans le bosquet en attendant le réveil des gardiens. Là, il erre quelques instants, s'approche du banc de gazon et de la fontaine qui lui retracent de si doux souvenirs ; admire l'éclat de l'aurore, les lumineux progrès du jour. Qu'il est heureux ! Son ame se livre à tout le charme d'un mutuel amour. Que Berthilie est belle, modeste, timide et sensible ! combien il s'applaudit de l'avoir laissée calme, heureuse ! Le cœur pur d'Eginard s'épanouit, il respire l'air parfumé du matin, sourit au jour qui l'éclaire ; il lui semble qu'à son approche, toute la nature s'embellit et l'accueille. O jouissance de la vertu ! vous seule êtes sans mélange.

Mais le laborieux matin a déjà marqué l'heure du travail ; on entend de tous côtés son bruyant signal ; Eginard quitte les frais ombrages, et vole auprès de son maître, à qui il porte ses espérances et ses alarmes. Il lui remet ces tablettes chéries ; le roi les reçut avec l'empressement de l'amour, et n'écouta Eginard qu'après les avoir relues cent fois : il ne craint pas pour lui les menaces de Bazin, mais c'est pour ce qu'il aime que Childéric frémit... Elle est captive, hélas ! et c'est lui qui attire sur elle ce redoutable courroux ; sans sa fatale présence, elle vivroit encore heureuse et paisible ; elle eût accepté sans effort cette main qui aujourd'hui l'opprime ; reine adorée, elle feroit le bonheur des peuples soumis à ses lois ! Ah ! pourquoi a-t-il répandu sur elle une partie de ses malheurs ? Que peut-il faire ? comment la secourir, la délivrer ? dans quel asile digne d'elle pourroit-il la conduire ? Son désespoir est à son comble : Eginard le calme cependant en lui répétant qu'il saura découvrir la roche sombre. Mais Eginard ne parle ni de l'heure, ni du lieu où il a vu, où il reverra Berthilie ; présente, absente, il la respecte également. Dans ce temps-là on étoit discret, le bonheur suffisoit à l'amour ; plaire étoit un triomphe égal entre les amans, et cette douce gloire se partageoit comme le plaisir. On rougissoit ensemble d'une faute commise de moitié ; on n'accusoit pas un seul des coupables, encore moins le plus tendre, le plus délicat, le plus foible, celui qui, toujours attaqué, avoit à se défendre et de lui-même, et d'un objet aimé... Il y avoit bien à cela un peu de justice : cependant ne nous plaignons pas ; si les hommes n'avoient pas reconnu que nous leur sommes supérieures, ils ne nous auroient pas donné tant de devoirs à remplir ; n'accusons point d'exigence ce qui est sans doute un hommage.

Déjà l'heure fortunée qui doit réunir Eginard et Berthilie, s'approche et va briller pour ces amans heureux. La modeste fille de Théobard, moins inquiète que la dernière nuit, attend avec plus d'impatience ; elle désire davantage celui dont elle ne craint plus rien ; l'effroi ne partage plus son cœur, il se livre entièrement au bonheur. Ils sont encore dans cette paisible retraite ; ils se retrouvent moins tremblans et plus satisfaits ; ils causent ensemble, et se livrent à ce doux parler d'amour, qui rassemble tous les souvenirs délicieux et prévoit tous les plaisirs. Ils s'entretiennent long-tems du premier jour où ils s'étoient vus ; c'étoit un bien beau jour que celui-là ! puis d'un autre non moins important, de la chasse,... du bouquet donné... On se gronda un peu, car Berthilie avoit été coquette, et l'aimable Eginard long-tems incertain. Il avoua que jusqu'à ce jour il avoit été léger, inconstant même ; à présent le voilà fixé pour toujours. Berthilie le crut sans peine ; elle en disoit autant, et sentoit qu'elle disoit vrai. Les peines passées devinrent de nouveaux titres au bonheur, et le tems s'envola cette nuit encore plus vîte que la nuit dernière. Mais Bazine, mais Childéric ne sont pas oubliés ; Berthilie s'est jetée aux pieds de son père et l'a conjuré de la conduire à la roche sombre, où elle sait qu'est renfermée son amie. Théobard lui a répondu qu'il a fait serment de ne pas découvrir le lieu où elle est située, et que la crainte seule que la garde de cette illustre infortunée ne fut confiée à un autre, avoit pu le décider à le prononcer ; mais qu'enchaîné par un serment, il ne pouvoit plus lui rien confier ; Berthilie alors avoit cessé une prière inutile, et donné un libre cours à ses larmes. Théobard, ému de sa douleur et pour la calmer, lui avoit offert de se charger de porter à la princesse tout ce qu'elle voudroit lui envoyer, et lui avoit dit de tenir ses commissions prêtes pour le lendemain au soir. Je n'y vais pas seul, avoit-il ajouté : le roi, depuis qu'il m'a confié un secret qu'il sait que je désapprouve, craint mon zèle pour la fille d'Humfroi. Je suis si fidèlement observé, que mes pas sont tous suivis. Cette défiance devroit peut-être me dégager d'une partie de mes sermens, si Théobard croyoit que quelque chose pût en dégager. Vous voyez, dit alors Berthilie, qu'il n'est aucun moyen d'obtenir de mon père un tel aveu ; mais puisque nous sommes instruits du moment qu'il doit prendre pour aller à la roche, il est facile de suivre ses pas, quoique je pense qu'il doive être à cheval ; mais en mesurant votre marche sur la sienne, il doit être facile de ne pas être découvert. Alors Berthilie indiqua à Eginard l'endroit où il devoit se cacher et attendre, lui recommanda la plus grande prudence, dans la crainte que les gens dont Théobard seroit accompagné, ne vinssent à le découvrir ; l'engagea à se pourvoir de quelques provisions en cas qu'il vînt à s'égarer ; lui recommanda de nouveau la prudence, tant pour lui que pour son père, qu'il exposeroit comme lui. Un premier et délicieux baiser scella leurs adieux... Il tourna entièrement la tête d'Eginard, qui s'enfuit précipitamment, en se promettant de ne plus en cueillir de pareil. Berthilie n'avoit pas même l'idée du désordre qu'elle venoit de causer, du danger qu'elle avoit couru, elle alla retrouver sur sa couche virginale un doux sommeil, d'heureux songes, un réveil pur et animé comme sa pensée.

Eginard crut devoir cacher son projet à son roi ; ce seroit lui qui voudroit l'exécuter, et ces dangers qui n'effraient point le guerrier pour lui-même, le frappent tous lorsqu'il s'agit de son maître ; cependant il lui a promis de l'instruire de ce qu'il auroit découvert, il ne sait pas feindre.... Le roi devineroit le mensonge sur son front humilié ; que doit-il faire ? Il évitera Childéric, et passera le jour entier loin de lui.... Il a exécuté ce projet, et déjà il attend Théobard : à peine s'est-il écoulé quelques instans, que le bruit de plusieurs chevaux le lui annonce ; l'obscurité ne lui permet pas de le reconnoître, mais il caresse son cheval du geste et de la voix ; Eginard est sûr de ne pas s'être trompé ; il suit de loin les cavaliers, règle ses pas sur les leurs, et guidé par le bruit des chevaux, ne craint point de se perdre, quoiqu'il demeure en arrière. Après une marche assez longue, le bruit qui lui sert à se conduire cesse tout-à-coup ; il s'arrête, écoute, cherche, ne voit ni n'entend plus rien.... Que sont-ils devenus ? Eginard s'avance lentement, écoute de nouveau, il croit entendre au loin hennir les chevaux, il marche encore, et se trouve au milieu d'un bois... Voilà sans doute ce qui est cause du silence qui tout-à-coup lui a fait perdre ses guides ; les chevaux, en marchant sur l'herbe, n'ont pu être entendus, et lui-même maintenant ne sait quelle route il doit tenir ; des branches l'arrêtent à chaque pas, l'épaisseur du feuillage ajoute à l'obscurité : que doit-il faire ? retourner !.... Il ne sait s'il pourra seulement reconnoître sa route, la continuer, c'est peut-être s'égarer : attendre le jour, dans un bois inconnu, et par une nuit si profonde.... Voilà pourtant ce qu'Eginard a de mieux à faire ; il s'y décide, et attachant son cheval à un arbre, il se couche sur le gazon, et s'afflige de n'avoir pas mieux réussi dans ses recherches ; pour se consoler, il pense à Berthilie ; un amant n'est jamais seul, il retrouve dans son cœur l'objet qu'il aime, le bonheur, l'amour et l'espérance. O momens ! les seuls vraiment heureux de la vie, où tout est charme autour de nous, comme dans nous-même, en jouir est la vraie félicité, s'en souvenir embellit encore nos pensées : ce n'est plus le soleil dans tout son éclat, mais c'est encore ce couchant moins dévorant et plus doux, qui nous flatte sans nous consumer....

En pensant à Berthilie, en se disant qu'il l'adore, tout-à-coup Eginard se rappela Grislidis ; ce souvenir l'attrista, il se reprocha les chagrins que sans doute lui causoit son inconstance. Jamais pourtant, se disoit-il, il ne l'avoit aimée comme il aimoit Berthilie ; il n'avoit alors qu'une fantaisie, qu'un goût ; à présent c'est une passion, une vraie passion.... Grislidis m'aimoit, disoit-il, elle étoit douce et sensible ; mais elle n'avoit pas cette piquante étourderie, cet air coquet et léger qui plaisent à mon imagination. Grislidis, toujours tendre, toujours la même, ne me faisoit jamais trembler pour mon bonheur ; étrange caprice de mon cœur ! il veut craindre, afin d'être rassuré ; il veut du tourment pour mieux sentir le bonheur. Ah ! Grislidis, simple et bonne Grislidis, oublie un ingrat ! qu'il ne te coûte pas un soupir, car hélas ! il ne peut t'aimer, son cœur s'est donné pour toujours ; oui, pour toujours ! répéta-t-il, comme pour s'en assurer lui-même.

Tandis qu'Eginard s'occupe aussi heureusement, Théobard est parvenu à la roche sombre ; il n'avoit pas revu la princesse depuis son dernier entretien avec le roi, celui qu'Eginard avoit entendu ; ce qu'il avoit à annoncer à Bazine l'affligeoit ; il la trouva si belle, si paisible et si touchante, que son courage l'abandonna ; il resta muet et interdit. Quelle triste nouvelle venez-nous donc m'annoncer, Théobard, lui dit la princesse ? je vous trouve l'air agité.—Je n'ai, répondit-il, rien à vous apprendre, car vous devinez bien que Bazin s'irrite de votre résistance, et vous n'avez pas oublié que votre liberté est dans vos mains... A ces mots Théobard se jeta aux genoux de la princesse, et il la conjura d'avoir pitié d'elle-même, lui répéta que braver un monarque puissant, à qui elle ne pouvoit plus échapper, c'étoit exposer sa vie même et celle de son amant ; employa pour l'attendrir larmes, prières, lui représenta combien son règne seroit cher au peuple, aux infortunés, lui nomma Berthilie, enfin lui-même. La princesse, émue par les preuves si répétées d'un attachement sincère, crut devoir y répondre par sa confiance, et avoua à Théobard le meurtre de son père, lui fit voir les tablettes qui contenoient ses dernières volontés, lui montra la chaîne, dont de fratricides mains avoient chargé son roi, et demanda alors à Théobard si Bazine devoit être le prix d'un tel crime.... Le vertueux chef du conseil, glacé d'horreur à ce récit, sembloit anéanti.... Après un long silence, il s'écria : O dieux ! ne permettez pas ce fatal hymen. Puis se jetant à genoux, baisant avec amour et respect la chaîne qu'avoit porté Humfroi.... Fers augustes, dit-il, je jure par vous, et par l'ombre sacrée que j'invoque, de servir à jamais la princesse Bazine, de lui obéir, de conserver ses jours, de la délivrer au péril même de ma vie. Alors se relevant, il conjura la princesse de lui donner ses ordres. Elle lui répondit que son intention étoit d'abord de consulter Hirman ; elle alloit entrer dans de plus grands détails, lorsque les deux muets qui avoient accompagné Théobard, et qui d'ordinaire restoient au pied de la roche, entrèrent pour lui faire signe qu'il étoit l'heure de se retirer ; comme ils restoient à l'attendre, il fut contraint de sortir sans autres instructions, mais se promettant de venir bientôt en reprendre de nouvelles. Bazine et Eusèbe, qui comptoient sur son zèle, eurent un moment d'espérance, qui bientôt fut suivi d'un plaisir plus vif et plus inattendu. Théobard reprenoit lentement le chemin du bois, consterné de ce qu'il venoit d'apprendre, et cherchant dans sa pensée comment il pourroit délivrer la fille de son légitime souverain, dans quel lieu il pourroit la conduire, comment il échapperoit lui-même aux yeux observateurs dont il étoit sans cesse environné. Eginard, averti de son approche, s'étoit enfoncé dans le bois, observoit sa marche qu'éclairoient foiblement les premiers rayons du jour, et se promettoit de suivre le chemin par lequel il le voyoit venir, et d'examiner la trace que laisseroient les pieds des chevaux. A peine eût-il vu s'éloigner les cavaliers, et se fut-il assuré qu'il ne pouvoit en être aperçu, que prenant son cheval par la bride, et marchant avec précaution, il continua sa route jusqu'à la lisière du bois ; là, il s'arrêta, étonné du spectacle qui s'offroit à sa vue ; un chemin rude et rocailleux conduisoit au milieu de rochers informes et déserts.... C'est là sans doute que la barbarie a plongé sa douce et belle victime. Eginard s'avance, un silence affreux règne autour de lui, rien n'annonce qu'un être vivant puisse habiter ce séjour horrible.... la trace des chevaux n'a pu s'imprimer sur les pierres et les cailloux qui couvrent ces lieux. Eginard jette de grands cris que répètent au loin le creux des cavernes : il avance, monte, redescend, gravit, interroge la sauvage nature, qui refuse de lui répondre. Las d'une recherche inutile et désespérante, attiré par le bruit d'un torrent, il tourne ces roches silencieuses, et va se reposer près de l'onde agitée ; là, il s'assied, considère les objets inanimés et terribles qui l'entourent, admire l'aspect sauvage de ces monts, que l'industrie humaine n'a point essayé d'adoucir : puis étendant ses bras vers les flots tumultueux, il s'écria : O divinités de ces lieux sauvages ! hamadryades solitaires, nayades courroucées, écoutez-moi, venez et daignez m'ouvrir le sein de vos roches inaccessibles ; enseignez à un sujet fidèle où il doit porter ses pas, inspirez-moi.... Eginard eut recours aux provisions qu'il avoit apportées, et fatigué, il se reposa sur le sable au bord de l'onde jaillissante ; mais bientôt il promena de nouveau ses regards. Les derniers rayons du soleil couchant donnoient sur un buisson qui croissoit au pied d'un de ces énormes rochers, et faisoient briller comme un point lumineux un objet dont Eginard ne distinguoit pas la forme ; tout intéresse quand un grand sentiment anime, un léger indice peut conduire à une importante découverte ; Eginard s'approcha du buisson, en retira l'objet dont la vue l'avoit frappé, et reconnut, avec la plus vive joie, la bague qu'il avoit remise à la princesse de la part de Childéric, lorsqu'il partit pour combattre les Vandales. Cette rencontre terminoit presque ses incertitudes ; c'est là sans doute, c'est dans cette roche que gémit l'infortunée ; c'est là qu'il doit s'arrêter. Plein d'une heureuse confiance, il examine de nouveau la roche immense, essaie de la gravir ; elle est haute et glissante, mais plusieurs saillies offrent un appui, et diverses plantes sauvages qui croissent dans les fentes du rocher, lui prêtent un flexible soutien.... Mais tout-à-coup son oreille est frappée des sons d'une lyre, ils s'échappent du sein même de la roche, ils lui indiquent une ouverture élevée, qu'il n'avoit point aperçue, et que dérobent aux regards les pampres qui la recouvrent de leurs festons légers. Une voix mélodieuse, qu'Eginard reconnoît avec transport, mêle ses sons enchanteurs à ceux de l'instrument sonore, et suivant cette douce harmonie qui le guide si heureusement, il parvient à l'ouverture. Telles étoient les paroles que chantoit Bazine.

LA ROCHE SOMBRE

ROMANCE

Fille des dieux, ô divine harmonie !
Calme mes maux, viens adoucir mes fers ;
De tes accords, la tendre mélodie,
Peut seule, hélas ! embellir ces déserts.
Triste et captive en cette sombre enceinte,
Où m'enferma la jalouse fureur,
Lorsque j'unis des accens à ma plainte,
Mes tourmens ont moins de rigueur.

Tyran cruel, assassin de mon père,
Viens, apparois au fond de ce rocher ;
Mais tu frémis, son ombre tutélaire,
De ce séjour me défend d'approcher.
J'y suis du moins sous sa garde terrible,
Je ne crains point ton aspect odieux,
Et ce rocher pour moi n'est plus horrible,
Puisqu'il me dérobe à tes yeux.

Et toi, héros ! à blonde chevelure,
A l'œil d'azur, au front majestueux,
Qui te dira ma touchante aventure ?
Qui t'apprendra le chemin de ces lieux ?
Ah ! bien plutôt, modère ta vaillance,
Crains un jaloux : crois moi, brave guerrier,
Pour le héros qui manque de prudence,
L'avenir n'a point de laurier.

Ainsi chanta la princesse, et Eginard arrivoit à l'ouverture de la roche comme elle finissoit de chanter ; il avoit avec effort saisi les pampres qui flottoient au-dessus, et un pied appuyé sur une saillie, l'autre retenu à une plante sauvage, suspendu sur des pierres amoncelées, un geste, un mouvement pouvoient lui coûter la vie et le précipiter dans le torrent ; mais Eginard oublie le danger ; pour ne pas effrayer la princesse, il l'appelle plusieurs fois avant de passer sa tête à l'ouverture. A peine la belle captive a-t-elle reconnu sa voix, qu'elle s'écria : Eginard, quel dieu bienfaisant vous envoie ? Mais alarmée du danger qu'il court, Bazine prend son voile et celui d'Eusèbe, et les attachant fortement au barreau de fer qui traverse l'ouverture du rocher, elle lui offre ainsi un soutien qui ne peut céder, et ne blesse point ses mains. Satisfaite et tranquillisée, Bazine s'informe de tout ce qui l'intéresse. La princesse, depuis quelques jours, fatiguée de l'air épais de sa caverne, avoit rassemblé plusieurs meubles sous l'espèce de fenêtre pratiquée dans la hauteur du roc, et s'élevant ainsi jusqu'à l'ouverture, elle respiroit un air plus frais, et chantoit avec plus de plaisir ; c'est à ce stratagème qu'Eginard devoit le bonheur de l'avoir entendue, car les sons de sa voix se seroient perdus dans l'intérieur de la roche : il lui dut aussi le plaisir de la voir et un entretien facile ; il lui remit la bague chérie dont elle déploroit la perte ; elle s'étoit échappée de ses doigts, lorsqu'elle écartoit les pampres qui lui déroboient le jour. Bazine, en échange, fit présent à Eginard d'un bracelet des cheveux de Berthilie... C'est en attendant, lui dit-elle avec grâce, que la main qui vous l'offre puisse un jour vous faire un présent plus doux... Eginard entendit ce que ces paroles lui permettoient d'espérer ; sa reconnoissance égala son bonheur. Bazine le chargea de dire au roi qu'elle l'attendoit le lendemain. La lune devoit reparoître après sa périodique absence ; aux premiers rayons du plus pur des astres, Childéric, suivi d'Eginard, devoit partir du palais, et se rendre à la roche. Après être convenus ainsi de leurs faits, la princesse, instruite de tout ce qui regardoit son amant et sa chère Berthilie, congédia Eginard, qui, dans l'obscurité, eut peine à retrouver sa route ; cependant il arriva à Erfort avant le jour : ayant trouvé les gardiens des portes encore levés, il se précipita chez son maître, qui, tourmenté de sa longue absence, devina sur son visage une partie de son bonheur. Le récit qu'il fit au roi remplit son cœur d'espérance et de tristesse ; il auroit voulu voler à l'instant même à la caverne ; mais Eginard est fatigué, Bazine a fixé l'heure... Il faut, malgré lui, que Childéric modère une si juste et si vive impatience : tandis que son fidèle ami va se reposer, livré à ses pensées, Childéric ne songe qu'au lendemain, ses vœux pressent le tems rapide.

Eginard, jeune, vif, amoureux, ne dormit pas long-tems ; déjà levé, il parcouroit le jardin, et regardoit avec amour, désirs, reconnoissance, cette fenêtre chérie que le jour lui défend d'approcher. Ah ! combien il accuse ce jour si pur et si beau ! En vain il murmure, en vain il pense qu'il ne sera pas mieux traité par la nuit qui doit succéder à cet éclat importun, il suivra Childéric, et les amans ont trop de choses à se dire pour qu'il espère un prompt retour. Eginard s'afflige sérieusement, car il y a un siècle qu'il n'a vu Berthilie, et il lui semble qu'il doit s'en écouler mille avant qu'il ne puisse la revoir. Mais l'amour, touché peut-être de la vérité de ses regrets, conduisit celle qui en étoit l'objet vers cette fenêtre bienfaitrice ; elle avoit vu son amant, et avoit joui de l'impatience qui l'agitoit ; elle crut lui en devoir la récompense et parut à ses yeux. Cependant elle devine à quelques signes, au bracelet sur-tout qu'il lui montra de loin, et qu'elle reconnut, qu'il lui apportoit des nouvelles de la princesse ; cédant à l'amitié, rassurée par le sentiment pur qui la conduit, Berthilie descendit dans le jardin, et feignit de cueillir des fleurs ; mais distraite, elle prenoit sans choix le muguet ou la pensée ; Berthilie même alloit dérober au gazon la marguerite inodore qu'Eginard venoit d'apercevoir ; leurs mains se rencontrèrent près de la modeste fleur ; il étoit bien naturel qu'Eginard préférât la main de Berthilie à la marguerite sauvage, qu'il la pressât avec tendresse, et que son amie la lui abandonnât quelques instants. On peut nous observer, dit-elle, hâtez-vous, donnez-moi des nouvelles de la princesse. Eginard s'empressa de la satisfaire, lui montra le présent qu'il avoit reçu, l'entretint de l'espoir plus doux encore dont Bazine avoit flatté son amour, lui dépeignit son asile, le chemin qui y conduisoit, et enfin lui fit part du rendez-vous du soir. Berthilie, rassurée sur son amie, heureuse de connoître sa retraite, charmée du zèle et des succès de son amant, se retira pour ne donner aucun soupçon. Eginard, qui n'osoit la suivre, s'enfonça dans le bocage, se livrant aux douces pensées de l'amour. Mais il fut bientôt arraché à ses aimables rêveries, par l'ordre qu'il reçut de se rendre promptement près de Childéric, qui le faisoit chercher depuis long-tems ; il se hâta d'obéir, et sa surprise égala sa joie, lorsqu'il aperçut Ulric, son père, son frère Valamir, et qu'il se trouva dans leurs bras. Childéric mit le comble à son ivresse, en lui montrant réunies les deux moitiés de la pièce d'or, heureux signal de sa gloire et de sa puissance. Eginard voulut se jeter à ses pieds, le roi l'arrêta, et lui prenant la main, ainsi qu'à Ulric : Amis de mes disgrâces, leur dit-il, soyez encore ceux de ma fortune. Mais, ajouta-t-il, ton arrivée a interrompu le récit des évènemens mémorables auxquels je dois mon retour ; si Ulric veut le recommencer pour toi, nous sommes prêts à l'écouter. A peine, dit le brave, Egidius étoit-il sur le trône, qu'il en écarta tous ceux qu'il savoit vous être attachés ; dépouillés de leurs biens, de leurs emplois, persécutés, le soupçon et la vengeance planoient sur leurs têtes ; désignés par Egésippe, ils étoient aussitôt sacrifiés ; néanmoins leur fidélité fut toujours inébranlable. Valérius, odieux aux Francs, fut nommé premier ministre et favori du nouveau roi ; le conseil ne se composa que des seuls romains ; tous les postes leur furent confiés, l'ancien fisc de Rome fut rétabli, nos druides calomniés, nos temples déserts, nos sacrifices interdits ; enfin, on n'osoit plus nommer ses dieux ni son roi ; la crainte étouffoit le murmure ; un avilissant esclavage détruisoit jusqu'à l'indomptable courage d'une nation entière. Viomade avoit reparu ; Egidius, pour se l'attacher, lui rendit ses biens, et lui offrit de reprendre sa place au conseil ; il la refusa. Il vouloit vous servir sans s'avilir par une trahison, et préféra le simple rang qui lui laissoit sa liberté : il en profita pour voir secrètement ceux qui vous étoient restés fidèles ; leur nombre étoit grand ; il nous distribua dans toutes les villes ; partout nous trouvâmes l'effroi, le remord, la douleur ; partout le nom des Romains étoit odieux. Assuré de l'armée, Viomade la convoqua, et lui adressa ce discours :

« La renommée nous apprend l'heureux changement qui s'est fait dans Childéric : combien il s'est formé à l'école du malheur ! combien il en a médité les grandes leçons ! Où est-il ? pourquoi nous sommes-nous séparés de lui ? Si notre faute est grande, couvrons-la d'un repentir plus grand encore ; vengeons-nous de nos ennemis, chassons ces maîtres étrangers, ramenons celui qui seul doit régner sur la France, et nous lui arracherons sans peine le pardon de tous nos crimes. »[2]

Ce discours fit sur tous les cœurs une impression profonde : le remords, la crainte, la vengeance se réunirent pour vous rappeler ; tous vos sujets aujourd'hui s'empressent de voler au-devant de vous pour vous demander l'oubli du passé ; ils se félicitent déjà de votre retour. Viomade les réunit à Bar, et c'est là qu'il nous attend : hâtons-nous de nous y rendre, partons sans délai ; ne laissons pas à Egidius le tems de revenir de sa surprise, et d'appeler encore l'étranger à son secours ; tombons sur l'ennemi étonné, brisons encore une fois les fers de l'orgueilleuse Rome. Ainsi parla Ulric. Le roi admire ce noble courage que les années n'ont pas altéré ; il brille dans son geste animé, sur sa physionomie guerrière, dans son maintien noble et fier : déjà Childéric voudroit voler vers ce peuple

---

[2] Ces paroles sont telles que Viomade les prononça.

dont le retour le touche, vers cet ami dont le zèle prudent et infatigable l'emporte encore sur sa destinée ; mais un intérêt bien cher l'arrête..... Bazine, Bazine si aimée, si digne de l'être, captive et malheureuse, réclame aussi ses soins et son bras.... Il la verra, il lui confiera sa destinée ; il connoît sa vertu, il sait que la belle princesse n'exigera rien dont la gloire ait à se plaindre. En attendant l'heure de se rendre au conseil de Bazin, Childéric s'entretient avec ses braves ; il leur parle de Viomade, les interroge sur les forces que peut opposer encore Egidius, sur la prochaine arrivée de ses autres braves ; il apprend qu'ils sont aux environs d'Eisnach, à une journée et demie d'Erfort. Instruit de tout ce qui le touche, le roi se rend au conseil, suivi d'Ulric et de ses fils, qu'il présenta d'abord au monarque ; il remercia le roi dans les termes les plus nobles et les plus touchans, de l'honorable hospitalité qu'il avoit reçue dans ses états, jura de ne l'oublier jamais, et lui annonça, ainsi qu'au conseil, le retour de son peuple vers lui, son prochain départ. Mes braves, dit-il, m'attendent à Eisnach, et mon armée entière à Bar-sur-Aube. Tandis qu'il parloit, Bazin, pâle et les yeux étincelans de fureur, contenoit à peine les mouvemens de rage qui le dévoroient ; mais, reprenant tout-à-coup un air calme et ouvert, il témoigna au roi des Francs une feinte satisfaction, le félicita, lui offrit ses services, et dissimula ; mais Théobard, dont il évitoit en vain les regards, avoit lu ses projets dans son désordre et dans ce calme trompeur. C'étoit déjà l'heure du repas, et Bazin affecta une grande gaîté, une grande liberté d'esprit ; Childéric y fut trompé, et sans les malheurs de la princesse, il eût aimé le monarque qui partageoit si franchement son bonheur. Berthilie, assise à table près d'Ulric, avoit pour lui ces soins aimables qui flattent la vieillesse et lui rendent encore un beau jour ; elle remplissoit des meilleurs vins la coupe souvent vidée du brave ; il sourioit à des soins dont il devinoit la cause ; un regard d'Eginard, la vive rougeur de Berthilie, lui avoient appris en un moment le secret de ces deux cœurs, prêts à s'épancher dans le sien, et Ulric traitoit déjà en fille chérie celle qui en secret le nommoit son père. Valamir la trouvoit plus jolie que toutes les autres dames, qui cependant s'occupoient de lui ; il le disoit à Eginard, à Eginard, heureux des éloges que son frère prodiguoit à son amie, et du consentement qu'il lisoit dans le sourire de son père ! Sa joie, son bonheur ne sont même plus troublés. Grislidis n'a pas été plus constante ; tandis qu'il se reprochoit ses larmes, elle unissoit à jamais son sort au jeune Amblar. Dans ce tems-là, on mouroit quelquefois d'amour ; c'est bien ce qu'il y a de mieux à faire ; quelquefois pourtant on se consoloit, même, et quoique rarement, on changeoit aussi ; voilà ce que l'on a peine à croire aujourd'hui : on aime presque autant ce qui n'est plus, que ce qui n'est pas encore ; la mémoire est reconnoissante, le désir embellit tout, les yeux sont toujours mécontens et sévères. Ah ! soyons plus vrais, plus sages, et nous serons plus heureux ! Tout n'est peut-être pas mieux qu'au bon vieux tems si regretté, mais rien n'est plus mal, et le présent dont nous jouissons vaut mieux que le passé fini pour nous, et que cet avenir imaginaire auquel nous n'atteindrons peut-être jamais.

Bazin, cédant à une impatience qu'il s'efforce vainement de dissimuler, hâte la fin du repas et sort de la salle ; Théobard le suit au bout de quelques momens ; Eginard, moins contraint, s'est rapproché de Berthilie ; l'infortunée en avoit besoin ; elle sait, hélas ! qu'ils vont partir, et l'absence déchire déjà ce cœur trop tendre ; son amant la rassure par mille projets enchanteurs, par le serment d'aimer toujours, ce serment que l'on trahit souvent, mais que l'on prononce de si bonne foi. Dès que l'on aime, on est si loin de croire le changement possible ! Berthilie espère : peut-on dire ce que l'on ne pense pas, exprimer si tendrement ce que l'on ne sent point, changer d'amour ? L'heureuse inexpérience de Berthilie lui épargne bien des maux, et son amant essuie les pleurs qu'il a fait répandre.

LIVRE DIX-SEPTIÈME

SOMMAIRE DU LIVRE DIX-SEPTIÈME

Childéric retrouve Bazine, il ne peut la délivrer sans le secours d'Hirman. Leur entretien est interrompu par l'arrivée de Berthilie ; elle annonce que si Childéric rentre dans le palais il y sera assassiné par ordre du roi de Thuringe. Bazine exige qu'il parte sur l'heure, qu'il laisse Eginard caché chez Taber, époux d'Eusèbe. Childéric refuse de l'abandonner. Bazine l'exige ; ils se séparent. Berthilie revient chez son père, à qui elle annonce que Childéric est sauvé. Bazin, qui a ordonné l'assassinat de Childéric, est blessé par ceux qu'il a apostés. Furieux, il ordonne que la roche sombre soit entourée d'une garde nombreuse. Il fait venir Théobard, qu'il menace, apprend que Childéric est déjà réuni à ses braves, et se livre à une fureur immodérée, qui augmente ses maux.

À peine les rayons argentés de l'astre des nuits éclairoient-ils foiblement les cieux, que Childéric, plein d'une amoureuse impatience, voloit vers la roche sombre ; Eginard le devançoit, Ulric et Valamir suivoient ses pas. Ils ont déjà franchi les bois, déjà l'asile affreux qui renferme la belle et illustre captive, offre aux yeux du roi sa masse terrible et ses sauvages entours ; Eginard place son frère à l'entrée du bois, son père au pied de la roche, pour prévenir en cas de surprise, et conduisant son maître du côté du torrent, il lui montre l'ouverture, à laquelle un long voile voltige attaché. Il veut monter le premier enseigner au roi la pierre saillante, la pampre flexible ; Childéric, plus prompt, plus agile, plus impatient, s'élance, gravit, parvient, saisit le voile et aperçoit déjà Bazine. Quel moment ! et qui pourroit le peindre ! Amour ! ah ! je n'essaierai pas de te décrire ; c'est au cœur à deviner ce qu'il n'appartient qu'au cœur de sentir. Un entretien si tendre fut suivi de détails plus importans ; ce n'étoit plus ce roi proscrit, cherchant un asile et n'osant offrir à la beauté ses vœux téméraires ; c'est un monarque puissant, c'est le maître d'une armée triomphante, qui vient déposer, aux pieds de celle qu'il adore, sa couronne éclatante, et l'appeler au rang des reines. Bazine aimoit assez Childéric pour le préférer au plus grand souverain du monde, mais elle chérissoit sa gloire et partagea vivement son bonheur. Cependant cette gloire est sans éclat, ce bonheur sans charme, si le roi ne délivre à l'instant même celle pour qui seule il respire. Bazine l'interrompt, l'instruit de tous les crimes du roi de Thuringe, du meurtre d'Humfroi, du serment de Théobard, des secours qu'elle en attend, des volontés de son père, et du devoir qui lui est imposé de ne rien entreprendre sans consulter Hirman ; lui seul peut enseigner à ouvrir la caverne ; et si Théobard est absent ou retenu par son obéissance, lui seul peut lui offrir un asile secret et inviolable, jusqu'à l'instant où Childéric, vainqueur des Romains et paisible possesseur de son trône, pourra la recevoir en reine, en épouse. Comment partir sans être rassuré sur son sort, sans l'avoir délivrée des mains d'un tyran, déjà souillé du meurtre d'un frère, et à qui un crime de plus semble ne devoir rien coûter ? Childéric offre à la princesse d'aller à l'instant même trouver Hirman, et de revenir la délivrer. Ce projet les occupoit tous deux, ils en discutoient les moyens, tandis qu'Eginard, assis sur la pointe du rocher, admiroit la nuit silencieuse, dont le bruit seul du torrent troubloit la paix mélancolique ; le feuillage jaunissant annonçoit déjà l'approche de l'hiver, sa verdure variée, qu'éclairoit à demi la lune tremblante, offroit un tableau touchant qui remplissoit son ame d'une douce tristesse. Tout-à-coup un cri de Valamir interrompt sa rêverie, il a donné le signal convenu, Ulric l'a répété, Eginard tire son épée et s'élance ; mais que devient-il, lorsqu'au lieu de l'ennemi qu'il croit combattre, il reçoit dans ses bras Berthilie échevelée, palpitante.—Eh quoi ! c'est vous, vous que j'aime, qui, bravant la nuit et les dangers...—Oui, oui, c'est Berthilie. Elle se tait, respire un moment, et se rassure en s'appuyant sur le cœur de son amant. Elle est venue seule, sans guide ; elle a bravé les craintes d'une imagination vive et les terreurs, enfans des ténèbres ; rien n'a pu la retenir. Effrayée du bruit de ses pas légers, du murmure des vents, du frémissement du feuillage, de la branche qui touche ses vêtemens, de son ombre, que projette au loin les rayons d'un jour pâle et mourant, elle a franchi ces bois inconnus, sans s'égarer, sans se reposer même ; elle a couru sur ces cailloux qui ont déchiré ses pieds délicats ; elle arrive enfin, elle a senti palpiter le cœur d'Eginard, tous ses maux sont oubliés. Cependant, ce n'est pas lui qu'elle cherche, c'est Childéric, c'est Bazine ; un intérêt pressant l'amène ; lui seul a pu donner à Berthilie tant de force et d'audace ; les momens sont chers, il faut qu'elle leur parle à l'instant même. C'est alors qu'Eginard s'aperçoit que la roche est escarpée, que le danger est extrême et le chemin impraticable. Il le montre d'une main à Berthilie, lui enseigne par où il faut passer, lui recommande la prudence, la soutient, et tremble pour la première fois de sa vie ; mais elle est adroite et légère, ses petits pieds trouvent partout un appui, et le plus jeune rameau la soutient ; Eginard est éperdu, ils sont au sommet de la roche, et il craint encore. Childéric aperçoit alors Berthilie ; ses beaux cheveux, qui s'étoient détachés pendant sa course rapide, flottoient en longs anneaux sur ses épaules ; son vêtement d'une blancheur éclatante, sa taille souple et légère, les doux rayons qui éclairoient son charmant visage, son attitude pleine de grâce, tout lui donne une forme aérienne et céleste ; on la prendroit pour la divinité protectrice de ces lieux. Le roi s'y trompa un moment, mais il la reconnut et la nomma. Bazine appela impatiemment son amie. Douce et généreuse amitié, vous manquiez encore au bonheur de Bazine ! à présent elle est heureuse, et son ame s'enivre des célestes félicités. Berthilie troubla à regret ces doux instans ; mais c'étoit un effort que l'amitié attendoit d'elle. Grand roi ! dit-elle, c'est pour vous que je suis venue, c'est pour sauver vos jours menacés ; peu de momens nous restent ; écoutez-moi, et ne perdez pas un des instans qui vous appartiennent encore. Bazine, effrayée par ces mots, écouta avec attention ; Eginard, qui s'étoit accroché à une plante sauvage, soutenoit de l'autre main sa chère Berthilie ; Childéric, qui lui avoit cédé le voile protecteur, étoit debout près d'elle sur une saillie du rocher ; Valamir plus bas, servoit d'appui à son frère ; Ulric, au pied de la roche, étendoit ses bras vers eux comme pour les y recevoir tous ; et Diane, du haut des airs, applaudissoit à ce tableau touchant, qu'elle se plaisoit à éclairer de sa lumière pâle et divine.

Prince, dit Berthilie, en s'adressant à Childéric, si vous eussiez eu plus de défiance, si vous eussiez mieux connu Bazin, vous vous fussiez sans peine aperçu du trouble dont il étoit dévoré, depuis que vous lui aviez annoncé votre retour au trône, et une puissance dont il craignoit les entreprises : mon père, plus habile à lire dans son cœur, ne se laissa pas tromper à sa feinte satisfaction ; il suivit ses mouvemens, et ne sut pas sans inquiétude qu'il avoit mandé Vendorix, lâche complaisant de ses fureurs. Cependant il étoit encore loin de prévoir les excès où l'amour jaloux pouvoit précipiter son roi ; il n'apprit qu'avec une vive douleur que Bazin, trahissant les droits de l'hospitalité, ces droits sacrés à tous les hommes, avoit placé lui-même des muets dans votre appartement, avec ordre de vous étouffer durant votre sommeil. Théobard aimoit trop la vertu pour ne pas s'opposer au crime ; il chérissoit trop la fille d'Humfroi pour laisser immoler Childéric ; il portoit encore à Bazin trop d'attachement pour ne pas le servir en lui épargnant la honte et le regret d'un attentat si horrible ; mais il ne savoit comment vous prévenir ; Vendorix ne le quittoit point dès qu'il sortoit de son appartement, et mon père voyoit que tous ses pas étoient observés ; il trembloit de n'avoir prévu qu'en vain ce crime atroce ; il étoit pâle, agité ; j'osai lui en demander la cause, il hésitoit à me la confier. Cependant, espérant que moins suspecte que lui, je pourrois peut-être davantage, il se décida à m'ouvrir son cœur ; je frémis comme lui de votre danger, mais je lui promis de vous sauver ; il m'embrassa tendrement. Ne craignez rien, lui dis-je, ni pour Childéric, ni pour vous, ni pour moi-même ; mais permettez-moi de vous quitter, les instans sont précieux ; il y consentit. Je volai à mon appartement ; je savois que vous deviez être à la roche sombre, Eginard m'en avoit prévenue, m'en avoit indiqué la route. Pensant que vous deviez être sans chevaux, sans armes, et forcée de partir sans retourner au palais, je me suis chargée, à la hâte, de mon or et de mes bijoux, qui serviront à vous en procurer. Craignant d'être arrêtée aux portes du palais, je me suis élancée par une fenêtre qui donne sur la terrasse, et courant hors des jardins, j'ai suivi, sans m'arrêter, la route qui m'avoit été indiquée. J'arrive, je vous trouve, profitez des instans ; demain, quand on s'apercevra de votre départ, soyez loin de toute atteinte ; craignez tout d'un rival puissant et irrité ; échappé à ses muets, vous n'échapperiez pas demain aux ordres qui vous attendroient ailleurs. Berthilie se tut ; Eginard, qui la tenoit embrassée, la pressa avec transport ; elle entendit ce mouvement de la reconnoissance, il ajouta un nouveau prix à son zèle heureux. Bazine et Childéric sentirent que remercier Berthilie étoit presqu'un outrage ; ils songèrent donc uniquement à profiter de ses bienfaits ; le roi persistoit à parler à Hirman ; la princesse exigea qu'il s'en remît à elle seule de sa destinée, et qu'il partît sur le champ pour la maison de chasse de Bazin, dont Taber, époux d'Eusèbe, étoit gouverneur ; là, il se procureroit sans peine des chevaux, et marchant sans s'arrêter, il trouveroit la ville frontière, avant que l'on pût se douter de son départ. Mais, ajouta la princesse, laissez Eginard chez Taber, il portera à Hirman les tablettes que voici, ce sont celles de mon père. A cette vue, le sage Druide se confiera sans peine à lui, et

Eginard m'instruira de ses volontés. Je n'ai rien à craindre sous la garde de Théobard, de Berthilie, protégée par Hirman, servie par le fidèle Eginard ; épargnez à mon cœur des alarmes, et peut-être un malheur éternel. Partez, prince : si vous m'aimez, allez reprendre une couronne, dont j'accepte avec joie le glorieux partage ; allez punir Egidius ; montrez Childéric au peuple impatient de sa présence ; je saurai vous rejoindre, l'amour vous promet Bazine. Partez à l'heure même, voici les tablettes d'Humfroi ; j'en charge Eginard. Adieu, Berthilie, chère et tendre amie, cours rassurer ton père : adieu, vous que je me plais à nommer roi des Francs et de Bazine. A ces mots, la princesse, voulant forcer Childéric à un prompt départ, quitta l'ouverture du roc, et se retira dans le fond de la caverne. Childéric, qui sent tout ce que ses volontés ont de prévoyance et de sagesse, se détermine à lui obéir ; Eginard transporte Berthilie au pied du rocher. Le roi ne pouvoit sans douleur abandonner ce ténébreux séjour ; mais pressé par Berthilie et par ses braves, il partit pour la maison de Taber, dont il connoissoit bien la route ; c'étoit là que Bazin avoit été transporté lorsque, blessé à la chasse, il avoit été secouru par Childéric. Berthilie présenta au roi, et en rougissant, la petite cassette qu'elle lui avoit apportée ; il la reçut de ses belles mains avec reconnoissance, chargea Eginard de la ramener au palais, lui dit adieu, leur recommanda Bazine, et promit à Eginard de laisser à Taber de plus amples instructions. Le roi, suivi d'Ulric et de Valamir, prit le chemin de la forêt ; il marchoit rapidement, mais en silence ; la joie qu'il éprouvoit en songeant à son heureux retour dans sa patrie, à son cher Viomade, étoit empoisonnée par l'idée désespérante de la captivité de celle qu'il aimoit. Tous les dangers, tous les malheurs s'offroient à son imagination, mille inquiétudes l'agitoient ; il arriva chez Taber, accablé de regrets et plongé dans la tristesse ; il en fut distrait par la nécessité de songer à son départ. A peine eut-il expliqué à Taber ce qu'attendoit de son zèle la fille d'Humfroi, à peine lui eut-il raconté ce qu'elle souffroit dans la *roche sombre*, que Taber, aidé de sa fille Elénire, servit au roi un repas frugal : tandis qu'il étoit à table entre Ulric et Valamir, les chevaux étoient préparés ; au bout de quelques momens, le roi et les deux braves partirent ; Elénire fut chargée du soin de recevoir et de cacher Eginard. Taber les conduisit, par des chemins sûrs, à Eisnach ; là, il les quitta, et revint promptement rejoindre sa fille.

Tandis que Childéric fuit à regret loin de celle qu'il adore, Berthilie, le bras passé dans celui d'Eginard, fait avec lui un plus doux voyage. Ils ne se quitteront pas,... ils se le répètent mille fois, et l'avenir ne leur offre que projets charmans, flatteurs espoirs, jours enchanteurs, amour, hyménée. Les beaux cheveux de Berthilie enveloppent son amant de leurs boucles légères et parfumées, il les couvre de baisers, et Berthilie s'abandonne sans défiance à son heureux guide. Il soutient ses pas, la presse contre son cœur, s'étonne et s'afflige en se voyant si près de l'arrivée. Déjà ! disoit sa douce amie, qui a oublié la fatigue et la route : mais pensant à son père, à l'inquiétude qu'il doit éprouver, elle se reproche ce mouvement. Il faut par prudence se séparer ; déjà ils touchent aux allées du jardin, ils se disent adieu, et Eginard voit Berthilie fuir avec la légèreté d'un oiseau ; il aperçoit flotter sa robe à travers les arbres ; bientôt il cesse de la voir, et regarde encore, mais n'apercevant plus rien, il se hâte de revenir chez Taber. Ah ! se disoit-il en soupirant, je ne serai point témoin du triomphe de mon roi ; je n'entendrai point ces cris d'alégresse.... Cette pensée affligeoit Eginard ; mais s'il délivroit Bazine ! s'il la conduisoit lui-même à son maître ! cet espoir lui rendoit sa gaieté ; il nommoit Berthilie, il retrouvoit son bonheur... Il arriva ainsi près d'Elénire, qui lui fit un accueil tel qu'il devoit l'espérer, lui offrit des rafraîchissemens, l'instruisit du départ du roi, et le fit conduire à la chambre qui lui étoit destinée. Pendant ce tems Berthilie, rentrée au palais par une porte qui donnoit dans le jardin, et dont elle avoit la clef, s'étoit glissée doucement jusqu'au bord du lit de Théobard ; il ne dormoit pas, et reconnut sa fille chérie à ses pas légers. Est-ce toi, ma bien-aimée, dit-il à voix basse ? Oui, mon père, répondit doucement Berthilie. Alors elle s'approcha du lit, embrassa son père, lui fit part de ses démarches, de ses succès, de l'éloignement de Childéric. Théobard remercia les dieux, applaudit à l'heureuse témérité de Berthilie, l'engagea à s'aller reposer, et à jouir sans trouble des douceurs d'un long sommeil. Berthilie lui obéit, et rien n'agita son cœur pendant le reste de la nuit ; tout souriot à sa jeunesse ; la vie n'étoit pour elle que paix, amour, vertu, espérance.

Mais tandis qu'un si doux sommeil, que des songes heureux reposent et dédommagent la chaste fille de Théobard, il fuit la couche dévorante du fratricide ; Bazin se sent brûler de mille feux, les furies secouent sur lui leurs noirs flambeaux ; il appelle la vengeance, et Némésis est sourde à sa voix ; les crimes qu'il a commis l'effraient, ceux qu'il médite ne le satisfont pas encore ; tourmenté par ses souvenirs, inquiet sur les ordres sinistres qu'il a donnés, Bazin s'étonne de n'en pas avoir encore appris l'exécution.... Les heures s'écoulent et le jour renaît, personne ne s'approche de lui... Childéric vivroit-il encore !.. Malheur à celui qui eût osé le trahir !... Ses soupçons le déchirent, il fuit ce lit sans repos, et va s'assurer lui-même de sa victime ; à peine il entre dans l'appartement du jeune roi, que les muets qui, depuis si long-tems cachés, attendent Childéric, croient enfin l'apercevoir, et se jettent tout-à-coup sur Bazin qu'ils renversent ; sa tête va frapper contre un siége, ils sont prêts à l'immoler à ses propres fureurs ; mais le roi, qui tient un poignard, le plonge dans le cœur d'un des muets ; son compagnon, effrayé de sa méprise, fuit loin du courroux terrible de son maître ; et Bazin, baigné dans son sang qui se mêle à celui du misérable exécuteur de ses forfaits, s'évanouit de rage autant que de douleur : on ignore dans le palais ce fatal événement, aucun secours n'est apporté, et Bazin, plusieurs heures sans mouvement, revient à lui, ranimé par la seule nature ; il promène long-tems autour de lui ses regards incertains et surpris ; bientôt sa terrible catastrophe se retrace à sa pensée ; là, inondé de sang, est étendu ce muet qu'il a poignardé ; le lit du prince n'annonce pas qu'il s'y soit couché, et cependant ses vêtemens, ses armes sont éparses dans l'appartement : où seroit-il donc ? peut-être est-il encore tems de satisfaire sa haine ? Cet espoir ranime de nouveau Bazin, il essaie de se relever ; la blessure qu'il a reçue à la tête, le sang qui n'a cessé de couler, l'ont affoibli ; il retombe, fait de nouveaux efforts, et parvient à se tenir debout, mais il peut à peine se soutenir, il est forcé de s'asseoir. Cependant il craint d'être surpris, il craint encore plus que Childéric ne lui échappe ; enfin, rappelant toute sa vigueur, il sort de ce lieu fatal, et par une issue secrète rentre dans son appartement ; là, il fait venir ses médecins qui pansent sa douloureuse blessure ; une fièvre ardente s'unit encore à sa violence naturelle, il est contraint de se coucher, mais il demande Vendorix. Va, dit-il, placer une garde nombreuse au pied de la roche sombre, remplis de troupes le bois qui l'avoisine, et que l'on donne la mort à tout ce qui oseroit en approcher ; que Théobard n'y entre plus seul, tu m'en réponds sur ta tête... Vendorix sortit pour obéir promptement, et Théobard parut. Bazin jettoit sur lui des regards furieux ; mais la belle ame du vertueux chef du conseil n'en est point émue ; le calme de ses traits étonne le roi, il l'admire malgré lui... Où est donc Childéric ? dit-il impétueusement. Je venois vous annoncer, répondit Théobard, qu'un courier qu'il envoie d'Eisnach vous apporte la nouvelle qu'il est arrivé heureusement dans cette ville ; hier, m'a dit le courrier, sur des avis secrets, le roi crut devoir partir sans délai... Perfide ! s'écria Bazin, tu m'as trahi !... Que m'avez-vous confié ?.. Sors, malheureux !.. Il alloit obéir, mais il fut rappelé par le monarque en fureur ; il le menace de mille morts, veut assembler son armée, s'unir à Egidius, chasser de nouveau Childéric de son royaume, marcher à la roche sombre, y donner lui-même la mort à la princesse infortunée ; sa fièvre redouble, son imagination s'égare, il voit Humfroi, il entend ces mots, ces derniers mots d'un frère : O mon cher Bazin ! sauve-moi !... et il tombe évanoui dans les bras de Théobard, qui gémit sur ses maux et sur ses crimes.

LIVRE DIX-HUITIÈME

SOMMAIRE DU LIVRE DIX-HUITIÈME

Arrivée du roi ; transports de l'armée. Il retrouve Viomade, remonte sur le pavois, combat Egidius, est vainqueur, rentre dans toutes ses places, s'arrête à Tournay. Inquiet du silence d'Eginard, il envoie Valamir en Thuringe ; il annonce à son retour que la princesse est épouse du roi de Thuringe. Désespoir de Childéric. Il se prépare à attaquer les Saxons. On annonce des Bardes, ils chantent la gloire de Childéric. Quels sont ces Bardes. Ravissement du roi. Il reproche à Valamir de l'avoir trompé. Mais Bazine lui confirme la nouvelle de son mariage avec le roi de Thuringe ; elle raconte ses aventures. Childéric part avec son armée, il est vainqueur, Egidius est tué. Le roi retrouve Egésippe, s'empare de Beauvais, de Paris, revient plein de gloire dans Tournay, y trouve Théobard, qui lui annonce que la reine est libre. Théobard lui raconte les événemens qui ont suivi le départ de la princesse. Bazine veut aussi le bonheur de Berthilie et d'Elénire, fille d'Eusèbe. Les trois mariages se célèbrent le même jour dans le temple d'Esus.

Taber n'avoit quitté le roi des Francs qu'au moment où il alloit rejoindre Mainfroi, Arthaut, Recimer et Amblar, suivis eux-mêmes de plusieurs guerriers ; la joie que ressentirent ces braves à l'aspect de leur maître, ne pouvoit se comparer qu'à celle du prince en retrouvant des sujets dévoués et fidèles. Ils renouvelèrent au roi des sermens gravés dans leurs cœurs, et Childéric les assura à son tour d'une amitié constante et méritée ; mais empressé de retrouver Viomade, le roi ne voulut point s'arrêter, et son cœur tressaillit de joie en revoyant sa patrie, ces riches plaines, ce beau royaume conquis par ses pères. Ce fut en 463 que Childéric rentra en France ; il avoit alors vingt-cinq ans, étoit le plus bel homme de son siècle, et avoit acquis en peu d'années une connoissance du cœur humain que les rois, nés sur le trône et entourés de ses prestiges, ne peuvent jamais posséder. Ses revers avoient élevé son ame au-dessus du malheur et de la fortune ; il savoit sentir l'amitié dont il connoissoit tout le prix, et à qui il devoit son trône.... Il se connoissoit lui-même, étude si utile et faite si rarement par ceux que l'on trompe sans cesse, soit pour leur plaire, soit pour les égarer. Childéric avoit à effacer de grandes fautes, mais il lui restoit de grands moyens, et de nombreuses années ; l'amour qui avoit séduit sa jeunesse, alloit lui-même s'entendre avec la vertu et la gloire ; aucune tache ne devoit plus nuire à cet ensemble heureux de grandeur, de courage, de beauté, de bienfaisance et de sagesse. Childéric avoit déjà passé Strasbourg, il quittoit Saint-Dizier, et s'avançoit vers le terme de son voyage ; déjà il apercevoit la haute montagne au pied de laquelle est bâtie cette petite ville fameuse par les ravages d'Attila, plus fameuse encore par son attachement pour son prince, et par la gloire de l'avoir reconnu la première ; Childéric, impatient d'embrasser son cher Viomade, pressoit son coursier, qui, secondant les vœux de son maître, s'élançoit avec la rapidité des vents ; le soleil couchant faisoit briller au loin les armes étincelantes ; une joie délicieuse remplissoit l'ame sensible du roi ; la poussière qui s'élevoit dans la plaine lui annonçoit un groupe de cavaliers volant rapidement à sa rencontre ; son cœur devine Viomade avant que ses yeux puissent le reconnoître, et en peu d'instans, ils sont dans les bras l'un de l'autre. L'armée entière s'approche en désordre et à pas précipités, chacun veut voir le roi, on l'entoure, on le presse, on tombe à ses pieds ; plus de rangs, plus de chefs, plus de soldats, l'amour a tout confondu.... Childéric étend ses bras vers eux, leur montre son cœur ; il ne peut parler, et laisse sans honte couler ces larmes de reconnoissance, qui honorent le peuple qui les obtient, et le roi qui sait les répandre. Au milieu de ce trouble sublime, une couronne, un sceptre sont apportés ; c'est Viomade qui a l'honneur de les présenter lui-même : Childéric, ôtant son casque avec cet air noble et plein de charme qui le distingue, lui dit : Je la tiens de toi, Viomade ; et il posa la couronne sur sa tête. Le sceptre étoit ce même javelot, sceptre du grand Pharamond, et teint du sang de Gelimer.... Childéric le reçut avec attendrissement, et donna un regret à son ami, un soupir à Talaïs. Le pavois fut apporté ; Childéric y monta ; c'étoit à qui auroit l'honneur de le porter : ce fut ainsi élevé, et au milieu de ses braves et de son armée, que Childéric entra dans la ville ; elle étoit jonchée de fleurs, toutes les femmes en étoient couronnées ; les cris mille fois répétés de vive le roi ! remplissoient les airs, une musique guerrière achevoit de remuer les ames, les Bardes chantoient à leur tour, des feux étoient allumés, des festins partout étoient préparés. Childéric se disoit tout bas : O Bazine ! c'est ainsi qu'il vous aimeront !... La nuit fut aussi belle que le jour avoit été éclatant ; on oublioit la fatigue, on renonçoit au sommeil, et l'aurore aperçut encore les derniers jeux de cette fête mémorable.

Elle est enfin terminée, et le roi reste seul avec son ami ; ce moment fut aussi doux pour son cœur que celui de son triomphe, ils avoient l'un et l'autre bien des choses à se dire ; à peine Childéric donna-t-il quelques heures au repos. Mais il apprend qu'Egidius marche contre lui vers la Champagne : il ne faut pas lui donner la gloire d'attaquer, marchons à sa rencontre, dit Childéric, assemblons le conseil, tel qu'il étoit composé à mon départ, pressons-nous, et partons. Les ordres sont donnés, et tandis qu'ils s'exécutent, le roi nomme Bazine à son ami, lui parle de ses vertus, de sa beauté, de ses malheurs, du lieu horrible où il l'a laissée captive, et d'Eginard qui veille à ce précieux trésor. Interrompu par l'arrivée du conseil, le roi lui expose la nécessité de marcher à l'instant même contre Egidius ; c'étoit l'avis de tous, ce fut celui de l'armée ; les anciens grades furent rendus à ceux qui les avoient possédés et mérités, et les Francs poussèrent des cris de joie en marchant contre les Romains, et en voyant le roi à leur tête. Egidius, de son côté, pressoit sa marche. Les deux armées se rencontrèrent entre Langres et Troyes, et la victoire ne fut ni lente ni douteuse. Les Francs, vainqueurs, poursuivirent l'ennemi qui fuyoit devant eux ; Childéric suspendit le carnage, s'assura de Langres, de Metz, de Verdun, de Vilita ancien, de Cambrai, et s'arrêta à Tournay, sa capitale : ce fut là qu'il retrouva de nouveaux témoignages de l'amour et du zèle de ses sujets depuis long-tems séparés de lui ; ce fut là que de nouvelles fêtes lui répétèrent qu'il étoit aimé, et que les troupes triomphantes lui firent l'hommage de leur gloire. Le roi, au milieu de son peuple, jouissoit de cette satisfaction délirante que donne une vive sensibilité ; il ne cessoit de regarder autour de lui, et chaque regard lui offroit un sujet fidèle. Oppressé par son bonheur, accablé des torrens d'amour et de joie qui inondoient son cœur, il doute si ses forces pourront suffire à une félicité plus qu'humaine ; mais Bazine ne la partage pas !... Cette idée donne le change à ses transports, et vient la calmer. Childéric n'oublioit point ce qu'il devoit aux dieux et à Diticas ; en s'arrêtant à Tournay il s'étoit promis de célébrer sa reconnoissance par un pompeux sacrifice ; il fut ordonné, et jamais encore on en avoit offert de plus grand, de plus solennel ; l'armée entière y assista, le roi y donna des marques d'une piété profonde ; il témoigna au grand prêtre une vénération, un respect mêlé de reconnoissance ; Diticas lui adressa un discours flatteur, félicita le peuple et l'armée, invoqua pour elle la protection divine, l'en assura : il se retira dans son temple, emportant dans son cœur un attachement plus vif encore pour un roi qui se montroit à tous les yeux paré de tant de vertus nouvelles. Childéric, en mémoire des bienfaits des dieux, ordonna que l'on bâtît un temple dans la ville même ; il fait encore de nos jours partie de la cathédrale de Tournay ; sa nef est entièrement ancienne, et présente au souvenir un monument de la reconnoissance de ce grand roi. D'autres soins l'appeloient encore ; il avoit espéré en vain recevoir des nouvelles d'Eginard ; inquiet, désolé de son silence, il fit partir secrètement Valamir ; et sachant que les Romains se rassembloient à Cologne, il marcha contre eux, les défit, s'empara de la ville, prit également Trèves, et forcé par la mauvaise saison à mettre bas les armes, il rentra dans Tournay, où il ne trouva point encore Valamir de retour. Childéric donna au bonheur de son peuple un tems qu'il ne pouvoit consacrer à sa gloire ; il diminua les impôts, réforma plusieurs abus, récompensa les guerriers, augmenta le nombre de ses braves, créa ces lois sages et répressives, dont le citoyen paisible n'a rien à craindre, et qui contiennent le méchant ; écouta les plaintes du malheureux, de l'innocent, fut toujours juste, et quelquefois clément ; enfin il fit aimer son empire autant qu'il avoit fait respecter ses armes.

De ce peuple heureux, Childéric étoit le roi, le père, l'amour et le modèle ; mais lui seul gémissoit en secret ; il versoit le bonheur sur les autres, l'inquiétude, la douleur le déchiroient. Valamir ne revenoit point ; l'hiver s'écouloit dans cette mortelle attente, Childéric ne savoit plus la supporter ; Viomade ne pouvoit concevoir le silence d'Eginard, la longue absence de Valamir ; il craignoit qu'ils ne fussent arrêtés, et on alloit envoyer un nouvel émissaire, lorsqu'enfin Valamir parut ; le roi lui témoigna son étonnement sur le tems qu'avoit duré son voyage. Mon frère étoit mourant, lui dit-il ; je n'ai pu le quitter, qu'assuré de sa vie ; d'ailleurs je ne savois rien sur le sort de la princesse.... Eh bien ! qu'avez-vous appris ? répondit impatiemment Childéric.—Qu'elle est épouse de Bazin, et qu'elle règne sur la Thuringe.—Ciel ! que dites-vous ?—La vérité, et si vous daignez m'écouter, je vous rendrai compte de tous les événemens qui se sont passés depuis votre départ.—

J'écoute, reprit le roi avec la plus vive émotion ; parlez, Valamir.

    Le roi de Thuringe, blessé par les muets qu'il avoit appostés dans votre appartement avec ordre de vous assassiner, donna les ordres les plus sévères contre la princesse, soupçonna Théobard, et se livra à une fureur insensée qui pensa lui coûter la vie. Vendorix, à qui il avoit confié la garde de la roche sombre, plaça des troupes dans le bois et au pied de la caverne ; on ne pouvoit plus en approcher que du côté du torrent, et il falloit alors le traverser, ce qui étoit dangereux et pénible, surtout dans la saison qui grossissoit déjà ses eaux. Pendant que ces précautions se prenoient avec précipitation, Eginard s'étoit rendu dans la forêt de Thuringe, au temple du grand-prêtre Hirman, s'en étoit fait reconnoître à l'aide de Taber et des tablettes d'Humfroi ; et le vénérable Druide, touché des malheurs de celle qu'il avoit promis de secourir, prit les précautions nécessaires pour pénétrer dans la caverne, et partit suivi d'Eginard, de deux Druides et de Taber ; mais en approchant, ils aperçurent des tentes et des armes ; ils s'arrêtèrent, et, découvrant un nombre considérable de soldats, ils furent forcés de renoncer à leur projet : traverser le torrent étoit une entreprise au-dessus des forces et du grand âge d'Hirman ; d'ailleurs l'entrée de la caverne étoit du côté des gardes, et c'étoit s'exposer sans aucun avantage ; leur douleur fut grande, mais il fallut céder pour le moment ; chacun cependant emportoit dans son cœur le désir et l'espérance de vous servir. Eginard, inconsolable de son mauvais succès, passa une nuit cruelle, le lendemain il ne fut pas plus heureux ; quoiqu'il vit Berthilie, le plaisir de se retrouver étoit détruit par le souvenir des dangers dont la princesse étoit entourée. Eginard ne peut y résister, et, dût-il y perdre la vie, il voulut voir Bazine : cependant il cacha son projet, dans la crainte d'effrayer le cœur déjà si triste de la sensible Berthilie, et à peine le jour étoit-il près de finir, qu'il étoit déjà de l'autre côté du torrent, et cherchoit la place la moins dangereuse ; appuyé sur son épée, il parvint, non sans peine, à le traverser, et gravit le rocher du côté de l'ouverture, évitant de se laisser voir, et se tenant toujours caché derrière la roche ; il faisoit nuit, les captives ne l'attendoient pas, elles étoient dans le fond de la caverne ; appeler étoit une imprudence ; il attendit quelques instans sans savoir quel parti prendre ; bientôt il redescendit, ramassa plusieurs cailloux, gravit de nouveau et fit couler ces cailloux le long du roc en-dedans et par son ouverture ; les captives les entendirent, et se préparoient à s'approcher, lorsqu'un grand bruit effraya mon frère, et arrêta les préparatifs que faisoit Eusèbe : un moment après, la trappe s'ouvrit avec fracas, retomba de même, et Eginard vit entrer, à la lueur de plusieurs flambeaux, Théobard que suivoit Vendorix ; à la vue de cet odieux capitaine, mon frère trembla pour la princesse et pour Théobard. Ils remirent d'abord à Eusèbe des provisions, des vêtemens, des tapis, car la caverne devenoit humide et froide. Eginard écoutoit, mais les paroles se perdoient dans le rocher ; il distinguoit seulement le son des voix, et les accens si doux de celle de Bazine frappoient davantage quand ils succédoient aux accens durs et effrayans de Vendorix. La nuit étoit avancée ; Eginard, craignant d'être découvert, se retira, redescendit quelques pas, traversa de nouveau le torrent, et revint chez Taber ; quoiqu'il n'eût pas entièrement réussi, il étoit moins malheureux, le torrent n'étoit plus pour lui un obstacle insurmontable ; avec des efforts et de la prudence, il pouvoit parler à la princesse, recevoir ses ordres, et lui faire passer des nouvelles, vous en donner à vous-même ; c'étoit beaucoup. Après s'être reposé un jour, il résolut de revoir Berthilie, de lui apprendre son heureuse entreprise, et de savoir d'elle ce dont il falloit qu'il instruisît la princesse ; il la trouva accablée de douleur ; Eusèbe étoit malade, et la princesse, alarmée pour sa chère nourrice, avoit paru à Théobard pâle et souffrante elle-même ; l'air de la caverne devenoit mal-sain ; le peu d'exercice, l'humidité, la longue captivité qu'éprouvoient les prisonnières, sembloient altérer également leur santé ; Eusèbe surtout éprouvoit les symptômes d'une destruction prochaine, et Bazine désolée ne savoit comment la secourir. Eginard fit part à Berthilie du chemin dangereux qu'il avoit parcouru, se promit de retourner porter des consolations aux infortunées, et de consulter Hirman avant de rien entreprendre. Berthilie fut de cet avis, et lui apprit encore que son père n'alloit plus seul à la roche, que Bazin se proposoit de faire mourir la princesse, si vous veniez la demander à main-armée. Berthilie écrivit à Bazine une longue lettre qu'Eginard devoit passer par l'ouverture, en cas qu'il ne pût lui parler, et elle la lui remit en le conjurant d'user de prudence ; ils se séparèrent, mon frère regagna sa retraite avant le jour. Le lendemain il fut au temple, et dépeignit à Hirman l'état affreux de la malheureuse fille d'Humfroi, la sévérité, les menaces de Bazin, la maladie d'Eusèbe, l'impossibilité dans laquelle se trouvoit Théobard de rien entreprendre.... Hirman l'écouta, et réfléchit.... Consultons les dieux, dit-il ; le moment est terrible, je n'ose prononcer sur ce qu'il faut faire encore, la circonstance doit peut-être l'emporter.... A ces mots, Hirman sortit, et laissa Eginard dans l'attente. Il le demanda au bout de quelques heures, et le conduisit derrière un superbe autel qui portoit trois statues de marbre ; là, il vit un tombeau et les apprêts d'un sacrifice. Ici repose Humfroi, s'écria le Druide en versant des pleurs... ; ici repose le meilleur des rois ; invoquons son ombre, et qu'elle nous éclaire sur la destinée de Bazine ! Puisse sa volonté se manifester à mon cœur, et sa grande ame m'inspirer pendant le sacrifice ! Hirman, les bras étendus vers la tombe, debout et les cheveux épars, sembloit pénétré d'un mouvement divin. Après la cérémonie, il fit conduire Eginard dans une chambre écartée ; plusieurs heures s'écoulèrent avant que personne ne vînt le trouver : Hirman le fit servir avec soin, mais seul, et vers le soir il le demanda. Voilà, lui dit-il, les tablettes d'Humfroi ; j'ai écrit au bas des caractères même du roi les conseils que je donne à regret, mais les seuls qui puissent sauver la princesse ; voici, ajouta-t-il, une liqueur qui conservera la vie à Eusèbe ; j'y joins une chaîne d'or que vous pourrez aisément attacher au fer qui traverse l'ouverture de la roche ; vous aurez soin de suspendre à l'autre extrémité ce coffret, dans lequel vous placerez le vase et les tablettes : il fit ensuite observer à Eginard qu'il étoit tombé beaucoup de pluie, et que le torrent seroit extrêmement grossi, l'engagea à se munir d'une forte lance qu'il lui présenta, et sur laquelle il pouvoit s'appuyer sans crainte ; lui indiqua plusieurs moyens d'échapper aux flots irrités, applaudit à son courage, et lui promit d'invoquer les dieux pendant son voyage pénible. Eginard marchoit avec intrépidité ; la lune n'éclairoit plus notre hémisphère, et mon frère remercioit les cieux des ténèbres épaisses dont ils couvroient son entreprise. Arrivé au bord du torrent, il est étonné de ses progrès, de son fracas terrible, de sa fureur. O nayades ! dit-il, appaisez-vous ; ce n'est point un méchant, un coupable, qui va se livrer à vos ondes !... O Berthilie ! tendre Berthilie !... Il hésite... O mon roi ! dit-il... et il se précipite dans les flots.... Cependant, aussi prudent que courageux, il oppose à l'onde qui l'entraîne force et adresse, résiste, combat, triomphe, et saisit déjà les branches du buisson qui croît au pied du rocher, et que battent les eaux du torrent ; mon frère, dont les vêtemens étoient pleins d'eau et les membres refroidis, eut plus de peine à monter sur la roche qu'il ne l'avoit cru d'abord ; plusieurs fois ses forces l'abandonnèrent ; cependant il eut assez de courage pour se soutenir jusqu'au but de son entreprise. La nuit étoit fort avancée, les captives étoient endormies, les tapis rendoient inutiles tous moyens de se faire entendre ; mon frère se contenta d'accrocher la chaîne au barreau de fer, et de descendre à l'autre bout les tablettes d'Hirman, auxquelles il avoit joint celles de Berthilie, et le vase qui renfermoit la liqueur précieuse ; il attendit quelque tems ; mais ne voyant aucun mouvement dans la caverne, se sentant glacé sous ses vêtemens humides, craignant de manquer de force pour regagner l'autre bord, il redescendit de la roche, et traversa de nouveau l'onde en furie ; déjà fatigué, moins prudent peut-être, parce qu'il ne songeoit plus qu'à lui, il lutta longtems, et plusieurs fois il fut renversé, entraîné même ; une plante, une pierre élevée, les dieux protecteurs qui n'abandonnent pas l'être vertueux qui se confie à leur puissance, le soutinrent contre tant d'obstacles, et il regagna l'autre bord ; mais le froid de la nuit l'avoit pénétré, il avoit encore une longue route à faire, et il se sentoit foible et souffrant ; cherchant à ranimer ses forces, il se hâta, et arriva chez Taber au lever du jour. Sa longue absence avoit jeté l'alarme dans toute la maison, un grand feu étoit allumé, un repas l'attendoit ; il but promptement une liqueur qui le ranima, changea de vêtemens, se mit à table, et fit à Taber le récit exact de tout ce qu'il avoit éprouvé, entrepris, exécuté ; tout-à-coup il devint d'une pâleur mortelle, sa tête se troubla, il croyoit être encore au milieu du torrent, et il tomba évanoui. Taber le fit promptement mettre au lit, lui prodigua tous les secours ; il revint à lui, mais avec un frisson violent, une fièvre délirante, une agitation terrible. Taber effrayé envoya consulter Hirman qui vint lui-même, répondit des jours de mon frère, mais prédit que sa maladie seroit longue ; il ordonna tout ce qu'il falloit faire, resta un jour entier près du malade, et repartit, en assurant de nouveau que la maladie étoit sans danger ; cet espoir rassura Taber. J'arrivai quelques jours après ; mon frère ne me reconnut point, j'étois désespéré, et, malgré les promesses d'Hirman, je tremblois pour les jours d'Eginard : occupé de lui seul, lui donnant tous mes soins, je ne savois à quoi attribuer son accablement ; mais Taber me raconta fidèlement tout ce que je viens de vous dire ; je crus devoir en instruire Théobard. Taber s'en chargea ; il envoya Elénire, qui, sous prétexte de porter à Berthilie des oiseaux fort rares et qu'elle avoit élevés, sut pénétrer jusqu'à elle. Au récit des dangers qu'avoient couru mon frère, Berthilie, troublée, fit appeler son père qui ne s'affligea pas moins qu'elle, et feignant de chasser, ainsi que Berthilie, ils vinrent l'un et l'autre, dès le lendemain, à la maison de Taber. Je ne pus voir sans attendrissement la pâleur extrême de cette jeune et charmante fille ; mais, par un effet singulier du hasard ou de la beauté, à peine se fût-elle approchée de mon frère, à peine l'eût-il regardée, à peine lui eût-elle parlé, que, sortant comme d'un long sommeil, il reconnut tous ceux dont il étoit entouré ; il sembloit qu'il attendît Berthilie pour se réveiller ; il m'embrassa avec tendresse, s'étonna, eut de la peine à comprendre comment nous nous trouvions tous auprès lui ; sa tête, encore foible, s'égara quelquefois ; il vous nommoit, nous défendoit de vous laisser passer le torrent ; son cœur étoit toujours le même, son imagination seule erroit encore. Théobard, dont on surveilloit toutes les actions, fut obligé de se retirer. Eginard s'endormit profondément, et le lendemain il nous parut beaucoup mieux. Théobard m'avoit donné des nouvelles de la princesse ; il la voyoit toujours, mais jamais seul ; rien ne sembloit adoucir sa position, rien ne l'agravoit. Je n'avois à vous annoncer rien d'important ; je crus devoir attendre encore, et emporter au moins la satisfaction de laisser mon frère rétabli. Théobard et Berthilie revinrent le voir ; il étoit levé, encore pâle et foible, mais il ne ressentoit aucune douleur. Nous parlions sans cesse de vous, de la princesse, de sa captivité, lorsqu'un soir Taber me fit signe de le suivre ; son agitation m'alarma ; je sortis après lui : Qu'est-il arrivé ? lui dis-je... D'étranges événemens, reprit-il ; gardons-nous qu'ils parviennent encore jusqu'à votre frère ; la princesse a cédé à la barbare persécution du roi, elle accepte sa main, le jour de l'hymen est fixé ; elle vient d'être conduite au palais de Bazin dans toute la pompe des reines. J'avois peine à en croire Taber, mais Elénire avoit reçu l'ordre de se rendre auprès de sa mère. Je voulus cependant m'assurer moi-même de ces nouvelles, et je courus à la ville ; par-tout l'alégresse publique me confirma des événemens nouveaux ; je vis les pompeux apprêts des fêtes : les temples s'ouvroient, l'encens fumoit, on ornoit de fleurs les flambeaux d'hymenée. J'ai fui ces lieux qui ne m'offroient qu'un spectacle déchirant pour mon cœur, et, prenant congé de mon frère, je suis parti pour vous annoncer qu'un lien éternel vous enlève à jamais Bazine.

Childéric, immobile et accablé, croyoit à peine ce qu'il venoit d'entendre ; sa raison, son cœur se refusoient à une conviction trop cruelle ; il lui sembloit qu'un horrible songe troubloit ses esprits, il cherchoit à l'écarter ; mais plus il s'appesantissoit sur sa pensée, plus il sentoit la vérité terrible pénétrer et déchirer son cœur.... Ah ! Bazine, que sont devenus votre amour, votre constance, et cette douce fermeté qui faisoit tout mon espoir ?.... Mais Hirman avoit parlé, elle avoit respecté en lui et les dieux et son père.... Cette idée porte quelque douceur à l'ame du roi ; il respecte jusqu'à l'infidélité de son amante ; il n'est pas tout-à-fait malheureux, puisqu'en perdant ce qu'il aime, le plaisir d'aimer lui reste encore.

Le printems couronné de verdure, suivi de Flore et des zéphirs, descendoit lentement vers la terre ; la nature, à son aspect, oublioit les maux d'un long hiver, et déjà, parée de fleurs, sourioit au dieu qu'elle adore ; les oiseaux, sortis des antres secrets où les frimas les tenoient renfermés, déployoient leurs ailes légères, essayoient leur doux ramage, et chantoient leurs prochaines amours ; Mars, s'arrachant des bras de Vénus, reprenoit son casque et sa brillante armure ; les grâces effrayées se cachoient dans le sein de la déesse de Cythère, dont l'amour essuyoit les larmes, et Mars appeloit aux combats les amans, les vieux guerriers.... Les Francs, ses plus chers favoris, répondoient par des cris de joie au signal du dieu ; c'est contre les Saxons qui se sont alliés aux Romains qu'ils vont marcher ; c'est Angers et les villes de dessus la Loire qu'ils vont attaquer ; le jour du départ est déjà choisi. Childéric, occupé de ce grand projet, le méditoit profondément avec Viomade et Ulric, lorsqu'on vint lui annoncer plusieurs Bardes chantant sa gloire : en effet, une troupe de chanteurs s'avancèrent ; ils tenoient des lyres dont ils s'accompagnoient ; mais à peine Childéric a-t-il entendu ces mots :

Chantons ce roi jeune et vaillant, La gloire et l'honneur de la France, qu'il a déjà reconnu celle qu'il étoit si loin d'espérer..... Un cri de joie lui échappe.... Dieux puissans ! s'écrie-t-il, est-ce bien elle !... Et tombant aux genoux de la princesse, il ne cessoit de répéter : Vous, Bazine ! vous, dans ces lieux ! Moi-même, répondit-elle en se dégageant de la chevelure noire et du voile qui la déguisent ; je suis venue vers vous, parce que je vous en crois le plus digne ; s'il étoit dans l'univers un plus grand roi, j'eusse traversé les mers pour aller le joindre ! Childéric a reconnu la charmante Berthilie et Eusèbe ; la princesse lui nomme Elénire ; il s'avance vers Taber ; Eginard est dans les bras d'Ulric. Childéric alloit à son tour nommer Viomade, mais le cœur de Bazine l'avoit deviné... O mon père ! lui dit-elle, en lui tendant la main... Ce nom si doux et si tendre transporta de bonheur celui qui l'avoit si bien mérité. Au bout de quelques momens, la princesse demanda au roi la permission de se retirer avec ses compagnes pour quitter leurs vêtemens, et prendre un costume plus convenable. Elles furent conduites dans les plus riches appartemens, et Eginard reçut à son tour les témoignages de tendresse que lui devoit son roi. Impatient d'aller embrasser son frère Valamir, il sortit avec son père ; et Childéric, resté seul avec Viomade, ne se lassoit point d'admirer son bonheur, ce bonheur qu'il étoit si loin d'espérer. Mais pourquoi Valamir l'a-t-il si cruellement trompé ?.... La beauté de Bazine enchantoit Viomade, parce qu'elle annonçoit une ame, parce qu'elle étoit plus belle de l'expression de ses traits que de leur régularité ; sa voix portoit au cœur ses moindres paroles ; son sourire étoit celui de l'innocence, il étoit encore celui de la bonté ; Bazine étoit enfin l'épouse que Viomade souhaitoit à son roi, et la reine qu'il désiroit à la France.

Les voyageuses reparurent, elles n'étoient point parées et en étoient plus belles ; les cheveux argentés de Bazine flottoient à demi-relevés par un rang de perles ; ceux de Berthilie, tressés autour de sa tête, étoient renoués sur son front ; Elénire, aux regards mélancoliques, à la démarche négligée et voluptueuse, portoit un voile transparent qui ajoutoit encore à sa beauté touchante. Valamir ne put la voir sans désirer de lui plaire, et Elénire, pour la première fois, entendit avec plaisir dire qu'elle étoit belle. Un festin étoit préparé, les voyageurs en avoient besoin ; Eginard, encore foible, n'avoit plus ses fraîches couleurs ; Berthilie croyoit l'en aimer davantage. On se mit à table ; chacun se plaça suivant son cœur ; Childéric cependant voulut que son cher Viomade fût près de Bazine, et qu'Ulric fût placé près de lui ; Berthilie, qui n'a point oublié l'aimable repas qu'elle a fait en Thuringe, s'assied en riant près d'Ulric ; Taber et Eusèbe étoient vis-à-vis de leur chère élève, Elénire près de sa mère, et Valamir près d'Elénire. Ce repas fut gai, fut long ; jamais, peut-être, autant de cœurs parfaitement heureux ne s'étoient trouvés réunis. Childéric demanda à Berthilie si elle n'avoit pas quelque inquiétude sur la cassette qu'elle lui avoit remise. Vraiment oui, lui répondit-elle, et je suis venue exprès la chercher.—Et si je l'ai perdue ?—Eh bien ! comme j'aime passionnément les fleurs, vous m'en donnerez un gros bouquet, et je vous tiendrai quitte.—C'est un bon marché que je ferai là, dit le roi, et je l'accepte ; mais il faut encore me rendre un service.—Volontiers, reprit Berthilie.—Il faut annoncer à Eginard que je le nomme capitaine de mes gardes, et à Valamir, que je l'admets au rang des braves.... Berthilie rougit d'abord ; puis, prenant son parti avec grâce, elle se leva, et alla annoncer gravement à chacun des deux frères la bonté du roi. A votre tour, dit-il à Eginard et à Valamir, offrez cette boîte à Berthilie. Elle renfermoit une parure superbe : tandis qu'elle l'examinoit, Childéric s'adressant à Valamir, lui dit avec bonté : Je devrois vous en vouloir, vous m'avez causé de grands tourmens, et j'ignore encore qui a pu vous abuser au point de vous persuader que la princesse étoit unie au roi de Thuringe.... Il ne s'est point trompé, interrompit la princesse, il ne vous a pas trompé vous-même ! vous voyez en moi l'épouse de Bazin, la reine de Thuringe !.. Grands dieux ! s'écria Childéric, vous, vous, l'épouse de Bazin !—Oui, moi-même ; mais ne vous troublez pas, et écoutez-moi sans inquiétude.

Vous savez ce que j'ai souffert, et à quel excès de rigueur fut portée ma captivité, les maux qu'éprouvoient ma chère Eusèbe, l'ignorance dans laquelle je vivois sur votre destinée, l'abandon forcé de mes amis, et l'impossibilité où se trouvoit Théobard d'obéir à son cœur et à son zèle.... J'avais du courage contre ce qui n'accabloit que moi, j'en manquai pour les douleurs de ma bonne nourrice, et pour la première fois, je versai des larmes. Cependant, je fus surprise agréablement un matin en apercevant accroché à l'ouverture de la roche un coffret richement orné ; il renfermoit une liqueur destinée à Eusèbe, dont Hirman assuroit l'effet ; je la lui présentai à l'instant même, et je retirai ensuite les tablettes. Je les reconnus toutes deux, et j'ouvris d'abord celles de Berthilie. J'espérois, prince, qu'elle me parleroit de vous ; en effet, elle m'annonçoit votre arrivée en France, sans entrer cependant dans aucun détail ; elle m'instruisoit qu'une garde nombreuse entouroit la roche, que l'on ne pouvoit en approcher qu'en traversant le torrent ; enfin elle me parloit d'une amitié dont je ne doutois pas, et du désespoir qu'éprouvoit Théobard de ne pouvoir rien faire, ni même rien entreprendre pour moi.. J'espérois trouver plus de consolation dans la lettre d'Hirman ; elle étoit écrite à la suite de celle de mon père, que je relus d'abord ; mais jugez, prince, de quel étonnement je fus frappée, lorsque je vis que le grand-prêtre m'ordonnoit, au nom des dieux et de mon père, d'accepter la main du roi de Thuringe ! mon étonnement fit place à la douleur ; l'amour et la haine me défendoient d'obéir, et je m'abandonnai d'abord à leurs conseils. La liqueur qu'avoit envoyée Hirman avoit ranimé Eusèbe ; sa santé se rétablissoit, mon sort en étoit adouci. Je voyois toujours Théobard, il ne me parloit point d'hymen ; Vendorix, qui l'accompagnoit, se taisoit aussi ; rien ne pressoit ma destinée, et l'espoir rentroit dans mon cœur. Mais le breuvage salutaire étoit épuisé, on ne venoit point en rapporter d'autre ; Eginard aussi m'abandonnoit ; l'idée la plus cruelle s'offrit à ma pensée : s'il avoit été victime de son zèle..., si les gardes l'avoient aperçu..., si l'onde furieuse du torrent l'avoit entraîné.... Je ne quittois plus l'ouverture du roc, et sans cesse les yeux fixés sur les flots, qui, dans leurs bonds écumeux, frappoient le rocher, je leur redemandois Eginard, et je versois des pleurs. Eusèbe, privée de la liqueur bienfaisante, retomboit dans sa première foiblesse ; elle cherchoit en vain à me cacher ses souffrances, hélas ! mon cœur les devinoit toutes.... Une nuit, je l'entendis se plaindre ; je volai vers elle, elle étoit mourante : jugez de ma douleur, seule et sans secours : Eusèbe, ma chère Eusèbe, ma nourrice, mon amie, ma mère, la fidèle compagne de mes maux, le second auteur de ma vie ! Je la pressois dans mes bras, je la réchauffois sur mon cœur, je versois des larmes brûlantes... Ah ! me disois-je, les dieux ont parlé, et j'ai méconnu leur voix ! ils ont ordonné, j'ai désobéi ! ils me punissent ! ils vont m'enlever Eusèbe, et j'aurai causé sa mort ! Appaisez-vous, dieux vengeurs ! m'écriai-je... O mon père ! appaisez-vous ! et je portai mes yeux vers la chaîne sur laquelle j'avois juré de consulter Hirman.... Dans l'instant même, elle se détacha du roc, et vint tomber à mes pieds.... Depuis long-tems je travaillois à la desceller, son propre poids sans doute l'avoit entraînée ; mais cet effet inattendu frappa de respect et de crainte mon imagination troublée..... J'obéirai ! j'obéirai ! répétai-je avec anxiété ; sauvez Eusèbe !... Quelques momens après, elle r'ouvrit les yeux, et soupira foiblement ; j'essayai de lui faire avaler un peu de vin ; insensiblement elle reprit ses sens, mais elle étoit extrêmement foible ; le jour paroissoit à peine, et je souhaitois déjà la nuit ; j'étois impatiente de revoir Théobard, d'arracher Eusèbe de ces lieux, de lui procurer des secours qui, à chaque instant, devenoient plus nécessaires. Je m'exagerois le danger : soupiroit-elle, je croyois recevoir son dernier soupir ; s'endormoit-elle, je m'en croyois privée pour jamais ; j'interprétois ses mouvemens, sa tranquillité, sa plainte, son silence ; j'interrogeois son teint pâle, ses yeux fermés, son souffle ; les minutes étoient des heures de souffrances ; jamais jour ne me parut plus long, jamais nuit ne fut si ardemment désirée ; elle parut enfin, et mon impatience croissant avec l'espoir, les instans devenoient plus pénibles.... Je croyois déjà avoir passé l'heure de revoir Théobard, déjà je m'imaginois qu'il ne viendroit point ; cette idée glaça mon sang : je me jetai à genoux, j'invoquai les dieux, je conjurai mon père.... J'entendis enfin s'ouvrir la trappe depuis si long-tems objet de mes vœux ; Théobard et Vendorix entrèrent ; je leur en donnai à peine le tems, et volant au-devant d'eux : Eusèbe se meurt, leur dis-je ; courez promptement vers le roi, allez lui demander des secours qui ne peuvent lui être refusés ! Vendorix s'avança : Princesse, me dit-il, il ne tient qu'à vous de quitter cette retraite, et d'en faire sortir Eusèbe ; vous connoissez les volontés du roi, acceptez sa main, et bientôt traitée en reine, vous commanderez au lieu de gémir.... Allez, lui répondis-je ; annoncez à Bazin que je suis prête à marcher au temple, mais sauvez Eusèbe !... Théobard surpris ne répondit rien, Vendorix m'assura de son zèle ; tous deux se retirèrent promptement ; je les rappelai, et les priai de ramener, s'il étoit possible, Elénire, fille d'Eusèbe ; Vendorix m'assura que tous mes ordres seroient exécutés. Eusèbe étoit si accablée, qu'elle n'avoit aucune idée de ce qui se passoit autour d'elle ; ce fut un bonheur, car elle eût éprouvé le plus grand désespoir, et se seroit sûrement opposée à mon sacrifice ; elle étoit alors toute mon occupation, elle réunissoit toutes mes pensées ; je m'oubliois entièrement, et le terrible consentement que je venois de prononcer disparoissoit de mon souvenir. Quelques heures s'étoient à peine écoulées, qu'un grand bruit se fit entendre ; je ne doutai pas que l'on ne vînt nous chercher ; mais je ne m'attendois pas à un plaisir bien grand, et que je dus aux tendres soins de Théobard, celui de voir d'abord ma chère Berthilie ; elle me serroit dans ses bras, tandis qu'Elénire soutenoit la tête languissante de sa mère, et lui faisoit avaler un breuvage dont l'effet fut prompt et souverain. Le plaisir de revoir Berthilie fut si grand pour moi, que j'en augurai même le bonheur ; ce charmant visage, qui le premier s'offroit à mes yeux, sembloit me promettre un doux avenir.... Prête à partir, elle voulut rattacher mes cheveux, remédier au désordre de ma parure, à laquelle je n'avois pas songé ; mais il me tardoit de revoir les cieux, de faire respirer à Eusèbe un air plus pur. Nous l'enveloppâmes soigneusement, dans la crainte que le grand jour ne la saisit ; moi-même je mis un voile, et je ne partis point sans cette chaîne précieuse, le plus cher de mes trésors. Deux chars nous attendoient : Eusèbe fut transportée avec soin ; Elénire et le médecin qu'elle avoit amené, montèrent sur le même char, et la placèrent entre eux deux ; je montai avec Berthilie dans le char royal. Un cortège immense nous entouroit ; la joie éclatoit dans tous les yeux, on applaudissoit à ma liberté ; les cris de vive Bazine ! vive la fille d'Humfroi ! me tirèrent tout-à-coup de l'espèce d'enchantement que j'avois éprouvé ; les crimes de Bazin se retracèrent à ma mémoire, et le funeste hymen auquel j'étois condamnée me fit horreur.... Nous étions aux premiers jours du printems, et nous traversions lentement le bois qui me séparoit depuis si long-tems du monde, ce bois qu'Eginard avoit découvert, que Berthilie avoit parcouru seule et pendant la nuit, ce bois encore empreint de la trace de vos pas !.... Et c'étoit pour m'unir à un autre ! c'étoit pour renoncer à jamais à vous que je revoyois ces lieux tous remplis pour moi de votre image et de vos souvenirs ! Je succombois à ces tristes pensées, et pour m'y arracher un moment, je fis arrêter le char, et demandai des nouvelles de ma chère Eusèbe. L'élixir qu'elle avoit pris, le mouvement et l'air lui avoient fait un bien infini ; Elénire, qu'elle aimoit tendrement, lui avoit caché à quelle horrible condition nous devions notre liberté ; elle en jouissoit sans mélange. Enfin nous arrivâmes : un peuple entier m'attendoit aux portes du palais ; le roi lui-même s'avança. A sa vue, mon courage alloit m'abandonner ; la joie publique, le nom d'Humfroi que j'entendis répéter autour de moi, me rappelèrent à moi-même. J'avois quitté mon voile, ravie de voir les cieux, dont j'étois privée depuis mon entrée dans ma caverne ; mes cheveux flottoient épars, mes vêtemens étoient ceux d'une captive ; mais Bazin, sans s'arrêter au désordre de ma parure, me prit la main, et posant la couronne sur ma tête : Peuple ! dit-il, voilà votre reine !... Des cris d'alégresse lui répondirent, et la douceur d'être aimée se fit sentir à mon cœur. Bientôt je fus conduite à l'appartement des reines ; je redemandai mon palais ; on m'avertit que je ne devois plus y retourner : il étoit occupé par la jeune Amalabergue. Eusèbe fut couchée ; Taber, Elénire, le médecin ne la quittèrent pas ; d'heure en heure elle se trouva mieux, et ce fut pour moi la joie la plus vive et la plus sensible. Je ne vous parlerai point des fêtes qui se succédèrent, des hommages qui me furent adressés, du discours de Bazin, des souffrances de mon cœur, des efforts que je faisois pour les cacher et les vaincre.... J'appris la maladie d'Eginard, il étoit hors de tout danger, mais encore foible.... Son nom me fit rougir et trembler ; je priai mon amie de ne plus le prononcer que mon sort ne fût accompli.... Eusèbe apprit enfin à quel supplice j'étois destinée ; elle eut peine à supporter cette nouvelle, mais j'eus la force de la consoler moi-même en lui paroissant moins affligée.... Bazin ayant voulu que je l'accompagnâsse dans une promenade qu'il avoit ordonnée, je traversai la ville, assise près de lui dans son char, et le peuple, toujours empressé, couroit au-devant de nos pas. Je crus apercevoir dans la foule un étranger ; sa ressemblance avec Eginard me frappa ; il paroissoit surpris, l'indignation, la tristesse se peignoient sur son visage ; je le fixai, mon cœur palpita, ce n'étoit point Eginard ; mais sans doute vous aviez envoyé en Thuringe cet étranger, et il alloit vous annoncer que dans deux jours Bazine seroit l'épouse du meurtrier de son père, de celui qui avoit médité votre mort ! L'étranger se perdit dans la foule, je ne le revis plus. Seule avec Berthilie, je lui fis part de cette rencontre ; elle m'apprit alors que Valamir, frère d'Eginard, étoit chez Taber depuis plus d'un mois. Hélas ! lui dis-je, que va-t-il annoncer à Childéric ? Mais, ajoutois-je, puisque Valamir est en Thuringe, tu sais sans doute tout ce qui est arrivé à son maître ; je te conjure de me raconter les événemens de son retour ; le jour n'est pas loin où je ne pourrai le nommer sans crime ; jouissons du peu d'instans qui nous restent. Ce fut alors que j'appris vos victoires, et tous les glorieux commencemens de votre nouveau règne. La vue de Valamir, l'entretien que j'avois eu avec Berthilie, les pensées cruelles que je ne pouvois écarter, la douleur que vous causeroit mon hymen, le mépris peut-être qu'il vous inspireroit, tous les tourmens d'un cœur qui se sépare à jamais de ce qu'il aime, l'idée, plus terrible encore, d'appartenir à ce qu'il ne peut que haïr, me plongeoient dans la plus profonde tristesse. Contrainte à la dévorer, privée même des conseils d'Hirman, à qui j'avois inutilement envoyé Taber, je vis naître le funeste jour qui devoit m'enchaîner à jamais, m'enlever l'espérance, dernier bien de l'infortune, me défendre mes souvenirs, me faire un crime de mes larmes. Déjà les éclatantes parures des reines brilloient éparses autour de moi ; déjà des mains empressées et importunes préparoient les riches habits dont la douloureuse victime alloit être ornée.... Mon cœur étoit foible et palpitant ; je relus les ordres de mon père, ceux du vénérable conseil qu'il m'avoit choisi lui-même ; j'admirai la santé qui commençoit à reparoître sur les joues pâles de ma chère Eusèbe, et prenant des forces dans tous ces objets, je me ranimai avant de livrer ma tête aux vains ornemens qui devoient bientôt la fatiguer ; je repris la chaîne révérée, je me courbai sous ses lourds anneaux, et je demandai aux dieux le courage qui sied aux reines, la paix du cœur qu'une épouse doit à ses liens sacrés. L'heure terrible approchoit, et Berthilie vint me l'annoncer ; ma dernière larme tomba sur son sein, et je repris le calme d'une douleur résignée. Promptement parée, j'embrassai Eusèbe, trop foible encore pour me suivre au temple ; elle étoit baignée de pleurs ;... je les entendis,... mais n'osai leur répondre. Le roi m'attendoit ; il me présenta ses fils, dont j'allois être la mère. Nous marchâmes au temple ; une terreur secrète glaçoit mon sang ; les victimes étoient prêtes, l'encens fumoit, les flambeaux d'hymen étoient allumés, un espoir vague soutenoit cependant mon cœur. Tout-à-coup je fus frappée d'une idée terrible ; le songe que j'avois fait dans la caverne revint à mon esprit ; c'étoit le même temple, le même autel, c'étoit encore les mêmes Druides.... Il me sembloit que l'ombre d'Humfroi erroit dans le temple, planoit sur ma tête, et alloit m'enlever de l'autel.... Cependant la cérémonie s'achevoit en silence ; Bazin satisfait, n'éprouvoit ni remords, ni crainte ; le grand-prêtre prit ma main tremblante, l'unit à cette main coupable ; je me sentis défaillir.... les sermens d'hymen furent prononcés ; rien n'en troubla l'auguste engagement ; c'en étoit fait, j'étois l'épouse du meurtrier de mon père !... Mais Hirman parut.... A son aspect Bazin trembla, et l'espoir rentra dans mon cœur. Roi, dit-il, et vous peuples qui m'écoutez, vous n'avez pu oublier le prince Amalafroi, mort à la fleur de l'âge, et à qui la nouvelle reine avoit été promise dès sa naissance ; les justes respects dûs à une perte aussi grande, à un engagement aussi solennel, ont décidé sa veuve à se conformer à nos usages, et par le sacrifice expiatoire dû à ses mânes irritées, c'est mon temple qu'elle a choisi pour y passer le mois de larmes ; je viens la réclamer au nom des dieux. Pendant ce discours mon ame se remplissoit de joie, le roi contenoit à peine sa fureur ; il craignoit Hirman, n'osoit l'irriter, redoutoit un peuple superstitieux et extrême ; il n'osa s'opposer à un usage aussi sacré, et dont j'aurois pu m'exempter comme n'étant pas réellement l'épouse d'Amalafroi. Mais Hirman savoit les crimes de Bazin ; sa vue avoit suffi pour le troubler ; il se tut, et laissa les prêtresses m'enlever le bandeau royal et me couvrir d'un voile. Berthilie demanda à me suivre ; Hirman y consentit ; elle fut comme moi revêtue d'un long voile ; les prêtresses nous entourèrent, et je marchai ainsi au temple d'Hirman. J'ignorois encore ses projets, mais j'étois séparée de Bazin ; mon songe se réalisoit ; c'étoit du pied des autels, c'étoit mon père qui m'enlevoit à lui ; je pressois en silence la main de Berthilie, et nous entrâmes dans le temple. Hirman me conduisit, ainsi que mon amie, près d'un tombeau. C'est là, me dit-il, que repose votre père ; c'est du fond de la tombe qu'il a veillé à votre bonheur, et vous a délivrée ; offrez-lui votre reconnoissance et vos larmes. A ces mots, il nous quitta, et nous restâmes seules près de l'ombre protectrice ; j'arrosai de mes pleurs le marbre insensible, et j'élevai mon ame vers les cieux. Hirman nous ramena dans la partie du temple destinée à recevoir les prêtresses. Vous resterez ici quelques jours, me dit-il ; reposez-vous sur moi de votre destinée : votre courage vous a mérité ce bonheur ; les dieux sont satisfaits, et leur toute-puissance achèvera d'assurer votre repos. Pendant plusieurs jours je ne revis point Hirman ; mais j'étois avec mon amie ; je n'avois rien à redouter du roi, qui n'eût osé, avant le terme encore éloigné, venir réclamer son épouse. Je pensois à vous, j'en parlois, je parlois aussi d'Eginard ; une espérance douce et paisible, que l'amitié partageoit, embellissoit ma vie ; j'étois heureuse, Berthilie ne l'étoit pas moins. Plus des trois quarts du tems que m'accordoit l'austère loi des Druides étoit expiré, lorsqu'Hirman parut. Princesse, me dit-il, j'ai tout préparé ; vous partirez cette nuit même pour vous rendre chez Taber, où vous trouverez des déguisemens ; Eusèbe et Elénire s'y rendront également ; vous partirez tous pour la France la nuit suivante, et vous vous rendrez à la cour du roi Childéric. Théobard permet à sa fille de vous suivre, et vous remet sur elle tous les droits d'un père. Je n'ai pu vous faire partir plutôt, à cause de la foiblesse d'Eusèbe, et d'Eginard ; mais tous deux maintenant sont en état de vous accompagner. Taber courroit des risques s'il restoit ici : emmenez-le.... Partez ! ajouta-t-il, épouse du roi de Thuringe ; ces nœuds formés aux pieds des autels sont sacrés, et vous ne pouvez disposer de votre main que lorsqu'ils auront été rompus dans le même temple où ils furent prononcés. Laissez au tems et à mes soins vous acquérir votre liberté ; respectez les dieux qui vous ont si visiblement protégée.

Je me prosternai, et je jurai à Hirman de remplir les devoirs dont je reconnoissois l'importance ; mais je lui témoignai le désir de ne pas quitter ces lieux sans offrir un sacrifice sur la tombe de mon père ; il y consentit, ordonna les préparatifs. Nous nous rendîmes au temple ; j'unis le nom et le souvenir de ma mère à celui d'Humfroi ; je les confondis dans mon cœur. Après cette cérémonie, triste, lugubre, mais qui satisfaisoit ma douleur, j'offris à Hirman l'hommage de ma profonde reconnoissance, et me préparai au départ ; le respectable Druide me conduisit par un souterrain, pour éviter les gardes que le roi défiant avoit placés ; j'arrivai chez Taber avant la fin de la nuit, et j'eus le bonheur de trouver ma chère Eusèbe tout-à-fait rétablie. Ce jour s'écoula rapidement ; déguisés, nous partîmes tous à l'entrée de la nuit, et nous voyageâmes ainsi jusqu'en France ; ce ne fut que dans vos états que nous cessâmes de craindre, que nous commençâmes à être vraiment heureux ; par-tout on vantoit, on chantoit ; on adoroit Childéric, et mon cœur s'unissoit à tous les cœurs.

Le jeune monarque, pendant ce récit, pensoit avec douleur qu'il s'élevoit encore un obstacle entre Bazine et lui ; cependant il n'osa troubler un si beau jour par une plainte ; la princesse, d'ailleurs, l'entendoit sans qu'il parlât ; elle souffroit comme lui.... il alloit la quitter.... il alloit combattre loin d'elle.... L'heure de se retirer vint à son tour ; les voyageuses étoient fatiguées ; elles furent conduites à leur appartement ; celui du capitaine des gardes fut ouvert à Eginard ; le lendemain il en commença les fonctions, et la plus chère pour lui fut de ne pas quitter le roi. Valamir fut reçu parmi les braves avec les cérémonies usitées, et le roi annonça que dans deux jours on marcheroit contre les Saxons. Bazine applaudit à ce projet guerrier ; Berthilie, tremblante, baissa les yeux, quelques larmes s'en échappèrent ; la belle princesse s'en aperçut, et chercha à la consoler. Je ne suis point reine, lui répondit Berthilie, mon cœur est simple, j'aime mieux le bonheur que la gloire. Bazine sourit et l'approuva tout bas. Le lendemain fut donné, en partie, aux grands préparatifs du départ, l'aurore en fut le signal ; les chants guerriers l'annoncèrent, et Childéric ne les fit pas répéter. Viomade ne le suivit point, le roi lui laissoit le gouvernement, il lui confioit le soin de Bazine. Des couriers annoncèrent bientôt la défaite des Romains, celle d'Odoacre, la prise d'Angers, celle des îles de la Loire. Egidius, toujours vaincu, perdit la vie dans la bataille. Childéric, poursuivant ses conquêtes, entra dans Beauvais, qui lui ouvrit ses portes, et là il médita un plus beau triomphe. Mais tandis qu'il reposoit un moment son infatigable armée, une femme éplorée vient tomber à ses genoux ;.... c'est la superbe Egésippe dans tout l'éclat de sa beauté, parée de ses larmes, et se flattant de reconquérir encore le cœur où elle a régné. Le roi, surpris à sa vue, la relève ; il n'outrage point à ses malheurs, il y compatit même, et Egésippe se croit encore reine. Développant tout l'artifice de son esprit, elle s'excuse sur l'empire inconcevable qu'un maître, plus qu'un amant, avoit sur ses volontés, tandis que son cœur, malgré elle, se donnoit secrètement. Qu'il l'a bien punie de sa foiblesse ! qu'elle a souffert dans son odieux esclavage ! que de fois elle a versé des larmes ! que de fois son ame a volé sur les pas du seul mortel qu'elle ait aimé ! combien elle eût préféré son exil à ce trône où, esclave couronnée, elle n'éprouvoit que des remords ! Qu'elle étoit belle en parlant ainsi ! Ses yeux remplis de douces flammes, sa bouche embellie d'un tendre sourire, ses bras dont elle développoit les grâces, sa taille majestueuse dont elle dessinoit tous les mouvemens.... Mais tant d'art et tant de charmes étoient sans puissance sur un cœur détrompé et tout à Bazine. Veuve d'Egidius, lui dit le roi, vos malheurs me touchent ; que puis-je faire pour les adoucir ? M'accorder, lui dit-elle, un asile dans votre cour, m'admettre au rang de vos sujettes, me laisser vivre à l'ombre de votre trône. Non ! non ! reprit le roi, trop de regrets et de honte empoisonneroient vos jours ; retournez dans votre patrie, j'ordonnerai tout pour que votre voyage soit sans dangers ; quittez des lieux occupés par les ennemis vainqueurs de votre époux ; vous le devez à ses mânes. Egésippe, étonnée, furieuse, alloit répliquer ; Childéric, sur l'heure même, ordonna son départ, et la fit reconduire chez elle pour s'y préparer. Quelle imposture ! se disoit-il, et que Bazine, sans art, est bien plus belle ! Un mot de sa bouche timide enchante et persuade ; son regard modeste, et souvent baissé, parvient rapidement à l'ame ; la vertu, la bonté respirent dans ses traits ; l'air est plus pur en sa présence ; on l'adore, on la respecte, on n'oseroit la désirer ! Ah ! céleste Bazine, si jamais mon trône s'embellit par toi, je croirai m'y asseoir auprès de l'innocence. Ainsi pensoit Childéric, et sa main traçoit sur ses tablettes, fidèles interpretes de son cœur, des sentimens purs et sincères, qui portoient à Bazine et l'amour et le bonheur.

Il ne restoit plus à faire qu'une seule conquête pour mettre au plus haut comble la gloire et la puissance de Childéric. *Lutecia*, ou plutôt Paris, cette ville toujours si chère à ses rois, et qui depuis Clovis fut toujours la capitale de la France, manquoit encore à ce royaume florissant et conquis en si peu d'années ; la Seine et les marais dont elle étoit entourée en rendoit l'abord pénible, et le siége non moins difficile. Depuis Jules-César, elle appartenoit aux Romains ; et l'heureux possesseur des plus belles contrées toujours embellies d'un ciel pur et serein, appeloit sa chère Lutèce, cette ville encore si loin de ce qu'elle est aujourd'hui, bâtie dans les eaux et sous des brouillards qui s'élevoient du sein des marais. Paris n'étoit alors que la partie connue aujourd'hui sous le nom de la Cité. On y parvenoit par deux ponts ; à la tête de chacun des ponts étoit un château, le grand et le petit Châtelet ; les Druides avoient un collége et un temple consacré à Isis (Saint-Vincent), depuis, Saint-Germain-des-Prés. Pluton avoit un temple sur le mont

Leucotitius, devenu le couvent des Carmélites de la rue Saint-Jacques ; Notre-Dame fut aussi un autel érigé à Jupiter, à Esus, à Vulcain, à Castor et Pollux ; et le château des Thermes, bâti en 306, sur le modèle des bains de Dioclétien, fut la demeure des comtes qui gouvernèrent Paris, et devint celle de nos rois. Telle étoit alors cette ville aujourd'hui si belle, et qui réunit dans son enceinte tous les chefs-d'œuvre que les siècles ont enfantés, et qu'ils avoient distribués dans l'univers. Une seule main, un seul génie a tout rassemblé ; l'artiste ne va plus au loin chercher ses modèles, et le curieux voyageur trouve au Muséum le but et les fruits des plus longs voyages. Cette ville, si belle par ses édifices, si intéressante par la réunion des beaux arts, des talens, du luxe et de la fortune, et que la présence de ses rois avoit si long-tems ornée, comme elle l'embellit aujourd'hui, n'a rien à souhaiter peut-être que d'avoir pu s'élever sur les bords attrayans de la Loire, qui lui eussent donné un sol plus fertile, un air plus doux, un ciel plus heureux, et une situation politique plus avantageuse. Childéric, craignant de perdre ses soldats dans les marais, ou d'entrer par un pont étroit et facile à défendre, fit construire un grand nombre de bateaux, traversa la Seine, et entra par ce terrain si bien bâti de nos jours, depuis l'église Saint-Gervais jusqu'au Louvre ; il fit camper une partie de ses troupes à l'extrémité de chaque pont ; les Parisiens ainsi enfermés, se rendirent après une courte résistance ; le roi marcha au palais des Thermes dont il prit possession, et forma un camp sur la grande place dont il étoit environné. Bientôt il s'occupa de faire aimer son triomphe, en détruisant le fisc romain, en donnant de sages lois ; les temples furent ouverts, les sacrifices les plus solennels y furent offerts aux dieux, et Childéric n'oublia point celui de Mars, bâti sur le mont que nous connoissons sous le nom de Montmartre. Ainsi fut conquise cette grande ville qui devoit avoir de si hautes destinées.

La gloire n'exigeoit plus rien du roi qui venoit d'en obtenir tant de faveurs ; l'amour seul avoit encore des dons à lui faire ; Childéric les souhaitoit depuis trop long-tems, il les avoit trop bien mérités pour ne pas les obtenir. Après avoir assuré par-tout sa domination, après l'avoir fait aimer, il reprit le chemin de Tournay, s'arrêtant dans toutes les villes, et y recevant les témoignages de l'amour et de la fidélité des peuples. Il approchoit de l'heureuse ville qui renfermoit l'objet de ses seuls désirs, le prix de son courage, de ses longues peines, de ses sacrifices. Mais de nouveaux obstacles n'alloient-ils pas l'écarter encore du bonheur ? Bazine étoit-elle libre enfin ? n'avoit-il plus rien à redouter ? Plus il approche, plus son cœur palpite de crainte, plus il frémit. Mais des arcs de triomphe sont élevés, des festons de fleurs ornent son passage ; un char doré, que traînent quatre bœufs de la couleur des neiges, marche au-devant de lui ; plusieurs chars, une foule immense le suivent, Bazine en fait le plus bel ornement ; sur son front d'albâtre étincellent les feux des diamans, son manteau en est couvert, le bonheur l'embellit, et Childéric, à son aspect, devine qu'il n'a plus de rival. Viomade, placé au-dessous de la princesse, sourit à la joie de son maître ; ils arrêtent leurs dociles conducteurs ; le roi s'approche ; les cris du peuple se font entendre ; la belle princesse invite le monarque à se placer près d'elle ; il obéit, et tous reprennent la route de Tournay ; les Bardes chantent, ils célèbrent les triomphes et le retour du roi ; les instrumens se font entendre, les rues sont ornées de feuillages, et le cortége arrive ainsi au palais. Pendant la route, Valamir, Eginard se sont rapprochés d'un second char non moins décoré, non moins précieux, et le premier objet qui frappe en entrant les regards du roi, c'est Théobard, le vertueux père de Berthilie. Eginard, en l'apercevant, éprouva un sentiment de trouble qui tenoit de la joie et de l'inquiétude. Le roi ne craignoit plus rien, il lui fit le plus tendre accueil, et après les premiers mouvemens d'une arrivée si nombreuse, si imposante, on s'assit autour de Théobard, qui fit ainsi l'histoire des événemens qui le conduisoient en France, où il étoit depuis quelques jours.

Mon roi, dit-il, attendoit avec la plus vive impatience que le tems du sacrifice de la princesse fut expiré : il s'écoula enfin, et nous marchâmes au temple. A notre arrivée, les portes s'ouvrirent ; Hirman parut dans toute la pompe qui précède les grands mystères. Roi ! que voulez-vous ? dit-il d'une voix terrible. Mon épouse, répondit Bazin.—Suivez-moi.... Le roi marchoit rapidement, mais je le voyois pâlir. Nous entrâmes dans une salle de marbre noir, éclairée de torches funèbres ; une tombe, aussi de marbre noir, s'élevoit dans ce lugubre séjour ; Hirman s'arrêta.... Roi ! dit-il, votre cœur est-il muet ? ce tombeau ne lui fait-il donc rien sentir ? Bazin frissonnoit, ses cheveux se hérissoient, la sueur découloit de son front.—Vous voulez votre épouse ?... Eh bien ! osez la demander à son père ! il est là !... s'écria Hirman, en lui montrant le tombeau, il est là !... O Humfroi ! ajouta-t-il, en étendant ses bras, roi malheureux ! frère plus malheureux encore ! sors de la tombe où le fratricide t'a plongé ; et pour prix de ses crimes, viens lui livrer encore l'innocente Bazine ! Ombre révérée, parois à nos yeux.... Ciel ! où suis-je ! dit le roi ; mon frère !... ô mon frère ! pardonne !... et il erroit autour de la tombe.... Sortons ! sortons ! me dit-il, fuyons ces horribles lieux ! Hirman le rappeloit en vain ; il marchoit à pas précipités, et dans son désordre, il renversa le trépied sur lequel brûloit le succin jaune, parfum des tombeaux. Le bruit épouvantable de sa chûte retentit en sons lugubres dans toutes les voûtes du temple ; j'en fus moi-même effrayé. Arrache-moi d'ici, Théobard ! disoit le roi ; la tombe s'ouvre et va m'engloutir !... Je vois Humfroi ! je le sens ! il me dévore les entrailles ! il déchire mon sein ! il me tue !... Emu, touché de l'état terrible du roi, je l'entraînai hors du temple ; il put à peine retrouver assez de raison pour cacher son trouble à ceux dont il étoit entouré ; il lui tardoit d'échapper aux témoins curieux, dont les regards questionnoient le roi sur la princesse, et sur l'abattement qu'il ne pouvoit vaincre. Seuls, enfin, il m'ouvrit son cœur, me parla avec remords du crime affreux auquel il devoit le trône, mais dont le souvenir troubloit tous ses plaisirs, détruisoit son repos, ternissoit ses plus beaux jours. J'avouai alors au roi que je connoissois cette malheureuse époque de sa vie ; je lui détaillai la mort lente d'Humfroi ; je lui fis part du pardon que ce tendre frère lui avoit accordé à sa dernière heure, du silence qu'il avoit exigé des Druides, de Taber et d'Eusèbe ; de leur obéissance, jusqu'au moment où il voulut forcer la princesse à un hymen qui paroissoit si criminel à ceux qui avoient vu périr Humfroi ; enfin, des ordres d'Hirman, qui s'étoit vu forcé à recourir à cette ruse pour sauver la vie de Bazine, et la soustraire à ses rigueurs. Chaque mot que je prononçois parvenoit au cœur du roi ; ses larmes couloient avec abondance. Ah ! me disoit-il, j'entends encore sa voix, sa voix désolée m'appelle à son secours !... cette voix d'un frère me suit en tous lieux !... Ah ! crois-moi, Théobard, je n'ai jamais joui paisiblement !... Le ciel met dans le cœur du coupable une inquiète agitation qui l'empoisonne, et tôt ou tard un remords vengeur le déchire !... Bazin, depuis ce jour, étoit triste, rêveur ; il fuyoit tous les regards, offroit des sacrifices ; le repentir gravoit son empreinte sur son front pâle et chargé d'ennuis.... Théobard, me dit-il un jour, je ne puis résister à ma douleur ; il faut que j'expire, ou que les justes dieux qui me persécutent s'appaisent enfin ; ma vie n'est plus qu'un long supplice ; va trouver Hirman, peins-lui mon sort, qu'il ordonne, j'obéirai, mais qu'il me délivre, s'il se peut, de mes tourmens ! Le vénérable Druide daigna venir lui-même ; il appaisa une partie des orageux transports du roi. Les dieux sont clémens, lui dit-il, et vos remords vont les fléchir. Humfroi lui-même prononça votre pardon, si vous rendiez constamment heureuse la fille si chère que vous veniez d'adopter ; assurez son bonheur, et le pardon d'un frère à sa dernière heure va répandre sur vos jours une longue et délicieuse paix ! Que dois-je faire pour Bazine ? répondit le roi déjà moins agité ; parlez, sage Hirman : faut-il descendre de ce trône qui lui appartient plus qu'à moi ? Non, non, reprit le grand-prêtre ; régnez, régnez avec gloire, avec justice ! mais brisez les liens odieux qui enchaînent à vous une infortunée ! Un trône aussi grand que le vôtre lui est offert ; elle ne vous demande que de la rendre à elle-même ; l'ombre d'Humfroi satisfaite, les dieux contens, vos remords appaisés, vous passerez encore d'heureux jours, et vous sentirez que l'ame ne jouit que par la vertu ! Bazin consentit sans peine à rendre à la princesse une main qui n'avoit jamais dû lui appartenir, et ce même autel, qui vit former ces nœuds, les vit encore se rompre. Le roi ayant appris d'Hirman que la princesse étoit en France, me chargea de me rendre à votre cour, de vous y annoncer que rien ne s'oppose à votre union, à laquelle il donne son consentement. J'arrive avec de magnifiques présens pour la princesse, pour Eusèbe et Taber ; j'avois déjà annoncé à Bazine qu'elle étoit libre, mais j'avois réservé ces détails pour l'instant qui vous rendroit à son cœur. A ces mots, Théobard faisant apporter un riche coffre garni d'or, le remit à la princesse, et offrit également à Eusèbe et à Taber une bourse d'or, des bracelets, un collier, un bandeau de pierreries. Eusèbe, à l'instant même, les attacha sur Elénire, qui refusoit de les recevoir, et Taber lui donna aussi la bourse d'or ; elle s'opposoit encore plus vivement à ces dons : Acceptez, Elénire, dit le roi ; Taber n'a plus besoin de rien, je me charge de sa fortune.

    C'étoit beaucoup sans doute que d'être assuré de son bonheur ; mais il falloit encore en jouir, et que l'hymen en assurât la durée. Tandis que Childéric en préparoit les instans, en arrêtoit le jour fortuné, de concert avec Bazine et Viomade, Berthilie, les yeux baissés, effeuilloit une rose en écoutant Eginard qui lui parloit un bien doux langage ; Valamir, moins vif et moins sûr d'être aimé, parloit moins à Elénire, qui ne répondoit que par sa rougeur ; Ulric souriait au bonheur de ses enfans, et jouissoit de leurs plaisirs. Bazine ne pouvoit oublier long-tems la fille d'Eusèbe ni Valamir. Ah ! dit-elle au roi, augmentons encore le nombre des amans fortunés ! que notre fête soit encore celle de tant d'objets qui nous sont chers ! Bonne Eusèbe ! dit Bazine en embrassant tendrement sa nourrice, ton Elénire est ma sœur ; permets que j'en dispose en faveur de Valamir.... Eusèbe, unissant leurs mains, dit avec tendresse, en fixant Taber qui l'approuva d'un geste expressif : Aimez-vous !... et servez vos maîtres comme nous vous en donnerons l'exemple. Ulric s'approcha, Valamir se jeta dans ses bras, et le vieux guerrier eut encore la gloire de cueillir sur le front virginal d'Elénire un premier baiser.... Berthilie souriot, versoit quelques pleurs ; Bazine la regarda un moment ; l'aimable fille ne put résister à son émotion, elle se jeta dans les bras de la princesse.... Y consentez-vous, Théobard ? dit Bazine. Le chef du conseil s'inclina respectueusement. Eginard, ajouta-t-elle, vous souvenez-vous de ce que je vous ai promis sur la roche sombre, en vous donnant un bracelet que sans doute vous avez encore ?... Eh bien ! je vous donne aujourd'hui ce que je vous promis alors, cette Berthilie si sensible.... Et si adorée ! interrompit Eginard en se jetant aux genoux de la princesse ; et prenant impétueusement la main de Berthilie qu'elle lui présentoit, il la couvrit en un instant de mille baisers.... Confuse, troublée, Berthilie alla cacher dans le sein de son père son bonheur et son agitation ; Eginard embrassoit Ulric et Valamir ; Viomade admiroit ce spectacle charmant, et Bazine, dont l'ame se développoit à chaque instant, à chaque instant aussi lui paroissoit et plus sensible et plus belle.

Le jour qui devoit éclairer ces trois heureux hymenées, Diticas sortit de ses forêts, suivi des prêtresses et des Druides : le temple fut ouvert ; il en prépara les ornemens. Bazine et ses deux compagnes, réunies depuis l'aurore, songeoient à ce que cette journée avoit pour elles de solennel. La belle reine fut parée des mains d'Eusèbe, et Berthilie voulut attacher elle-même le diadême étincelant ; les beaux cheveux de Bazine s'en échappoient en boucles argentées. Elénire, plus ornée de son touchant embarras que des riches présens de Bazin, rougissoit de se voir si belle. Berthilie ne voulut point mêler d'ornemens à ses cheveux ;

une fraîche couronne de roses entoura sa figure plus fraîche encore que ces fleurs ; un bouquet, voilà toute la parure de l'épouse d'Eginard.... C'est ainsi qu'il m'aima, dit-elle.... L'heure si belle dans la vie...., cette heure qui confond à jamais les destinées, où l'on se reçoit et se donne pour toujours, où l'on s'unit pour ne plus se quitter, où l'on va se promettre de s'aimer, de s'appartenir jusqu'à la mort ; cette heure qui couronne tous les vœux.... vint assurer le bonheur des amans les plus parfaits, des époux les plus fidèles. La magnificence des rois se joignit au charme de l'amour, et des fêtes dignes d'eux firent partager au peuple entier la félicité de son maître. Bazine parut aux Français charmés la plus belle des mortelles, Berthilie la plus jolie, Elénire la plus touchante. Le roi enflamma tous les cœurs ; l'admiration, la joie, l'alégresse furent générales.

CONCLUSION

Childéric régna glorieusement sur un peuple dont il assura le bonheur. Le comte Pol, qui obtint dans les Gaules le commandement confié à Egidius, ayant voulu troubler la paix de ses états, fut battu complètement, et forcé de se retirer à Soissons. Bazine, sur le trône, se montra toujours sensible au malheur, douce, bienfaisante, accessible aux infortunés ; elle eût consolé le roi de ses disgrâces, s'il en eût éprouvé, elle ajouta à son bonheur ; de cet hymen heureux naquirent la superbe Audeflède, épouse célèbre de Théodoric, roi des Ostrogoths, et le fameux Clovis, si digne des grands rois qui l'avoient précédé, et des rois plus grands encore qui lui succédèrent : heureux époux de la belle Clothilde, il fut le premier roi chrétien, et par la défaite de Siagrius, général romain, et la prise de Soissons, mit fin à l'empire des Romains dans les Gaules. Les Français, l'an 510, c'est-à-dire quatre-vingt-dix ans après l'entrée de Pharamond dans les Gaules, possédoient déjà toutes les provinces situées entre le Rhin, la Seine et la Loire. D'aussi rapides, d'aussi immenses conquêtes ont étonné l'univers jusqu'au moment où un nouveau génie, rallumant les feux indomptables de cette nation belliqueuse, laissa à peine à la renommée le tems de redire ses triomphes !

Viomade, que Bazine avoit nommé son père, en eut tous les droits, en inspira tous les sentimens. Berthilie resta près de la reine, et aima toujours Eginard avec la plus vive passion ; elle eut quelques momens de jalousie, mais très-courts, et dont son époux sut bien la consoler. Elénire conserva sa pureté, sa douceur et l'amour de Valamir. Eusèbe fut honorée à la cour ; la reine l'aima toujours tendrement. Théobard retourna en Thuringe, mais il finit par se fixer près de sa fille. Tournay eut la gloire de conserver ses rois : ce fut l'an 1653 que l'on y découvrit le tombeau de Childéric, de ce prince dont l'étonnante destinée fut agitée dès sa naissance, et qui reçut du malheur ces leçons ineffaçables qui font les grands rois et les grands hommes.

www.ingramcontent.com/pod-product-compliance
Lightning Source LLC
Chambersburg PA
CBHW050131170426
43197CB00011B/1795